IGE-HFG
INTERNATIONAL
CONFERENCE

세계경제연구원 - 하나금융그룹 국제컨퍼런스

2023 ESG Global Summit:
Big Step for Tomorrow
지속 가능한 내일을 위한
위대한 걸음

세계경제연구원   하나금융그룹

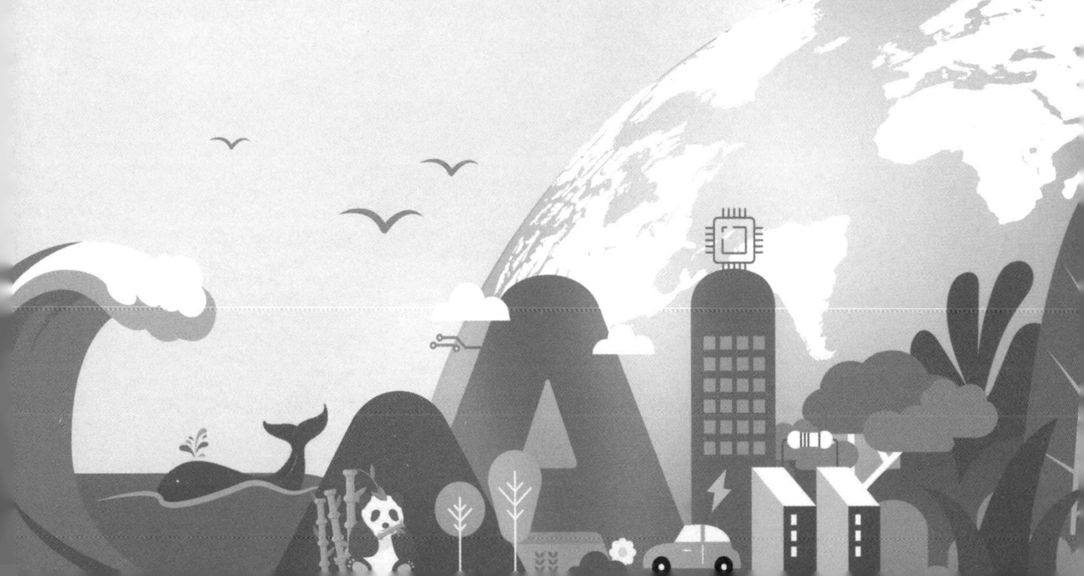

2023 ESG 글로벌 서밋:
지속 가능한 내일을 위한 위대한 걸음
2023 ESG Global Summit: Big Step for Tomorrow

초판 1쇄 발행   2024년 11월

펴낸이   전광우
지 원   김경진, 김시연
펴낸곳   세계경제연구원
전 화   02-551-3334~8
주 소   서울시 강남구 영동대로 511 무역센터 2505호
E-mail   igenet@igenet.com

ISBN 979-11-6177-047-5 [03320]

종이책 정가 25,000원

*이 책은 저작권법에 따라 보호받는 저작물이므로 무단 전재와 복제를 금합니다.
*이 책의 전부 혹은 일부를 이용하려면 저작권자와 세계경제연구원의 동의를 받아야 합니다.
*잘못된 책은 구입하신 서점에서 바꾸어 드립니다.

2023 ESG 글로벌 서밋:
지속 가능한 내일을 위한 위대한 걸음

2023 ESG Global Summit: Big Step for Tomorrow

목 차

머리말 · 08
프로그램 · 10
개회식 · 11

      [개회사]   **전광우** 세계경제연구원 이사장
      [축사]   **김주현** 금융위원회 위원장
                       김태현 국민연금공단 이사장
      [컨퍼런스 기조연설]
                       반기문 제8대 UN 사무총장/보다나은미래를위한 반기문재단 이사장
                       조셉 스티글리츠(Joseph Stiglitz) 노벨경제학상 수상자/
                       컬럼비아대 석좌교수/前 세계은행 수석부총재

세션 1 | 새로운 국제질서와 글로벌 경제 전망:
미중관계 변화와 지정학적 함의 · 35

      [좌장]   **전광우** 세계경제연구원 이사장
      [기조연설] **에이스케 사카키바라(Eisuke Sakakibara)** 前 일본 대장성 차관/
                     President, IIES
                     케네스 로고프(Kenneth Rogoff) 하버드대 석좌교수/
                     前 IMF Chief Economist
      [패널]   **이종화** 고려대 교수/前 한국경제학회 회장/
                     前 ADB 수석이코노미스트
                     로버트 슈바라만(Robert Subbaraman)
                     Head of Global Macro Research, Nomura

세션 2 | 지속가능성장 강화를 위한 ESG 투자와 경영의 핵심 가치 제고 ············ 63

[좌장]　　헤니 센더(Henny Sender) BlackRock 고문/
　　　　　前 파이낸셜타임스 수석칼럼니스트
[기조연설]　헨리 페르난데즈(Henry Fernandez) Chairman & CEO, MSCI
　　　　　마크 매콤(Mark McCombe) Vice Chairman, BlackRock
[패널]　　벤 멍(Ben Meng) Executive Vice President and Chairman of
　　　　　Asia Pacific, Executive Sponsor of Sustainability,
　　　　　Franklin Templeton
　　　　　정병석 삼성물산 이사회 의장 겸 ESG 위원장/
　　　　　前 노동부 차관, 한국기술교육대학교 총장
　　　　　원숙연 이화여대 교수/하나금융그룹 사외이사
　　　　　김동수 김앤장 ESG경영연구소장
　　　　　레베카 추아(Rebecca Chua) Founder & Managing Partner,
　　　　　Premia Partners

오찬 특별연설 ·········· 99

　　　　　김상협 2050 탄소중립녹색성장위원회 위원장

세션 3 | 디지털 혁신과 AI 혁명 속 금융서비스산업과 국제금융센터의 재편 ········ 109

[좌장]　　유장희 이화여대 국제대학원 명예교수/前 동반성장위원회 위원장
[기조연설]　브라이언 브룩스(Brian Brooks) Partner, Valor Capital Group/
　　　　　前 Acting U.S. Comptroller of the Currency/前 CEO,
　　　　　Binance USA
　　　　　로버트 힐라드(Robert Hillard)
　　　　　Consulting Leader, Deloitte Asia Pacific

[패널]　　　전요섭 금융위원회 금융혁신기획단장
　　　　　　고든 리아오(Gordon Liao) Chief economist, Circle
　　　　　　레이 추아(Ray Chua) Managing Director, Fortwest Capital
　　　　　　김형중 한국핀테크학회 회장
　　　　　　류창원 하나금융경영연구소 실장

세션 4 | 기후위기 대응과 생물다양성 보전 및 회복을 위한 금융의 역할과 주요 정책　149

[좌장]　　　임대웅 Korea and ASEAN Advisor, UNEP FI
[기조연설]　에릭 어셔(Eric Usher) UNEP Finance Initiative 대표
　　　　　　유키 야수이(Yuki Yasui) APAC Managing Director,
　　　　　　Glasgow Financial Alliance for Net Zero(GFANZ)
　　　　　　안드레아 컬리건(Andrea Culligan)
　　　　　　Global Lead, GreenSpace Tech by Deloitte
[패널]　　　김병칠 금융감독원 전략감독 부원장보
　　　　　　김종갑 한양대 특훈교수/前 한국전력공사 사장,
　　　　　　산업자원부 제1차관, 지멘스 회장
　　　　　　정태용 연세대학교 국제대학원 교수/K-정책플랫폼 원장/
　　　　　　WWF 코리아 이사
　　　　　　정희수 하나금융경영연구소 실장

머리말

오늘날 세계는 기후변화, 생물다양성 위협, 지경학적 긴장 등 복합적인 위기에 직면해 있습니다. 이러한 도전들은 글로벌 경제와 사회에 근본적인 변화를 촉발하고 있으며, 특히 팬데믹 이후, '복원력'과 '장기적 지속 성장'이 정부와 기업의 핵심 과제로 부상하고 있습니다. 지속 가능한 성장과 포용적 자본주의를 위한 ESG(환경, 사회, 지배구조) 경영은 이제 선택이 아닌 필수로 자리 잡았습니다.

디지털 혁신의 가속화, 특히 Generative AI의 급격한 확산은 금융 산업의 새로운 미래를 크게 예고하고 있으며, 이는 금융 서비스 산업의 경쟁력과 국가경제의 역동성에 중요한 영향을 미칩니다. 이와 함께, 한국 금융 산업이 국제금융 허브로 도약할 수 있는 새로운 기회가 열리고 있습니다.

이러한 배경 속에서 세계경제연구원(IGE)과 하나금융그룹은 복합적 위기를 극복하고, 효과적인 기후변화 대응을 위한 금융의 역할을 모색하는 국제 컨퍼런스를 개최하였습니다. 이번 행사에서는 글로벌 리더들과 석학들이 모여 지속 가능한 성장과 금융의 역할에 대해 심도 있는 논의를 펼쳤습니다. 기후변화 위기 극복, ESG 경영 내재화, 디지털 금융 혁신 등 다각적인 주제들이 다뤄졌으며, 이를 통해 국가와 기업이 직면한 도전 과제에 대한 전략적 해법을 모색하였습니다.

본 보고서는 이번 컨퍼런스에서 다뤄진 핵심 내용을 정리한 것입니다. 이 리포트가 급변하는 글로벌 환경 속에서 지속가능 성장을 촉진하는 데에 중요한 참고자료가 되기를 기대합니다.

 끝으로, 이번 컨퍼런스를 빛내주신 모든 연사분들과 아낌없는 지원을 해주신 하나금융그룹 임직원 여러분께 깊은 감사의 뜻을 전합니다.

 감사합니다.

세계경제연구원 이사장
전 광 우

세계경제연구원 – 하나금융그룹 국제컨퍼런스

2023 ESG 글로벌 서밋: 지속 가능한 내일을 위한 위대한 걸음
2023 ESG Global Summit: Big Step for Tomorrow

일 시 2023년 11월 2일(목)
장 소 소공동 롯데호텔 크리스탈 볼룸

2023년 11월 2일 목요일

09:00 - 10:00	컨퍼런스 진행		전한나 이화여대 국제대학원 교수
	개회사		전광우 세계경제연구원 이사장
	축사		김주현 금융위원회 위원장 김태현 국민연금공단 이사장
	컨퍼런스 기조연설		반기문 제8대 UN 사무총장/보다나은미래를위한 반기문재단 이사장 조셉 스티글리츠(Joseph Stiglitz) 노벨경제학상 수상자/컬럼비아대 석좌교수/前 세계은행 수석부총재
10:10 - 11:20	세션 1 새로운 국제질서와 글로벌 경제 전망: 미중관계 변화와 지정학적 함의	좌장 기조연설 패널	전광우 세계경제연구원 이사장 에이스케 사카키바라(Eisuke Sakakibara) 前 일본 대장성 차관/President, Institute for Indian Economic Studies 케네스 로고프(Kenneth Rogoff) 하버드대 석좌교수/前 IMF Chief Economist 이종화 고려대 교수/前 한국경제학회 회장/前 ADB 수석이코노미스트 로버트 슈바라만(Robert Subbaraman) Head of Global Macro Research, Nomura
11:30 - 12:50	세션 2 지속가능성장 강화를 위한 ESG 투자와 경영의 핵심 가치 제고	좌장 기조연설 패널	헤니 센더(Henny Sender) BlackRock 고문 / 前 파이낸셜타임스 수석칼럼니스트 헨리 페르난데즈(Henry Fernandez) Chairman & CEO, MSCI 마크 매콤(Mark McCombe) Vice Chairman, BlackRock 벤 멍(Ben Meng) Executive Vice President and Chairman of Asia Pacific, Executive Sponsor of Sustainability, Franklin Templeton 정병석 삼성물산 이사회 의장 겸 ESG 위원장/前 노동부 차관, 한국기술교육대학교 총장 원숙연 이화여대 교수/하나금융그룹 사외이사 김동수 김앤장 ESG경영연구소장 레베카 추아(Rebecca Chua) Founder & Managing Partner, Premia Partners
12:50 - 14:00	오찬 특별 연설		김상협 2050 탄소중립녹색성장위원회 위원장
14:10 - 15:30	세션 3 디지털 혁신과 AI 혁명속 금융서비스산업과 국제금융센터의 재편	좌장 기조연설 패널	유장희 이화여대 국제대학원 명예교수/前 동반성장위원회 위원장 브라이언 브룩스(Brian Brooks) Partner, Valor Capital Group/前 Acting U.S. Comptroller of the Currency/前 CEO, Binance USA 로버트 힐라드(Robert Hillard) Consulting Leader, Deloitte Asia Pacific 전요섭 금융위원회 금융혁신기획단장 고든 리아오(Gordon Liao) Chief economist, Circle 레이 추아(Ray Chua) Managing Director, Fortwest Capital 김형중 한국핀테크학회 회장 류창원 하나금융경영연구소 실장
15:40 - 17:00	세션 4 기후위기 대응과 생물다양성 보전 및 회복을 위한 금융의 역할과 주요 정책	좌장 기조연설 패널	임대웅 Korea and ASEAN Advisor, UNEP FI 에릭 어셔(Eric Usher) UNEP Finance Initiative 대표 유키 야수이(Yuki Yasui) APAC Managing Director, Glasgow Financial Alliance for Net Zero (GFANZ) 안드레아 컬리건(Andrea Culligan) Global Lead, GreenSpace Tech by Deloitte 김병칠 금융감독원 전략감독 부원장보 김종갑 한양대 특훈교수/前 한국전력공사 사장, 산업자원부 제1차관, 지멘스 회장 정태용 연세대학교 국제대학원 교수/K-정책플랫폼 원장/WWF 코리아 이사 정희수 하나금융경영연구소 실장

개회식

[개회사]
전광우 세계경제연구원 이사장

[축사]
김주현 금융위원회 위원장
김태현 국민연금공단 이사장

[컨퍼런스 기조연설]
반기문 제8대 UN 사무총장/보다나은미래를위한 반기문재단 이사장
조셉 스티글리츠(Joseph Stiglitz) 노벨경제학상 수상자/컬럼비아대 석좌교수/
前 세계은행 수석부총재

개회사

전광우 세계경제연구원 이사장

존경하는 내외 귀빈 여러분, 안녕하십니까?

세계경제연구원과 모든 후원 기관을 대표하여 IGE-HFG 국제 컨퍼런스를 개최하게 된 것을 큰 기쁨과 영광으로 생각합니다. 여러분 한 분 한 분께 따뜻한 환영의 인사를 전합니다.

오늘날 우리는 생물 다양성, 산업 생태계를 악화시키는 기상이변의 영향과 함께 지정학적 갈등과 경제적 도전의 고조로 인한 파괴적인 역풍에 직면해 있습니다. 또한 세계 경제는 지속적인 인플레이션, 고금리, 공급망 붕괴 등의 심각한 위협 속에서 더욱 불안정하고 취약해지고 있습니다. 이러한 위기와 도전은 경제적 불확실성을 완화하는 동시에 탄소 중립 목표를 달성하기 위한 공동의 노력이 시급히 강화되어야 할 필요가 있음을 강조합니다. 지금이야 말로 금융이 보다 적극적인 역할을 통해 ESG 경영 원칙을 수용함으로써 당면한 위기를 넘어 미래 세대를 위한 사회 경제적 지속 가능성과 회복력에 박차를 가할 때입니다.

이러한 배경하에 이번 컨퍼런스에서는 변화하는 글로벌 경제 환경의 도전에 대처하고 기업 경영 전략과 투자의 핵심으로서 ESG를 강화하는 등 당면 위기를 극복하기 위한 해법을 논의할 예정입니다.

존경하는 내외 귀빈 여러분, 오늘 이 자리에는 30명이 넘는 세계적인 석학들과 저명한 재계 지도자들, 그리고 한국의 고위 공직자들이 함께해 주셨습니다. 시간 관계상 참석하신 모든 분들께 일일이 감사의 인사를 드리지는 못하지만, 기조연설을 해주실 반기문 제8대 유엔 사무총장님, 김주현 금융위원회 위원장님과 김태현 국민연금공단 이사장님, 그리고 오찬 특별연설을 해주실 김상협 대통령 직속 2050 탄소중립 및 녹색성장위원회 위원장님께 감사 말씀 드립니다.

또한, 오늘 이 자리에 함께해 주신 저명한 연사분들, 특히 미스터 엔으로 널리 알려진 에이스케 사카키바라 전 일본 재무성 차관님, 노벨상 수상자이자 전 세계은행 수석부총재 조셉 스티글리츠 미 컬럼비아대 석좌교수님, 케네스 로고프 전 IMF 수석 이코노미스트이자 하버드대 석좌교수님, 인덱스 및 ESG 평가의 선두주자인 MSCI의 헨리 페르난데즈 회장님, 세계 최대 자산운용사 블랙록의 마크 매콤 부회장님과 전 파이낸셜 타임스 수석 기자이자 현재 블랙록 고문을 맡고 계신 헤니 센더 박사님께 특별한 감사의 인사를 전합니다.

올해 창립 30주년을 맞이한 IGE의 명예이사장이자 설립자이신 사공일 박사님께 감사의 말씀을 드립니다. 아울러 IGE 활동에 각별한 애정으로 적극적인 후원을 아끼지 않으시는 성기학 영원그룹 회장님께 감사드리며, 마지막으로 이 훌륭한 모임을 가능하게 해 주신 하나금융그룹 함영주 회장님께 깊은 감사를 드립니다.

모든 연사분들과 참가자분들이 본 컨퍼런스를 생산적이고 성공적인 행사로 만들어 한국과 세계의 더 나은 내일에 기여할 수 있도록 함께해 주시기를 진심으로 바랍니다.

여러분 모두의 건승을 기원합니다. 감사합니다.

축사

김주현 금융위원회 위원장

안녕하십니까? 금융위원회 위원장 김주현입니다. 세계경제연구원과 하나금융그룹이 공동으로 주최하는 국제 컨퍼런스의 개최를 진심으로 축하드리며 오늘 귀중한 자리를 마련해 주신 세계경제연구원 전광우 이사장님, 하나금융그룹 함영주 회장님 및 관계자 여러분께 깊은 감사의 말씀을 드립니다. 아울러 이 자리를 함께 축하해주시는 국민연금공단 김태현 이사장님, 기조연설을 맡아주신 반기문 UN 前사무총장님과 컬럼비아대학 조셉 스티글리츠(Joseph Stiglitz) 교수님 등 모든 참석자분들께 감사드립니다.

최근 글로벌 금융시장의 불안은 단순히 금리 급등으로 인한 자산 가격 하락과 시장 변동성의 확대가 아닌, 좀 더 구조적인 변화에 기인하고 있다고 생각합니다. 세계 경제는 1990년대 이후 안정된 세계질서, 자유무역, 중국과 동유럽 국가들의 글로벌 시장 진입 등에 힘입어 저물가·저금리·저변동성이라는 순풍을 향유하였습니다. 그러나 최근에는 지정학적 갈등으로 인한 세계 교역 질서의 변화와 고령화 등에 따른 주요 국가의 성장 둔화, 그리고 AI 기술 등 유례없는 기술발전, 기후변화 리스크 확대 등과 같은 거대한 조류의 변화로 글로벌 금융시장과 경제의 패러다임이 전환되고 있습니다.

이런 흐름 속에서 현재 우리가 경험하고 있는 고물가·고금리·고변동성 3고(高) 현상이 상당 기간 지속될 수 있다는 우려도 많습니다. 이러한 전환기에는 단순히 눈앞의 시장충격에 대응하는 차원을 넘어, 새로운 금융·경제 패러다임에서 빛을 발할 수 있는 조직과 시스템을 설계할 필요가 있습니다.

내외귀빈 여러분, 생물학자 찰스 다윈(Charles Darwin)은 가장 힘이 세거나 지능이 높은 종(種)이 생존하는 것이 아니라, 공동의 위협에 맞서 협력하며 변화에 가장 잘 대처하는 종이 생존하는 것이라 강조했습니다. 우리 금융과 경제 여건이 녹록하지 않은 것이 사실이지만, 정부, 금융회사, 주요 투자자가 협력하여 새로운 패러다임에 대응한다면, 우리 금융산업과 경제가 저성장의 굴레를 벗어나 재도약할 수 있을 것이라 믿습니다.

오늘 컨퍼런스에서 새로운 세계질서, 기후변화, 디지털 혁신과 AI 등에 대한 이해와 대응 방안에 대해 심도 있는 논의를 기대합니다. 감사합니다.

축사

김태현 국민연금공단 이사장

반갑습니다. 국민연금공단 이사장 김태현입니다. 세계경제연구원과 하나금융그룹의 국제 컨퍼런스 개최를 진심으로 축하드립니다. 자리를 마련해 주신 전광우 세계경제연구원 이사장님 함영주 하나금융그룹 회장님께 감사드립니다. 그리고 축사를 해 주신 김주현 금융위원회 위원장님, 기조연설을 맡아주신 제8대 UN 사무총장을 역임하신 보다나은 미래를위한반기문재단의 반기문 이사장님, 조셉 스티글리츠 컬럼비아대 교수님과 세계적인 석학 그 외 관계자분들께도 감사와 환영의 인사를 드립니다.

내외 귀빈 여러분, 코로나19는 세상의 시계를 멈추게 했지만 4차 산업혁명의 핵심인 디지털화는 가속화되고 있습니다. 새로운 기술은 우리 삶에 패러다임을 근본적으로 바꾸어 놓는 동시에 시장 질서의 변화 등 세계 경제활동 전반은 물론 인간의 사회관계 환경까지 변화를 초래하고 있습니다.

기후변화는 기상이변 자연재해를 유발하며 실물 자산을 손상시킴과 동시에 기후변화 대응을 위한 저탄소 전환 정책이 시행되는 과정에서 산업의 자산 가치 하락, 기업의 생산 비용 상승 등 리스크가 유발되고 있습니다. 이러한 세계적 복합 위기 속에서 금융기업의 지속 가능한 성장을 위해서는 ESG가 더 이상 피할 수 없는 경향의 한 부분이 되었으며 금융기관이 수행하는 책임 투자의 중요성은 나날이 증가되고 있습니다.

국민연금 또한 지속 가능한 성장을 위해 지난 2006년 국내 주식 위탁 운영 유형의 책임 투자형 위탁 투자를 도입하였습니다. 2015년에는 ESG 평가 기준을 마련한 뒤에 2017년부터 국내 주식 투자 의사결정에 ESG 요소를 반영하는 등 책임 투자를 착실히 추진해 왔습니다. 직접 운용의 경우는 고유의 ESG 평가 기준을 구축하여 1년에 두 차례 ESG 등급을 산출함으로써 투자 기업이 ESG 이슈에 어떻게 대응하는지 평가하고 평가 결과를 투자 의사결정에 접목하는 ESG 통합 전략을 기금 운용 자산의 확대 적용해 나가고 있습니다.

2021년도에는 국내 주식과 국내 채권 직접 운영자산에 예시 통합 전략을 적용하였으며 작년에는 환경오염, 산업안전, 계열사 부담 거래, 등 ESG 컨트로버셜 이슈에 발생한 내역이 전체 평가 대상 기업의 ESG 점수 및 등급에 반영될 수 있도록 ESG 평가 체제를 개선하였습니다. 내년에는 해외 주식 및 해외 채권 직접 운용 자산에도 ESG 통합 전략을 확대 적용할 계획입니다. 기타 운영에 있어서도 2021년 국내외 주식 채권 위탁운용사를 선정하고 모니터링하는 경우, 책임 투자 요소를 고려하는 방안을 마련하였고, 2022년부터 국내 및 해외 주식 채권 위탁 운영자산 전체 책임 투자를 적용하였습니다. 아울러 국내 거래 대상 위탁운용사와 증권사에 책임투자 보고서를 제출하도록 함으로써 국내시장 참여자들이 책임 투자 기반을 갖추도록 유도하고 있습니다. 이는 국내외 금융시장 참여자들이 직간접적으로 책임 투자에 동참하도록 하는 촉매로 작용하고 있습니다.

나아가 국민연금은 기금의 ESG 역량과 전문성을 제거하기 위해 국제적인 책임 투자 협의체에 가입함으로써 글로벌 기관투자들과의 교류도 확대하고 있습니다. 이와 더불어 기금의 급격한 증가와 투자자 변화 정책을 뒷받침할 수 있도록 신기술 데이터 기반의 차세대 시스템을 개념까지 구축, 안정화하여 지금 운용의 글로벌 경쟁력을 강화하고 있습니다.

존경하는 참가자 여러분 지금 우리는 세계질서 변화와 글로벌 지정학적 도전에 측면에 있습니다. 국민연금은 국민의 노후자금을 운용하는 장기투자자로서 이러한 도전에 능동적으로 대응하기 위해 책임 투자 활동을 단계적으로 발전시켜 투자 위험을 최소화해 나가겠습니다. 오늘 컨퍼런스가 지속 가능한 내일을 위한 위대한 걸음인 만큼 다중 위기 극복을 위한 금융의 역할과 해법을 찾아가는 소중한 자리가 되기를 희망합니다. 감사합니다.

기조연설

반기문 제8대 UN 사무총장/보다나은미래를위한 반기문재단 이사장

내외 귀빈 여러분, 대단히 반갑습니다. 세계경제연구원-하나금융그룹 국제컨퍼런스 개최를 진심으로 축하합니다.

이 뜻 깊은 행사를 마련해주신 세계경제연구원 전광우 이사장님, 하나금융그룹의 함영주 회장님과 관계자 여러분께 감사의 말씀을 드립니다. 이 자리를 함께하고 계신 김주현 금융위원회 위원장님, 김태현 국민연금공단 이사장님, 그리고 국내외 석학과 전문가 여러분, 시민 여러분께도 감사의 말씀을 드립니다.

오늘의 컨퍼런스 주제가 '지속가능한 내일을 위한 위대한 걸음'입니다. 불확실성과 예측 불가능이 그 어느 때보다도 점증하고 있는 지금의 지구촌 상황에 비추어, 시의적절하고 큰 공감대를 이룰 수 있는 주제라고 생각합니다. 매우 의미있는 기회에 저를 초청하여 주시고, 말씀을 드릴 수 있는 시간을 갖게 되어 대단히 기쁘고 영광스럽게 생각합니다.

국내외 석학과 전문가 여러분, 시민여러분, 우리 인류는 코로나 바이러스가 야기한 글로벌 공중보건의 문제를 해결해야 하는 과제로부터 아직도 자유롭지 못합니다. 러시아의 우크라이나 불법 침공으로 인해 전 세계가 에너지와 식량의 공급망 측면에서 2년 가까이 많은 어려움을 겪고 있습니다. 이스라엘과 하마스의 전쟁은 중동 전역으로 확대될 수도 있다는 불안감이 커지고 있으며, 이것은 국제 원유시장의 불확실성 증대로 이어져 올 겨울 전 세계적인 에너지 대란이 발생할 수 있다는 우려가 지구

촌을 긴장시키고 있습니다. 미·중 간 갈등은 전 세계를 하나의 지구촌이 아니라 가치와 국익에 기반한 자기편으로 갈라놓는 상황으로 확대되어 가고 있습니다. 전혀 바람직하지 못한 국제상황의 진행과정이 지구촌을 다층적이고 복합적인 위기가 일상화되는 상황으로 몰아가고 있는 것입니다.

국제정세에 지대한 영향을 받는 세계경제도 위기와 불안정이 지배적입니다. OECD와 IMF가 내놓고 있는 내년도 세계경제 전망의 수치는 지속적으로 하향 추세에 있습니다. 우리나라에 대한 전망은 세계의 평균에도 한참 모자랍니다. 전쟁과 미·중 갈등으로 인한 에너지·식량의 글로벌 공급망 불안정은 인플레이션 압력을 가중시키고 있으며, 미국의 고금리 정책은 장기간 계속될 전망입니다. 이것은 세계 각국에게 긴축통화와 재정건전성을 요구하는 요인으로 작용하고 있고, 1800조 원이 넘는 가계부채를 지닌 우리나라로서는 심각한 위협이 아닐 수 없습니다.

세계경제가 코로나19로부터의 복원, 그리고 성장의 궤도를 달리기 위해서는 국제정세의 안정이 필수적이긴 하지만, 세계경제가 갖고 있었던 본실석이며 기초석인 체력, 즉 시장경세에 입각한 글로빌 교역의 질서를 복원시켜야 합니다. 우리나라도 근본적으로 경제의 구조개혁과 과감한 규제 개선으로 경제 전반의 생산성 향상에 힘씀으로써, 우리 경제의 기초체력을 다시 키워가야 합니다.

내외 귀빈 여러분, 코로나19는 우리가 그 동안 큰 변화에 둔감한 채 살아온 세상을 아주 치명적인 방식으로 그리고 근본적인 관점에서 경종을 울리며 바꾸어 놓았습니다. 우리 인류는 국제적인 공조를 갖추면서 매우 빠르게 대응해야 한다는 것과, 과학과 전문가의 의견에 따라야 한다는 교훈을 얻었습니다. 우리는 협력과 공조를 외면하고 과학자와 전문가의 말을 듣지 않는 정치지도자들, 그리고 많은 국가들에서 방역기관의 요청과 지시를 따르지 않는 국민들을 보았습니다. 결국 그런 나라들에서는 사람들이 많이 희생되고, 경제적으로 더 큰 손실을 피할 수 없다는 것을 교훈으로 얻었습니다. 인류가 구축한 글로벌 공중보건시스템이 매우 취약하다는 것도 여실히 보여주었습니다.

그러나 한편으로는 모든 분야에서 비대면 기술이 발전하고 확대되어, 실질적으로 우리의 생활 방식을 급격히 디지털로 전환하는 계기가 되었습니다. 우리는 코로나19 극복 과정을 통해 얻은 교훈과 전환의 방식에서 '지속가능한 내일을 위한 위대한 걸음'의 효과적인 방법을 배워야 합니다. 코로나19와 같은 팬데믹은 그 시기가 문제일 뿐, 분명히 우리를 또 다시 찾아올 것이기 때문입니다.

내외 귀빈 여러분, 오늘날 81억 인류가 내딛어야 할 '지속가능한 내일을 위한 위대한 걸음'은 두말 할 나위 없이 기후위기 극복을 위한 기후행동이라고 생각합니다. 기후위기는 개연성에서 나오는 막연한 두려움이 아니라, 과학적 근거와 현실에 입각한 실체적 생존의 문제이기 때문입니다. 전 세계적으로 폭염과 이상기온, 해수면 상승, 대규모 산불, 홍수와 가뭄 등 기후변화로 인하여 그동안 우리가 경험해보지 못한 기후재난들이 끊임없이 발생하고 있고, 그 규모와 강도가 점점 더 커지고 있습니다.

올해 우리는 기후가 사상 최악이라는 말을 날마다 들어야 했습니다. 그러나 지금이 최악이라고 말할 수 있는 한, 지금은 최악이 아니라는 말이 있습니다. 다만 한가지 분명하게 말할 수 있는 것이 있다면, 우리 인류는 최악의 기후위기에 이제 본격적으로 진입했다는 사실입니다. 기후위기에 대하여 적절하고 신속한 조치를 취하지 않으면 기존의 불평등은 심화되고, 기후위기에 따른 자연생태계와 인간의 사회, 경제 시스템에 미치는 영향은 상상 이상으로 커질 것입니다.

기후대응에 취약한 계층의 인권이 매우 악화될 것입니다. 기후변화 문제가 이제는 기후인권의 문제로까지 확대된 상황에 대한 명확한 인식이 필요합니다. 그리고 기후위기에 따른 위험성의 증가는 누구도 차별하지 않습니다. 모든 국가의 모든 사람들이 기후위험에 똑같이 노출되어 있습니다. 심지어 국가 안보는 물론 국가 존립 자체가 심각하게 위협을 받는 국가들도 있고 이러한 기후위협은 앞으로도 계속될 것입니다.

이러한 현상은 기후위기 문제를 다루어야 하는 각국과 국제사회에 큰 시사점을 주고 있습니다. 기후변화에 대한 대응은 기본적으로 글로벌한 문제임을 인식해야 합니다. 한 나라나 특정 분야에서 해결할 수 없는 문제이기 때문에, 국제사회가 협력하여 통합적으로 대응해야 합니다. 그리고 기후변화는 화석 연료를 무제한 사용함으로써 인류가 자초한 결과라는 성찰이 있어야 합니다. 기후위기 대응이라는 글로벌 문제를 해결하려면, 각 국가들과 국제기관 그리고 민간부문과 시민단체, 여기에 계신 전문가 모두가 효과적인 연대, 파트너십, 다자주의에 기초한 방안을 모색해야 합니다. 이와 함께 보다 강력하고 다자적으로 일치된 적극적 행동과 역동적인 정치적 의지가 절대적으로 필요합니다. 또한 경제활동의 대부분을 차지하는 기업들과 리더들의 결정이 매우 중요합니다.

내외 귀빈 여러분, 유엔 사무총장으로서 평화와 안전, 발전과 인권을 위해 10년간 헌신했던 저는 파리기후변화협약을 이끌어 낸 것에 대하여 큰 자부심을 갖고 있습니다. 저는 파리기후변화협약의 핵심인 '섭씨 1.5도 정신'을 통하여 인간이 심각한 기후 위협으로부터 견딜 수 있도록 최소한의 원칙에 서로 합의하고, 이를 달성하기 위해 최대한 노력해야 한다는 점을 강조하였습니다. 왜냐하면, 지구를 대신할 행성B가 없으니 플랜B도 있을 수 없기 때문입니다.

그러나 현실의 상황은 매우 어렵습니다. '섭씨 1.5도 정신'이 도전

받고 흔들리고 있습니다. 산업화 이전 대비 지구 평균기온이 이미 섭씨 1.15도가 올랐다는 세계기상기구의 보고가 있었습니다. 작년에 글로벌 차원에서 석탄 발전량은 2021년 대비 1% 늘었고, 이것은 탄소배출에 그대로 반영되어 탄소배출량도 1% 늘었으며, 올 상반기에도 작년대비 0.3%가 증가했습니다. 기후위기를 극복할 기후식량이 고갈되고 있고, 우리들 턱 밑까지 물이 차오르고 있음에도 글로벌 대응 태도는 너무 안일하고, 과거 답습에 머물러 있습니다.

문제는 지금부터입니다. '2050 탄소중립'이나 '2030 온실가스감축목표'(Nationally Determined Contribution, NDC)와 같은 의욕적인 선언으로 결의를 다지는 것도 중요하지만, 보다 긴요한 것은 기후대응의 주체들이 기후변화 문제를 심각하게 인식하고 구체적인 행동과 실천에 즉각적으로 나서야 하는 것입니다. 정부와 기업, 시민사회와 국민 모두가 기후변화의 문제가 더 이상 나와 관계가 없는 미래의 문제가 아니라, 시급히 해결해야 할 지금의 내 문제임을 인식하고 행동할 때가 되었습니다.

기후위기 극복을 위한 희망적이고 진취적인 인류의 대응도 빨라지고 있습니다. 시민사회는 세계의 지도자들을 향해 기후문제에 대한 강력한 정치적 리더십을 요구하고 있으며, 작년 한 해 동안 전 세계적으로 수백만 명의 젊은이들이 더 높은 조치를 요구하기 위해 거리로 나서기도 했습니다. 동시에 낮은 비용으로 재생 에너지의 생산과 사용이 가능해지면서 이 분야의 활동이 대규모로 이루어지고 있습니다. 많은 국가와 도시에서 온실가스의 배출을 줄이면서도 좋은 일자리를 제공할 수 있다는 명백한 증거들을 계속 보여주고 있으며, 기후 정의를 향상시키는 다양한 녹색성장 정책을 추구하고 있습니다.

기후금융과 기후테크라는 새로운 산업도 빠르게 그리고 거대하게 성장하고 있습니다. 보스턴컨설팅 그룹은 2050년까지 글로벌 기후테크 누

적시장 규모가 최대 60조 달러(8경 730조원)에 이를 것이라는 전망을 내놓고 있습니다. 보다 고무적인 것은, 많은 글로벌 기업들이 자발적으로 탄소감축 계획을 발표하거나 ESG의 일환으로 기후를 고려하는 활동을 늘리고 있고, 우리나라의 기업들도 이러한 국제적 노력에 동참하고 있습니다.

하지만 현재 국제사회에서의 분쟁과 글로벌 공급망의 불안 등으로 인해서 국제사회가 화석연료로 회귀하는 경향을 보이면서 민간부문에서 ESG의 활동이 다소 위축되는 모습을 보이는 것은 매우 우려스러운 점입니다. 우리나라는 2025년부터 도입 예정이었던 ESG 공시를 2026년 이후로 연기한 바 있습니다. 충분한 준비를 통해서 속도보다는 정확한 방향에 충실하겠다는 취지라고 생각합니다. 다만, 이러한 조치가 자칫 기업들에게 ESG 경영 자체를 늦춰도 된다는 잘못된 신호로 작용하지 않도록 정부의 세심한 대처가 필요합니다.

유럽 연합은, 2026년 본격 실시를 목표로 지난 10월 1일부터 탄소국경조정제도(Carbon Border Adjustment Mechanism, CBAM)의 시범 실시에 들어갔습니다. 제품 생산에 재생에너지를 100% 사용한다는 RE100(Renewable Energy 100) 캠페인도 날로 확산되어서 전 세계의 400여 대기업이 가입하고 있으며 우리나라에서도 34개 기업이 참여하고 있습니다. RE100과 관련해서 우리나라는, RE100이 갖고 있는 원전을 배제한 '재생에너지 100%'의 한계를 극복하기 위하여, 에너지 사용에 원전을 포함시키는 '무탄소 에너지'(Carbon Free Energy, CFE) 이니셔티브를 추진하고 있고, 지난 10월 27일 '무탄소(CF) 연합'을 출범시킨 바 있습니다. 지난 7년간 '기후변화에 관한 정부간 협의체'(Intergovernmental Panel on Climate Change, IPCC)를 이끌면서 기후위기 극복에 통찰과 영감을 주셨던 이회성 박사께서 CF연합 회장으로 취임하셔서 저도 기대가 큽니다. RE100과 CFE의 장점을 살려서 서로 보완시키고, 기업의 탄소감축을 위한 글로벌 표준 모델을 만드는데 큰 성과가 있기를 기대합니다.

AI, 인공지능 기술의 진화가 상상을 초월하고 있습니다. 긍정적인 측면은 더욱 육성·강화하되, 민주주의를 위협하는 Fake News의 양산 등 부정적인 측면은 반드시 통제되고 관리해야 합니다. 저는 이 문제를 오래 전부터 지적하면서 국제원자력기구(IAEA)와 같은 국제기구의 설립을 강조해 왔는데, 유엔은 지난 10월 26일 전 세계 전문가 39명으로 구성된 자문기구를 출범시켰습니다.

내외 귀빈 여러분, 우리 인류의 이러한 노력에는 기후위기를 극복하면서 경제적으로 번영하고 지속가능한 내일을 위해 위대한 걸음을 한 걸음씩 가야한다는 의미가 담겨 있습니다. 오늘 이 자리에 모이신 국내외 전문가 여러분들께서 인류의기후위기 문제를 해결하고, 우리 삶의 질을 높이는 환경친화적이고 기후탄력적인 인간시스템과 생태시스템을 만들어 나가는데 크게 기여할 것이라 확신합니다. 다시 한번 '세계경제연구원-하나금융그룹 컨퍼런스' 개최를 축하하면서 여러분 모두의 건승과 행운을 기원합니다. 감사합니다.

기조연설

조셉 스티글리츠(Joseph Stiglitz)

노벨경제학상 수상자/컬럼비아대 석좌교수/前 세계은행 수석부총재

오늘 이렇게 중요한 주제에 대해 연설할 수 있도록 초대해 주셔서 감사합니다. 현장에 직접 참여하지 못해 아쉽지만 이렇게라도 여러분과 함께할 수 있어서 영광입니다.

여러분도 아시다시피, 우리는 현재 '다중 위기(policrisis)'라고 부르는 상황에 처해 있습니다. 기후 위기, 불평등 위기, 제도에 대한 신뢰 위기, 그리고 민주주의 위기입니다. 국가 내외적으로는 양극화가 심화되고 있습니다.

먼저, 저는 민주주의와 시장 경제를 매우 강하게 신뢰하고 있음을 밝히고 싶습니다. 모든 시민에게 혜택을 주는 시장 경제, 즉 정부와 비정부기구, 그리고 풍부한 생태계 속 다양한 기관들이 중요한 역할을 하는 시장 경제를 말하는 것입니다. 저는 이러한 넓은 의미의 자본주의를 '진보적 자본주의'라고 부르며, 이는 지난 40년간 지배해 온 신자유주의적 자본주의와는 매우 다릅니다.

또한, 민주주의를 유지하기 위해서는 잃어버린 신뢰를 회복해야 한다고 믿습니다. 모든 연구와 조사가 보여주듯이, 주요 제도들에 대한 신뢰가 크게 감소했습니다. 신뢰를 회복하기 위해서는 지난 25년, 특히 지난 3년 동안 크게 증가한 불평등을 줄여야 한다고 생각합니다.

더 나아가 우리는 이 모든 것을 환경적 한계가 있는 상황 속에서 해내야 합니다. 지난 70년 동안 세계 GDP는 15배 증가했고, 세계 인구는 3배 증가했습니다. 지구의 한계를 시험해 온 것입니다. 1950년에 할 수 있었던 것을 오늘날에는 할 수 없습니다. 기후 변화는 존재론적 위기이지만, 이것이 유일한 중요한 환경적 취약점은 아닙니다.

이러한 기후 변화와 기타 환경 문제를 해결하려면 전 세계적인 협력이 필요합니다. 그런데 현재는 양극화가 매우 명확하게 드러나며, 협력에 전혀 도움이 되지 않습니다. 저는 건강하고 강한 경쟁을 바탕으로 관계를 설정하는 것이 중요하다고 생각합니다. 하지만 일부 영역에서의 경쟁이 다른 영역에서의 협력을 배제하면 안됩니다. 우리가 필요로 하는 것은 분명히 전 세계적 보건 문제나 팬데믹, 그리고 기후 변화와 같은 존재론적 문제에 대한 협력입니다. 앞으로 몇 십 년 동안 가장 중요한 지정학적 과제는 일부 영역에서는 경쟁을 하고 다른 영역에서는 협력을 할 수 있는 능력일 것입니다.

물론, 이러한 위기를 신속하게 해결하는 것이 모든 사람의 이익에 부합하는 것입니다. 경제학은 이른바 '무임승차 문제'를 가르쳐 주었습니다. 모두가 다른 사람이 무거운 짐을 지길 원하고, 다른 사람이 더 많은 감축을 하길 바랍니다. 어떤 조치를 취해야 한다는 것에는 동의하지만, 다른 사람이 한다면 더 좋을 것이라고 생각합니다. 저는 이 사고방식이 두 가지 측면에서 잘못되었다고 생각합니다. 첫째, 모든 사람이 그렇게 생각하면 우리는 파멸할 것이라는 점을 알아야 합니다. 둘째, 성장과 강력한 기후 대응이 상호 보완적일 수 있기 때문입니다. 즉, 강력한 기후 대응을 더 많이 하는 나라들이 실제로 경제에 더 나은 결과를 얻을 수 있을 것입니다.

니콜라스 스턴과 저는 최근 이러한 이유를 설명한 논문을 썼습니다.

제가 상호 보완성의 성격 중 하나를 설명하겠습니다. 기후 대응을 조기에 강하게 할 경우, '경험 축적을 통한 학습'이라는 경제학적 개념 때문에 이점이 있습니다. 화석 연료 대신 재생 가능 에너지를 사용할 때, 많은 학습이 필요합니다. 재생 가능 에너지 비용을 짧은 시간 안에 정부의 거의 미미한 지원만으로 75-90% 정도 낮추는 데 얼마나 성공했는지가 매우 인상적입니다. 더 넓게 보면, 재생 가능 에너지, 친환경 건물, 친환경 교통 시스템과 같은 조치를 취하면 이 학습 과정에서 더 앞서 나갈 수 있습니다.

한국은 한국 전쟁 이후 개발 과정을 시작하면서 이 교훈을 수십 년 전에 배웠습니다. 예를 들어, 한국은 앞서서 선박을 생산하기 시작했고 학습 곡선의 효과로 인해 이제는 다른 나라들이 경쟁하기가 매우 어렵습니다. 한국은 여러 다른 분야에서 선도적인 생산국이 되었고, 이제 제가 이해하기로는 친환경 수소 분야에서도 이러한 노력을 하고 있습니다.

이상적으로는 정부가 이 모든 위기에 대응하는 규제와 기타 정책을 마련할 수 있을 것입니다. 예를 들어, 탄소 가격을 도입하고 강력한 기후 규제, 투자, 그리고 환경을 보호하기 위한 정책을 상상해볼 수 있습니다. 우리는 또한 불평등 위기를 해결하기 위해 강력한 경쟁법, 최저임금, 노동법, 노동자들의 협상력을 강화할 수 있는 정책들도 있습니다. 사기를 방지하고 소비자를 보호하기 위한 강력한 법률, 투명성 법률, 또는 허위 정보와 잘못된 정보를 규제하는 법률을 마련하여 신뢰를 회복할 수 있습니다.

하지만 현실은 이러한 이상과는 거리가 멉니다. 그리고 우리는 정부가 이를 달성하지 못하는 몇 가지 이유를 잘 알고 있습니다. 민주주의의 정치 과정은 복잡하며, 화석 연료 회사와 같은 이해관계자들이 생태적 전환 속도를 늦추려고 하기 때문입니다. 이렇듯 정부가 완벽한 역할을 다할 수 있는 구조가 아니기 때문에 기업과 가정도 이 위기들을 해결하기 위해 역할을 해야 합니다. 법적 규제는 최소한의 기준으로 생각해야 합니다.

최저임금을 지불하는 기업들은 그 임금이 생활이 가능한 임금인지 스스로 물어봐야 합니다. 그 임금으로 생활하는 삶은 어떤 모습일까요? 법적 한도 내에서 온실가스를 배출하는 기업들은 스스로 환경 재앙에 기여하면서 어떤 기분인지 물어봐야 합니다. 우리는 주주로서 우리의 자금이 도덕적이고 올바른 방법으로 행동하는 기업에 투자되길 원합니다. 그러나 기업이 무엇을 하고 있는지 공개하지 않으면 우리는 그것을 확인할 수 없습니다. 공개는 필수입니다.

이것이 바로 ESG가 중요한 이유입니다. 모든 기업이 추구해야 할 환경, 사회, 그리고 지배구조 기준입니다. 기업은 시장 경제의 제도적 틀에서 중요한 부분을 차지합니다. 따라서 투명성이 결여된 기업들이 있다면 시장 경제에 대한 신뢰도, 민주주의에 대한 신뢰도 사라질 것입니다.

밀턴 프리드먼은 종종 신자유주의 자본주의의 대사제로 간주되며, 지난 세기 중반부터 최근까지 주주 가치 극대화를 주장하며 환경, 노동자, 지역 사회는 무시하라고 했습니다. 그는 법에 저촉되지 않고 감옥에 가지 않을 만큼만 행동하면 된다고 주장했습니다. 하지만 저는 이 주장이 잘못되었음을 분명히 하고 싶습니다. 50년이 지난 지금, 우리는 이 접근 방식이 잘못되었음을 깨닫게 되었습니다. 미국에서도 주주 자본주의의 마지막 보루로 여겨졌던 이 아이디어가 이제 의문시되고 있습니다.

오히려, 이제 우리는 좋은 ESG 성과를 가진 기업에 투자하고 싶어합니다. 좋은 거버넌스 없이는 다른 목표들을 달성할 수 없고, 기업이 노동자를 제대로 대우하고 수익 증대를 위해 그들을 착취하지 않는 등을 포함한 사회적 책임을 다해야 한다고 생각하며 친환경적이어야 한다고 생각한다는 점을 다시 강조하고 싶습니다. 따라서 정보 공개가 필수적이며, 표준화되어야 할 것입니다.

마지막으로, 앞서 말씀드린 바와 같이 우리가 직면한 여러 위기는 우리 모두가 각자의 역할을 다해야 해결될 수 있음을 잊지말아야 합니다. ESG는 기업들이 지속 가능하고 공정한 미래를 만드는 데 중요한 도구지만 개인과 정부를 비롯한 우리 모두의 관심과 실천이 수반되어야 합니다.

이 자리에 초대해 주셔서 다시 한번 감사드리며, 제 연설은 여기서 마치겠습니다.

세션 I

새로운 국제질서와 글로벌 경제 전망: 미중관계 변화와 지정학적 함의

좌장
전광우 세계경제연구원 이사장

기조연설
에이스케 사카키바라(Eisuke Sakakibara) 前 일본 대장성 차관/President, IIES
케네스 로고프(Kenneth Rogoff) 하버드대 석좌교수/前 IMF Chief Economist

패널
이종화 고려대 교수/前 한국경제학회 회장/前 ADB 수석이코노미스트
로버트 슈바라만(Robert Subbaraman) Head of Global Macro Research, Nomura

전광우 이사장: 좋은 아침입니다. 이번 세션은 세계 경제 전망과 전 세계 지정학적 역학 관계의 변화에 대해 논의하는 첫 번째 세션으로, 한국 경제가 나아갈 방향에 대한 교훈과 정책적 시사점을 도출하고자 합니다.

이번 세션에는 저명한 연사 네 분을 모셨습니다. 우선 전 일본 재무성 차관이자 1990년대 '미스터 엔'으로 세계적인 명성을 떨치신 에이스케 사카키바라 박사님이십니다. 현재는 일본 소재 인도경제연구소의 소장을 맡고 계십니다. 다음은 케네스 로고프 하버드대 석좌교수입니다. 베스트 셀러 'This time is different'의 공동 저자로, IMF 수석 이코노미스트 등 요직을 두루 역임한 바 있습니다. 현재 로고프 교수님께서 늦은 시각에 보스턴에서 실시간 참여를 위해 대기 중인 만큼 교수님께 가장 먼저 발표 기회를 드리고자 합니다. 다음으로 사카키바라 박사님, 이종화 고려대학교 교수님, 그리고 노무라 글로벌 매크로 리서치 헤드 로버트 슈바라만 박사님의 차례로 발표를 진행하도록 하겠습니다. 모든 연사의 발표가 끝나면 질의응답 세션을 갖겠습니다.

자, 그럼 이제 로고프 교수님을 모시겠습니다. 전반적인 글로벌 경제의 주요 현안, 특히 미-중 관계, 국제금융시장 전망 등에 대해 말씀해 주시겠습니다.

케네스 로고프 교수: 안녕하세요. 이번 컨퍼런스에 저를 초청해 주셔서 진심으로 감사드립니다. 바로 본론으로 들어가보도록 하겠습니다. 먼저 미중관계에 대해서 말씀을 드리려고 합니다. 미중 갈등이 오래 지속되고 있는 만큼 다소 진부하게 들릴 수 있겠지만 양국 간의 관계는 글로벌 경제, 지정학적 환경에 있어서 굉장히 중요합니다. 미국과 중국의 협력 없이 전세계가 공동으로 직면한 환경, 평화, 그리고 다른 많은 문제들을 해결하기는 어렵습니다. 저는 현재 이에 대해 우려가 많습니다.

우선 먼저 중국에 대해 이야기하고 이후에 미국에 대해 말씀드리고자 합니다. 저는 현재 중국 경제가 전환점을 맞이하고 있다고 생각합니다. 제가 이렇게 생각하는 여러 가지 이유가 있습니다. 많은 사람들은 저와 같은 전문가들의 예측이 빗나간다고 생각하지만, 중국이 수십 년간 눈부신 성장을 거듭하며 누구도 상상할 수 없을 정도로 좋은 성적을 보였음에도 불구하고 중국은 앞으로 훨씬 더 느린 성장의 시기로 접어들게 될 것입니다. 중국에서는 1~2%의 성장도 불황처럼 느껴지기 때문에 불황이라는 단어를 사용하기는 망설여지지만, 중국이 향후 10년간 3%의 성장을 한다면 역풍을 극복하고 매우 잘 해내는 것이라고 생각합니다.

중국에서 이미 인구 통계학적인 변화가 시작되었고, 세계화가 둔화되고 세계 경제가 파편화되고 있는 상황에서 중국에 권력이 과도하게 중앙에 집중되어 있는 게 문제인데, 이는 그 목적이 있을 수 있지만 경제적 효율성과 빠른 성장은 그 목적이 아니라는 데에는 적어도 우리 서구 경제학자들 사이에서는 의문의 여지가 없다고 생각합니다.

그런데 특히 제가 강조하고 싶은 것은, 제가 수년 동안 글을 써온 것이기도 합니다만, 중국이 도로, 교량, 고속철도, 주택, 사무실 건물 등 건설에 부문에 있어서 매우 발전했고 이를 통해 놀라운 성장을 거뒀지만, 이 같은 중국의 성장 전략이 한계에 다다르고 있다는 것입니다. 소위 추가적으로 투자를 통해 얻을 수 있는 수익이 점점 줄어들고 있으며, 이는 소련에서도 그랬고 일본에서도 그랬으며 아시아의 많은 지역에서도 마찬가지였습니다. 사실 지난 20~25년 동안 유럽도 2차 세계대전 이후 미국을 따라잡았지만 이후 다시 성장세가 상당히 둔화되었습니다.

특히 중국은 부동산과 인프라 부문이 직간접적으로 경제에 미치는 영향이 전체 GDP의 30%가 넘기 때문에 문제를 해결하기가 더욱 어렵습니다. 베이징, 상하이, 선전, 광저우와 같은 1선 도시만 방문했다면 부동산

과잉 건설과 수익률 감소 문제가 그렇게 눈에 띄지 않을 수 있습니다. 그러나 더 가난하고 작은 도시로 나가면 즉, 3선 도시 이하로 내려가면 여전히 큰 도시이기는 하지만 문제의 핵심을 마주하게 됩니다. 과잉 건축이 가장 심각한 곳이 바로 이곳입니다. 실제로 3선 도시는 현재 중국 전체 주택 재고의 80%를 차지하고 있으며, 주택 가치 기준으로도 여전히 50%를 차지하고 있습니다. 3선 도시는 중국 전체 생산량의 절반 이상을 차지할 정도로 중요한데, 문제는 바로 여기에 있습니다.

중국 당국은 대도시에 인구가 과도하게 집중되는 것을 막기 위해 여러 가지 방법으로 현명하게 노력했지만, 문제는 더 작고 가난한 도시로 일자리가 많이 오지 않았다는 것입니다. 사람들이 떠나고 있고, 거의 모든 지표에서 집값이 하락하고 있습니다. 에버그란데, 차이나가든을 비롯한 모든 부동산 파산에 대해 읽어보면, 그 문제의 중심에 있는 도시가 바로 3선 도시입니다.

이것은 단순히 신용을 조정하거나 중앙 정부가 문제를 해결하기 위해 취할 수 있는 조치로 해결할 수 있는 문제가 아닙니다. 문제는 과잉 건설인데, 그게 무슨 뜻일까요? 한 가지 척도는 중국의 1인당 주택 면적이 독일, 프랑스, 영국(훨씬 더 부유한 경제대국)만큼 많고 품질은 어디나 좋지 않지만 대부분 2000년 이후에 지어졌다는 점입니다. 1992년 중국의 1인당 주거 면적은 5평방미터였지만 지금은 거의 10배에 달합니다. 재조정이 필요한 부분입니다.

그런데, 부동산 문제는 종종 금융 위기의 전조이며, 이는 확실히 모든 사람이 우려하는 것입니다. 매우 중앙집권적인 중국 시스템에서는 금융 파산과 부채 문제를 더 빠르고 효율적으로 처리할 수 있기 때문에 단언하기는 어렵습니다. 하지만 그럼에도 불구하고 지방 은행에서 볼 수 있는 신용 문제의 규모는 상당히 심각하고 구제 금융은 상당히 극단적입니다.

3선 도시와 일부 2선 도시에 국한된 단순한 문제라고 안심해서는 안됩니다.

미국을 살펴보면 2008~2009년 부동산 폭락이 발생했을 때 실제로 문제가 발생한 지역은 애리조나, 네바다, 플로리다, 텍사스, 캘리포니아 등 5개 주(州)에 불과했습니다. 캘리포니아는 미국 경제의 거의 20%를 차지하므로 결코 작지 않고 플로리다도 매우 크지만 일부 지역에 국한된 문제였다는 점에서 현재 중국의 부동산 문제와는 차별화됩니다.

그런데 최근 중국이 부동산 부문에 대해 나쁜 말을 하는 사람에 대해 거의 모든 금지 조치를 취한 것에 대해 읽으면서 문제가 정말 심각하다는 믿음이 더욱 확고해졌습니다. 최근에 중국의 지방 정부 부채 문제를 해결하기 위해 많은 사람들이 제안한 것 중 하나가 존재하지 않는 재산세를 허용하자는 것이었습니다. 인기 있는 방법은 아니지만 어떻게든 지방 정부에 자금을 지원해야하고, 전 세계 대부분의 국가가 그렇게 하고 있습니다. 하지만 중국에서는 이 문제에 대해 학술적인 토론조차 할 수 없습니다. 이것만 봐도 어떤 어려움이 있는지 짐작할 수 있을 것입니다.

잠시 미국으로 시선을 돌려보겠습니다. 미국은 놀라울 정도로 회복력이 있습니다. 금리가 이렇게까지 올랐는데도 불구하고 경기 침체에 빠지지 않을 것이라고 생각한 사람은 많지 않을 것입니다. 정말 이례적인 일이고 매우 놀랍습니다. 저는 꽤 오래전부터 장기 인플레이션 조정 금리가 금융위기 이후보다 훨씬 더 높아질 것이라고 생각했습니다.

실질금리의 오랜 역사를 보면 금융위기나 금리 하락과 같은 사건은 전에도 일어났고, 그런 일이 일어나기 전으로 돌아가기까지 시간이 걸렸다는 것을 알 수 있습니다. 그리고 지금 우리가 목격하고 있는 것도 그 일환이라고 생각합니다.

실질 금리의 조정은 전 세계적으로 중요한 사건입니다. 여러 곳에서 일어나고 있습니다. 그중 하나가 미국의 상업용 부동산인데, 팬데믹 이후 이미 문제가 많았던 상업용 부동산은 이제 금리가 너무 높아져 더 큰 어려움에 처해 있습니다.

이제 중국과 미국의 관계에 대해 말씀드리겠습니다. 트럼프 행정부가 중국을 상대로 시작한 관세 전쟁은 미국에서 실망스럽게도 큰 인기를 끌었습니다. 하지만 이것이 미국내 일자리 창출 효과를 낼 것이라는 기대는 빗나갔습니다. 미국의 제조업의 구조적 변화로 인해 제조업이 과거와 같이 많은 일자리를 창출하지 못하는 상황이기 때문입니다. 앞으로는 더욱 그러할 것입니다. 미국 독립혁명 당시에는 농업에 미국 국민 전체의 80%가 고용되었지만, 지금은 2% 미만에 불과합니다. 1930년대에는 제조업이 전체 일자리의 35%에 달할 정도의 고용을 제공했지만 지금은 8% 수준입니다. 제조업이 조금은 회복될 수 있을지 모르지만 기계에 의한 노동력 대체, 자동화로 인해 고용증가의 효과는 제한적일 것입니다. 팬데믹에 대비해 중요 인프라를 보호하고 의료용품을 확보하려는 생각, 미국 경제를 보호하기 위해 세탁기에 관세를 부과해야 한다는 등의 발상은 매우 안타깝고 비생산적이라고 생각합니다.

몇 가지 더 말씀드리자면, 중국이 반드시 재고해야 할 한 가지는 달러에 대한 페그제라고 생각합니다. 중국 내 일각에서도 수년 동안 중국 당국이 보다 유연한 환율을 고려해야 한다고 주장해 왔습니다. 하지만 정부는 아시아 공급망과 인플레이션 억제를 이유로 그렇게 하지 않았습니다. 중국과 미국 사이의 불행한 균열, 그리고 미국이 러시아에 부과한 금융 제재를 감안할 때 페그제가 무한정 지속되지는 않을 수도 있다고 생각해야 할 것입니다.

마지막으로 한 가지만 더 말씀드리겠습니다. 중국은 특히 지난 15년 동안 신흥 시장에 자금을 조달하는 데 매우 중요한 역할을 해왔기 때문에 관련 부작용 또한 상당합니다. 일부 소규모 개발도상국에서 팬데믹이 발생하고 금리가 상승하고 선진국의 성장 둔화로 대외 수요 감소에 직면하고 있기 때문에 중국은 이들 채무국들의 채무 불이행 위험에 노출되어 있습니다. 이미 중국과 서방국가들의 부채도 상당하기 때문에, 협력적인 방식으로 해결되어야 할 것입니다.

이와 관련해서는 저는 중국이 국제통화기금(IMF)에서 더 큰 지분을 갖는 것이 좋은 출발점이 될 것이라고 생각합니다. IMF의 게오르기에바 총재가 이를 제안했습니다. 아주 좋은 생각이라고 생각합니다. 많은 미국인들이 중국이 더 큰 목소리를 내게 하거나 중국에 더 큰 역할을 주고 싶지 않다고 말하지만, 중국이 국제사회 시스템의 일부가 되는 것 외에는 당면 과제를 해결할 대안이 없습니다. 이상으로 제 발표를 마치겠습니다. 감사합니다.

전광우 이사장: 중국 경제의 당면 과제와 미중관계, 글로벌 경제에의 시사점에 대해 심도 있게 다뤄주셨습니다. 감사합니다. 특히 중국의 2선 도시와 3선 도시가 여전히 중국 총 생산량의 50%를 차지한다는 사실을 상기시켜주셨습니다. 이는 중요한 문제라고 생각하고 중국이 보다 지속 가능한 성장 경로로 나아가기 위해 이들 도시들의 문제를 해결해야 한다고 생각합니다. IMF에서의 중국 지분 확대 필요성을 비롯한 국제 금융 구조에 대해서도 언급하셨습니다. 이 또한 중요한 논점이라고 생각합니다.

이제 노무라의 글로벌 리서치 헤드 슈바라만 박사님께서 로고프 교수님의 발표 내용과 관련하여 질문을 하시겠습니다.

로버트 슈바라만 박사: 감사합니다. 안녕하세요 로고프 교수님. 저는 앞서 말씀하신 내용 중 특히 중국의 환율 관리에 대한 이야기가 굉장히 흥미로웠습니다. 교수님께서는 중국이 좀 더 유연한 환율 체제로 전환할 필요가 있다고 말씀하신 것 같습니다. 이러한 관점에서 미국 달러에 대한 홍콩 달러 페그에 대해 어떻게 생각하시는지 궁금합니다. 홍콩은 세계에서 유일하게 미국 달러에 완전히 고정된 경제인데, 미국과 중국 관계를 고려할 때 홍콩 경제가 점점 더 중국에 동조화되는 것 같습니다. 홍콩 달러 페그제에 대해 어떻게 전망하시나요?

케네스 로고프 교수: 흥미롭게도 홍콩 달러 페그가 이만큼 오래 지속될 수 있었던 이유는 무엇보다도 홍콩이 많은 강점을 가진 매우 좋은 법률 시스템을 가지고 있기 때문이라고 생각합니다. 외환보유고 역시 페그제를 오랫동안 지속하기에 충분합니다. 한 유명한 전문 투기적 거래자에게 '홍콩 달러에 대한 투기적 공격이 가능하겠는가'라는 질문을 한 적이 있는데요, 그는 "그럴 수도 있겠지만 처음 몇 차례 공격 뒤 몰살당할 것이다"라고 대답했습니다. 그만큼 페그제 유지를 위해 홍콩 외환당국이 대비가 되어있다는 뜻일 것입니다. 저는 이것이 왜 그동안 페그제에 아무 일도 일어나지 않았는지 설명해 준다고 생각합니다.

그러나 홍콩이 달러 페그를 잃게 될 경우 이러한 과정이 점진적으로 이루어지지 않을 것이라는 점은 분명합니다. 그 경우 대신 위안화를 채택하게 될 가능성이 높습니다. 그런데 저는 이러한 상황이 중국과 홍콩 모두의 이익에 부합하지 않는다고 생각합니다.

저처럼 세계화를 믿고 중국이 계속해서 세계와 통합되어야 한다고 생각한다면, 홍콩 내 현재의 구조를 유지하기 위해 노력해야할 것입니다. 왜냐하면 달러화 페그에서 벗어나는 것은 홍콩이 금융 중심지가 되겠다는 의지를 버리는 것을 상징하기 때문입니다. 물론 홍콩이 법적 자율권을 일부 상실했기 때문에 사실상 페그제 폐지 가능성도 이제는 보다 일반적인 도전 과제이지만 이러한 변화를 서두를 필요는 없다고 봅니다. 물론 홍콩이 페그제를 무한정 유지할 수는 없다고 생각합니다.

전광우 이사장: 답변 감사합니다. 한가지 질문 더 드리겠습니다. "Higher for longer" 관련하여 언제까지 연준이 이러한 스탠스를 고수해야 한다고 생각하십니까? 또한 미국 기준금리가 언제쯤 정점을 찍을 것으로 예상하시나요?

케네스 로고프 교수: 우선, 많은 사람들이 예상치 못했던 장기 금리 상승과 관련하여 말씀드리도록 하겠습니다. 미국채 10년물 금리가 5%에 육박하고, 10년 전 래리 서머스가 유명한 경기 침체 연설을 했을 때 −1%까지 떨어졌던 물가연동채금리는 현재 3.5% 이상 올라왔습니다. 이는 매우 큰 움직임입니다. 그런데 다른 한편으로는 금융 위기 이후에는 금리가 그만큼 하락했었고, 이러한 극단적 움직임은 대부분 일시적인 현상으로 생각해야 한다는 것이 제 생각입니다. 즉, 금리가 크게 하락했던 만큼 향후 이에 대한 되돌림으로 금리 상승이 불가피할 것 임을 예상했어야 한다는 뜻입니다. 금융위기 이후의 저금리 기조에 익숙해져 있는 젊은 세대들일지라도 금리가 계속해서 제로 수준에 금리가 머물러 있을 것이라고 생각했다면 이는 매우 순진한 생각이었다고 생각합니다. 만약 팬데믹이 아니었다면 금리가 더 빠른 시간 내에 상승하기 시작했을 것이라고 생각합니다.

물론 연준의 기준금리는 중립금리보다 높습니다. 경기를 제약한다는 관점에서 볼 때 중립금리가 정확히 어느 수준이든 현재 미국 기준금리는 중립보다는 높고, 따라서 이후 중립금리 수준으로 하향안정 될 것이라는 점을 감안하더라도 큰 경기 침체가 일어나기 전까지는 3.5%, 심지어 4% 이하로 내려가지는 않을 것으로 보여집니다. 벤 버냉키 전 연준 의장은 퇴임 직후 4% 금리는 다시는 없을 것이라고 말한 것으로 유명합니다. 이제 기준금리가 다른 방향으로 움직이는 것은 시간문제라고 생각합니다. 하지만 늦어도 내년(2024년) 중반부터는 금리가 인하될 것이라고 생각합니다.

다만, 그럼에도 불구하고 제가 강조하고 싶은 점은 깊은 침체가 오기 전까지는 기준금리가 1% 혹은 2% 수준으로 크게 하락하지 않을 것이며, 침체가 오더라도 한동안은 다시 제로금리로는 내려가지 않을 것이라는 점입니다. 시스템에 많은 인플레이션 압력이 쌓여 있기 때문입니다.

전광우 이사장: 네, 감사합니다. 미국 현지는 늦은 저녁시간임에도 불구하고 저희 컨퍼런스에 실시간으로 참여해 주신 점 다시 한번 감사드립니다. 다음번에는 직접 뵐 수 있기를 바랍니다.

케네스 로고프 교수: 네, 정말 감사합니다.

전광우 이사장: 이제 사카키바라 박사님께서 세계 경제 전반에 대한 전망을 말씀해주시겠습니다.

에이스케 사카키바라 박사: 전 세계 여러 나라의 경제가 전반적으로 둔화되면서 정말 어려운 시기에 접어든 것 같습니다. 국제통화기금(IMF)은 매 분기 경제 전망을 발표하는데, 가장 최근의 전망이 지난달 10월에 나왔습니다. IMF 올해 세계 경제가 다소 약화되어 3%의 성장률을 달성한 뒤 2024년에는 성장률이 2.9%로 소폭 하락할 것으로 예상하고 있습니다. 지난 7월 보고서와 비교할 때 올해 전망은 동일하나 2024년 경제성장률 전망은 3.0%에서 2.9%로 소폭 하락한 것입니다. 미국과 유럽 모두 성장률 전망도 크게 낮췄습니다. 선진국 중 마이너스 성장률을 유지하는 나라는 아마도 일본이 유일하겠지만 2023년과 2024년은 세계 경제에 어려운 한 해가 될 것으로 예상됩니다.

많은 국가에서 재정 및 통화 정책이 광범위하게 활용되고 있지만, 재정 지출이 무한정 지속될 수는 없습니다. 어떤 형태로든 재정 규율을 준수해야 하며, 이는 재정 지출의 둔화로 이어집니다. 많은 국가에서 통화 정책이 완화적으로 운용되고 있으며, 일본의 경우 2013년부터 적극적인 통화정책 완화가 시행되었고 이러한 추세는 올해에도 계속되고 있습니다. 통화 완화는 많은 선진국에서 여전히 핵심 정책으로 남아 있지만 올해는 많은 국가들에게 어려운 한 해가 될 것이기 때문에 특히 선진국들이 신중한 성장 전략을 수립해야 할 것입니다.

전광우 이사장: 감사합니다. 저는 박사님께서 환율 전문가이신 만큼 관련하여 몇 가지 질문을 드리고 싶습니다. 특히 엔화 전문가로 잘 알려져 있으시기에 이 자리에 계신 모든 분들께서 향후 달러 대비 엔화의 동향을 어떻게 보시는지 궁금해하실 것 같습니다. 최근 엔화가 상당히 약세를 보이고 있는데요, 어제 기준으로는 달러/엔 환율이 150엔을 기록했습니다. 올해 말까지 이제 한달이 조금 더 남았는데요, 연말까지 그리고 내년에 엔화의 동향에 대해 어떻게 전망하시나요?

에이스케 사카키바라 박사: 미국과 일본의 경제 상황에 따라 달라질 것입니다. 지금까지 미국은 다소 긴축적인 통화정책을 펴고 있는 반면 일본은 계속 완화적인 통화정책을 펴고 있습니다. 이것이 달러/엔 환율을 150엔까지 끌어올린, 즉 엔화 약세가 심화된 원인입니다. 하지만 향후 제가 보기에 미국은 저성장 국면에 진입할 수 있습니다. 경기 침체는 아닐지라도 미국의 성장세가 현재보다는 낮아질 것으로 봅니다. 반면에 일본의 성장률은 높아질 것으로 예상됩니다. 2024년 일본의 성장률은 2%로 예상되는데, 이는 일본 기준으로는 상당히 높은 수치입니다. 지금까지 평균이 1%였기 때문에 2024년 일본 경제가 상당히 강세를 보일 수 있다는 것입니다. 이 같은 가정이 현실화된다면 엔화는 반등할 것이며, 아마도 올해 말부터 2024년 여름까지는 달러/엔 환율이 130에 가까운 수준까지 하락할 것으로 예상합니다(엔화 강세 전망). 물론 이것은 추정일 뿐이며 제가 틀릴 수 있습니다.

전광우 이사장: 사카키바라 박사님께서 말씀하셨듯이 환율의 중요한 결정 요소는 분명 양국 경제의 상대적 강세입니다. 앞서 로고프 교수도 언급했듯이 미국의 3분기 성장률은 전년동기비 4.9%로 상당히 놀라운 수준입니다. 매우 이례적인 강세인 만큼 앞으로는 둔화될 것이라고 생각이 되고, 따라서 이부분에 있어서는 저도 박사님 견해에 동의합니다.

일본이 지난 30년 동안의 침체에서 벗어나 현재는 여러 부문에서 회복세를 보이고 있는데, 특히 향후 엔화 반등 전망이 포트폴리오 투자자와 외국인 직접투자(FDI) 등의 자금 유입에 기여하고 있습니다. 최근 매우 활발한 움직임을 보이고 있습니다. 이는 달러/엔 환율이 내년 여름까지 130엔 수준으로 하락, 즉 엔화가 강세를 나타낼 수 있다는 박사님의 예상을 지지하는 부분일 것입니다.

에이스케 사카키바라 박사: 사실 저는 지난 30년이 잃어버린 30년이라고만 생각하지는 않습니다. 그간 일본 경제가 성숙해졌기 때문입니다. 특히 2000년 이후 성숙기로 접어들면서 1%대로 성장률이 낮아진 것이라고 평가하고 있습니다.

전광우 이사장: 네, 감사합니다. 그럼 이제 이종화 교수님을 모시겠습니다. 이종화 교수님은 고려대학교 교수이시기도 하지만 국내 뿐 아니라 세계적으로도 매우 유명한 경제학자이십니다. 아시아개발은행(ADB)의 수석 이코노미스트를 역임하셨고, 이명박 정부 시절에서는 대통령 특별보좌관을 지내기도 하셨습니다. 한국경제학회 회장을 맡으시기도 했습니다.

이종화 교수: 소개 말씀 감사드립니다. 오늘 이 자리에서 발언하게

되어 영광입니다. 두 명의 저명한 연사가 이미 최근 세계 경제 현황 특히 중국 경제와 글로벌 금융시장의 위험 요인에 대해 말씀해 주셨는데요, 저 또한 두 분의 견해에 상당부분 공감하는 바입니다.

저는 세계 경제의 지정학적 위험과 지리적 경제적 분열에 초점을 맞춰 발표를 준비했습니다. 우리 모두 알다시피, 세계 경제는 지난 몇 년간 높은 인플레이션과 경기 침체로 어려움을 겪고 있습니다. 소위 연착륙의 조짐이 보이기는 하지만, 여전히 세계 경제는 초대형 경제 위기(Perfect Storm)를 불러올 수 있는 여러 가지 위험에 직면해 있다는 사실을 인식하는 것이 중요할 것입니다.

하방 리스크에는 여기에 나열한 여러 가지 요인이 포함됩니다. 현재 우리는 에너지 공급 차질, 에너지 가격 충격, 부동산 위기, 중국 경제 둔화 등을 우려하고 있습니다. 뿐 만 아니라 미국과 중국 간의 긴장 고조, 러시아와 우크라이나 간 전쟁 지속, 최근 중동에서 벌어지고 있는 테러와 전쟁 등 전 세계적으로 지정학적 리스크가 고조되고 있는 상황입니다. 저는 오늘 이러한 지정학적 리스크가 한국 경제는 물론 세계 경제에 미치는 영향에 대해 집중적으로 살펴보고자 합니다.

> **Economic nationalism and geo-economic fragmentation**
>
> - Rise of nationalism, trade protection and anti-globalization
>   - Public's view on employment and distributional effects of trade and globalization is often negative.
>   - The U.S. and Europe have moved toward protectionism and economic nationalism.
>   - The post-war liberal international economic order is in crisis.
> - Escalation of US–China trade and technology tensions
> - Amplification of geo-economic fragmentation.
>   - Major powers use economic tools to advance geopolitical objectives.
>   - Examples—China's foreign aid and loan, US–China trade and technology conflicts, Russia's weaponizing energy resources, and economic sanctions over Russia
>   - The importance of military power was giving way to geo-economic power.
>   - The deep integration of global trade links and financial markets has made geo-economic tools more powerful.

역사를 되돌아보면, 전쟁 이후에 자유주의를 기반으로 한 미국이 주창한 세계 경제의 질서가 있었는데 최근에는 미국을 중심으로 한 국수주의가 트럼프 대통령 때 보호주의에 관한 상당히 많은 조치들이 취해지면서 기조가 변했습니다. 트럼프 행정부가 이민자들이 일자리를 빼앗아 간다는 인식을 심어주었는데, 대중의 지지가 글로벌화를 반대하고 보호주의를 옹호하는 방향으로 치우치게 된다면 정치인들은 보호주의 관련 정책들을 강화할 수밖에 없습니다.

안타깝게도 미국은 물론 유럽과 많은 선진국들이 보호주의와 경제 민족주의로 나아가고 있습니다. 이로 인해 지리적 경제 파편화에 대한 의문과 우려가 제기되고 있습니다. 지리적 경제 파편화란 무엇을 의미할까요? 이는 기본적으로 강대국이 지정학적 목표를 달성하기 위해 경제적 수단을 사용하는 것을 의미합니다. 오늘날에는 경제적 제재가 자주 사용되며, 때로는 정치적 목적을 달성하기 위해 경제적 도구가 사용되기도 합니다.

따라서 이러한 지리적 경제적 분열은 결과적으로 이른바 프렌드 쇼어

링과 국경 간 무역 및 금융 흐름의 변화로 이어졌습니다. 여기에 몇 가지 데이터를 요약해 보았습니다.

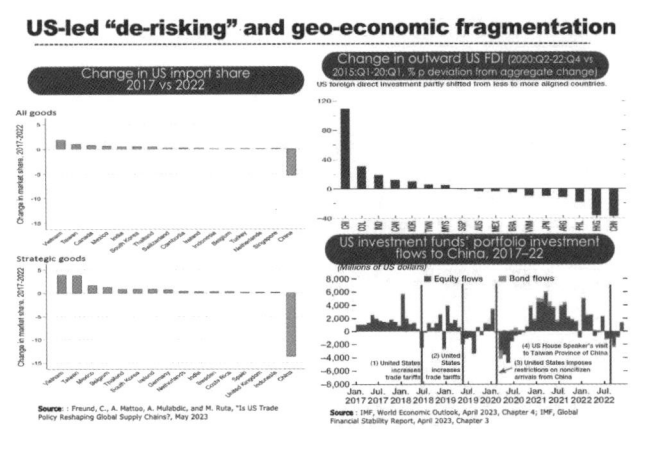

미국의 보호무역 조치와 이른바 탈 리스크 정책으로 인해 미국과 중국 간 교역, 특히 전략 분야의 교역이 급격히 감소하고 있습니다. 왼쪽 차트에서 볼 수 있듯이 특히 중국과의 교역이 크게 감소하고 있습니다. 반면, 이 차트에서 볼 수 있듯이 미국에 더 우호적인 다른 아시아 국가들은 약간의 이득을 얻고 있습니다. 이는 분열이 계속되고 있음을 나타냅니다.

외국인 직접투자(FDI)는 또 다른 중요한 수단입니다. 미국과 EU는 자국내 생산을 유도하고 강화하여 중국 및 중국 우호 국가를 중심으로 한 해외 공급 불균형에 따른 취약성을 줄이는 정책을 실행했습니다. 최근 데이터는 미국의 해외직접투자 및 자본 흐름의 이전을 보여주며, 주로 중국 밖으로 이동하고 있는 모습을 보여줍니다.

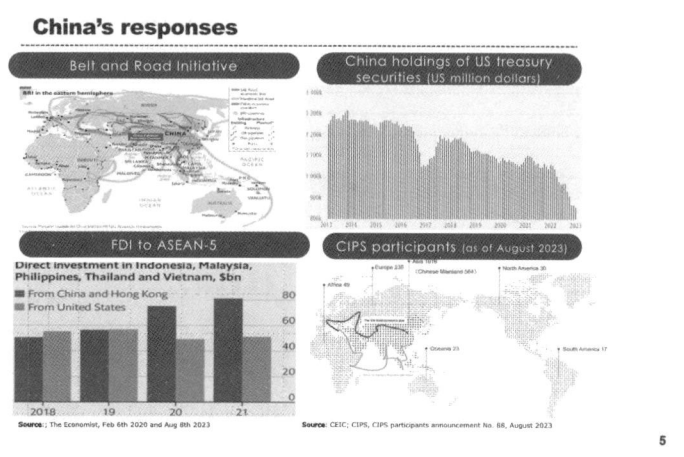

그렇다면 중국의 대응은 무엇일까요? 이 또한 우리가 주목해야 할 부분입니다. 물론 미국과 중국의 무역 및 패권 갈등은 의심할 여지없이 중국 경제와 기술 발전에 부정적인 영향을 미칠 것이지만 이것이 중국 경제의 지속적인 부상을 위협하지는 않습니다. 중국은 미국의 현재 지배적 지위를 흔들지 않기 위해 매우 신중한 접근 방식을 취하고 있습니다.

물론 중국 정부는 경제를 부흥시키고 자체 기술을 개발하기 위해 노력하고 있습니다. 중국은 이미 높은 수준의 과학 기술을 보유하고 있으며 빅데이터, 인공 지능, 전기 자동차, 배터리 등 첨단 기술을 빠르게 개발하고 있습니다. 또한 중국은 다른 국가, 특히 아세안 국가에 대한 투자를 늘리고 있습니다. 따라서 간접적으로 미국이 아시아 국가와의 무역을 늘리면서 중국도 공장을 아세안 국가로 이전하고 있습니다. 간접적으로 미국은 여전히 중국에 의존하고 있음을 보여줍니다. 이는 더 복잡한 공급망 재배치이지만, 글로벌 공급망에서 중국의 영향력이 당분간 상당한 수준으로 지속될 것이라는 점은 부인할 수 없습니다.

그런데 중국이 미국 달러 중심의 금융 시스템에서 벗어나려면 오랜 시간이 걸릴 것입니다. 적어도 몇 세대안에 위안화가 달러를 대체할 것이라고는 생각하지 않지만 중국은 위안화 국제화를 계속 추진하고 있습니다. 중국과 미국 중 어느 쪽이 패권국으로 부상할지는 다른 국가들의 관심사가 아닙니다. 가장 중요한 것은 세계 최대 경제 대국 간의 무역 및 기술 전쟁이 세계 경제와 글로벌 금융 시스템에 상당한 영향을 미칠 수 있다는 점입니다. 이는 개별경제, 특히 한국과 같이 무역과 외국인 직접 투자에 있어 중국과 미국에 크게 의존하는 국가에도 적용됩니다.

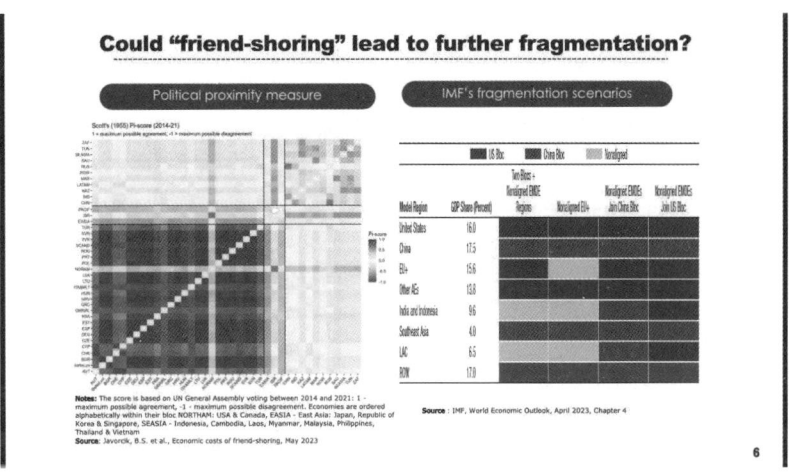

이 슬라이드는 매우 복잡하지만, 사람들은 이제 많은 국가들이 주로 공동의 가치를 공유하는 국가들과 이른바 프렌드 쇼어링에 참여할 경우 어떤 일이 일어날지 살펴보고 있습니다.

'공동의 가치'란 무엇인가요? 복잡하지만 한 가지 정량적인 척도로는 미국의 투표 기록을 살펴볼 수 있습니다. 국가들이 지속적으로 같은 방향으로 함께 투표한다면 특정 의제에 대해 같은 가치를 공유한다고 말할 수 있습니다. 따라서 두 나라가 항상 같은 방향으로 투표하면 1점, 항상 반대 표를 던지면 마이너스 1점을 받게 됩니다.

왼쪽 차트를 보면 진한 파란색은 1점, 진한 빨간색은 마이너스 1점을 나타냅니다. 모든 국가를 읽을 수는 없지만 미국과의 관계를 기준으로 볼 때 중국, 러시아, 인도, 남아시아 및 라틴 아메리카 국가를 포함한 많은 국가가 미국과의 관계가 좋지 않은 반면, 일본과 한국뿐 아니라 많은 유럽 국가는 미국과 더 밀접한 관계를 맺고 있어 결국 양극화될 수 있습니다.

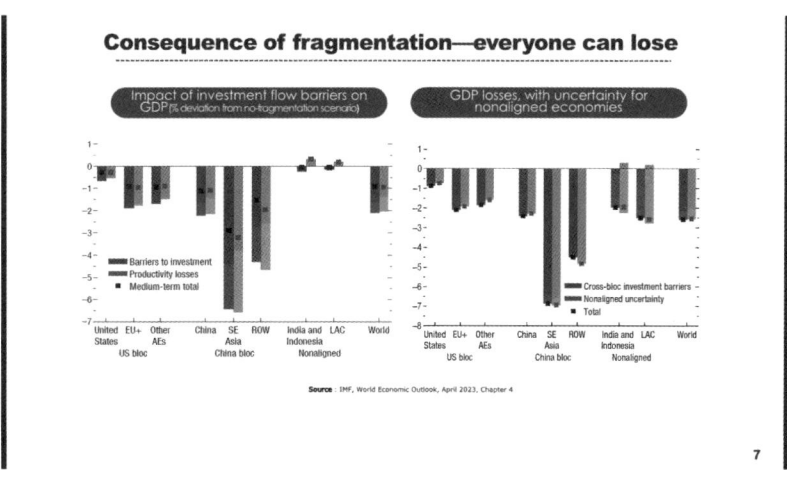

IMF는 최근 국가를 세 개의 블록으로 나누는 '분열 시나리오'라는 시나리오 분석을 실시했습니다. 미국 중심 블록, 중국 중심 블록, 중립 또는 비동맹 블록으로 나뉩니다. 시뮬레이션에서 각 블록이 다른 국가에 무역 장벽을 부과하기 때문에 이는 매우 비참한 결과입니다. 적어도 당분간은 전 세계 모든 국가가 손해를 볼 수 있으며, 비동맹 국가들은 고통을 겪을 것입니다. 결국 세계 경제는 둔화되고 많은 불확실성이 존재할 것입니다. 안타깝게도 이 시나리오에서는 모든 국가가 패자가 될 수 있습니다.

Fragmentation in Asia—what Korea should do?

Political and economic proximity measures

		Same UNGA's vote on issue (%) with China	Same UNGA's vote on issue (%) with US	Trade Shares 2021 (% in total) with China	Trade Shares 2021 (% in total) with US	BRI	RCEP	IPEF	US Mutual Defense Treaty	UNHR vote: Xinjiang Human Rights issue
Advanced Asia and China	Australia	26	72	33	7		⊘	⊘	⊘	-
	China	-	16	-	25	⊘	⊘			NAY
	Japan	33	67	23	14		⊘	⊘	⊘	YEA
	South Korea	32	55	24	14		⊘	⊘	⊘	YEA
Emerging Asia	Indonesia	55	21	24	8	⊘	⊘	⊘		NAY
	Malaysia	72	26	19	10	⊘	⊘	⊘		ABSTAIN
	Philippines	72	28	20	10	⊘	⊘	⊘	⊘	-
	Thailand	66	32	19	10	⊘	⊘	⊘	⊘	-
	Vietnam	77	16	25	17	⊘	⊘	⊘		-
India and Frontier Asia	India	71	18	12	12			⊘		ABSTAIN
	Pakistan	83	17	23	10	⊘				NAY
USA	USA	15	-	13	-			⊘	⊘	YEA

Notes: BRI=Belt and Road Initiative; RCEP=Regional Comprehensive Economic Partnership; IPEF=Indo-Pacific Economic Framework
Sources: Asian Economic Integration Report 2023: Trade, Investment, and Climate Change in Asia and the Pacific (Asian Development Bank, Feb. 2023); The West versus Beijing? Determinant of the UN Human Rights Council Vote (Not) to Debate Human Rights in Xinjian (East-West Center Occasional Paper, Sep. 2023); Asia on the cusp of a new era (McKinsey Global Institute, Sep. 2023)

그렇다면 아시아에서는 어떤 일이 일어나고 있을까요? 한국의 경우는 특히 복잡합니다. 한국은 모든 정치적 입장이 미국과 일치하지만 경제적으로는 중국에 더 많이 의존하고 있기 때문입니다. 한 가지 흥미로운 투표 사례는 작년 10월 6일에 있었던 중국 신장 자치구에 대한 유엔 인권이사회의 투표입니다. 지난 칼럼에서 볼 수 있듯이 미국은 '찬성'을, 한국과 일본은 '반대'를 표명했습니다. 중국은 '반대'를 표명했고, 다른 아시아 국가들을 살펴보면 인도네시아는 '반대', 말레이시아와 인도는 '불참', 파키스탄은 '반대'를 표명했습니다. 아시아 내에서도 매우 다양한 견해가 존재합니다.

Concluding remarks—what steps should we take?

- The global economy remains highly uncertain and risky.
- The US-China tensions continue to intensify geopolitical risks and geo-economic fragmentation both in the region and globally.
- World powers should avoid nationalism and geo-economic fragmentation and instead strive for global cooperation.
- Under uncertain and fragmented global economic environment, governments and companies must endeavor to diversity markets and secure stable supply chains.
- Nations must strive to reduce domestic vulnerabilities and bolster their domestic sources of growth through the implementation of effective policies and reforms.

결론부터 말씀드리겠습니다. 우리는 무엇을 해야 할까요? 불확실하고 파편화된 글로벌 경제 환경에서 우리는 어떤 조치를 취해야 할까요? 저는 앞서 말씀하신 로고프 교수님의 견해에 전적으로 동의합니다. 이제 우리는 새로운 글로벌 거버넌스 시스템을 구축하기 위해 노력해야 합니다. 특히 미국과 중국을 비롯한 강대국들이 글로벌 커뮤니티에 큰 혜택을 줄 수 있도록 협력하는 방안을 모색해야 합니다. IMF 쿼터 개혁과 같은 특정 의제에서부터 함께 시작해 글로벌 분열을 피하는 것이 중요합니다. 저는 이들 국가들이 궁극적으로 모든 글로벌 문제를 해결하기 위해 협력할 수 있기를 바랍니다. 시간이 걸리겠지만 미국 대선도 다가오고 있기 때문에 2024년에 어떤 일이 일어날지 알 수 없습니다. 예상치 못한 결과가 많이 나올 수 있습니다. 따라서 지금 이 순간에도 한국을 포함한 각국 정부는 시장 다변화와 안정적인 공급망 확보, 그리고 국내 경제 성장 동력 강화를 위한 국내 구조 개혁을 위해 노력해야 한다고 생각합니다. 감사합니다.

전광우 이사장: 중국의 역할에 초점을 맞춰 국가별 글로벌 경제 환경 변화에 대해 말씀해 주셨습니다. 훌륭한 발표 감사드립니다. 중국의 성장세가 둔화되고 있다고 해서 국제사회에서 중국의 영향력이나 아시아 상당수 국가와의 관계마저 약화되거나 제한되는 것은 아니라는 지적이 인상적이었습니다. 한쪽으로 지나치게 기울어지는 것을 경계하고 다각적이고 균형 잡힌 한국만의 저위험 정책을 수립해야 하며 중국의 역할을 경시하는 것은 현명하지 않은 전략이라는 점을 상기시켜 주셨습니다.

그럼 이제 슈바라만 박사님께서 말씀해 주시겠습니다. 슈바라만 박사님은 현재 노무라의 수석 이코노미스트 겸 글로벌 매크로 리서치 헤드를 맡고 계십니다. 노무라 이전에는 리먼 브라더스의 수석 이코노미스트를 역임했습니다.

로버트 슈바라만 박사: 안녕하십니까. 세계경제연구원이 주최하는 국제컨퍼런스는 이번이 두 번째 참여인데요, 지난번에는 온라인으로 참여를 했었는데, 이번에는 이렇게 직접 현장에서 함께하게 되어 영광입니다.

앞서 연사분들께서 글로벌 경제, 특히 중국 경제에 대해서 중요한 지적들을 많이 해주셨는데요, 저는 노무라의 견해와 관점을 공유해드리도록 하겠습니다.

먼저, 저희는 여전히 중국 경제가 트리플 딥에 빠질 위험이 있다고 우려하고 있습니다. 황금연휴 기간 동안 봉쇄로 억눌렸던 리벤지 수요가 급증하는 것을 목격할 수 있었지만 지난 2~3주간 다시 둔화되는 양상을 보였습니다. 이번 주 공식 PMI 데이터도 다시 50 아래로 떨어지며 잠재적인 경기 하락을 시사했습니다.

저는 중국이 세 가지 주요 도전에 직면해 있다고 생각합니다. 첫째, 로고프 교수님께서도 언급하신 바와 같이 막대한 부채로 인해 부동산 거품이 터져 현재 디레버리징이 진행되고 있다는 점입니다. 이는 일본이 1980년대 말과 1990년대 초에 직면했던 것과 비슷한 문제입니다. 이외 중국은 두 가지 구조적 문제에 직면해 있는데요, 하나는 인구 감소라는 인구 통계학적 문제, 또 하나는 지정학적 문제입니다. 이 두가지 모두 일본이 직면했던 것보다 더 극단적인 상황이라고 보고 있습니다.

물론 중국은 과거 일본보다 유리한 점이 있습니다. 중국 정부는 부채 디플레이션의 소용돌이를 피하기 위해 상당한 재정 부양책이 필요하다는 것을 인식하고 있으며, 중국 정부가 연말에 1조 위안 규모의 중앙정부 채권을 추가로 발행한다고 발표한 것은 상당히 고무적입니다. 전반적으로 저는 로고프 교수님의 의견에 동의합니다. 중국의 뉴노멀은 저성장이며,

3~4%의 성장세를 유지하며 세계 2위 경제대국으로서 지위를 유지할 것으로 전망하고 있습니다.

1선 대도시의 신규 주택 판매는 다시 플러스 성장으로 돌아섰지만 3선 도시와 4선 도시는 55% 감소해 상당한 격차가 벌어지고 있음을 보여주고 있는데, 일부 부동산 규제가 완화되면서 수요가 소도시에서 대도시로 이동하는 수요 잠식 현상이 나타나고 있다고 생각합니다.

이제 두 번째 주제로 지정학적 문제 관련해서 말씀드리면, 현재는 제2차 세계대전 이후 그 어느 때보다 지정학이 경제를 주도하고 있습니다. 이는 인플레이션 상승과 성장률 둔화, 스태그플레이션으로 이어지는 현상에서 확인할 수 있습니다. 국방에 대한 낭비적인 투자와 공급망의 분열로 인해 생산성이 둔화되고 있습니다. 지정학적 문제로 인해 전 세계적으로 정부 부채가 증가하고 있으며, 이는 세계 경제에 좋지 않은 영향을 미치고 있습니다. 지정학적 긴장은 전 세계적인 공조를 약화시켜 지구 온난화 둔화라는 목표를 위협하고 있습니다. 이는 결국 더 많은 기상 재해로 이어져 인플레이션과 금리 상승, 성장 둔화를 초래할 수 있습니다. 이러한 모든 측면은 서로 연결되어 있기 때문입니다.

미국의 선박 통제로 인한 어려움을 고려할 때 미중 반도체 전쟁은 매우 심각한 상황입니다. 이로 인해 한국과 같이 중국에 하이엔드 메모리 칩 공장을 설립하는 데 크게 의존하는 국가들은 어려움을 겪고 있습니다. 미국은 한국이 중국에서 하이엔드 메모리 칩을 생산할 수 있도록 예외를 인정했지만, 향후 한국이 경쟁력을 유지하는 데 필수적인 하이엔드 메모리 칩으로 대체하지 않을 위험이 있습니다. 몇 년 안에 한국은 칩 생산을 위한 새로운 장소를 찾아야 할지도 모릅니다.

물론 한국 경제는 기술주 회복과 인공지능(AI) 붐으로 인해 지난달 10월 수출이 회복세로 돌아서며 전년 동기 대비 약 5% 증가하는 등 제가 1년 전 컨퍼런스에서 전망할 당시 보다는 선방하고 있습니다. 하지만 한국의 내수는 높은 가계부채로 인해 여전히 부진한 모습을 보이고 있습니다. 수출과 제조업은 회복되고 있지만 내수는 아직도 상당히 부진하고 양극화 현상이 나타나고 있습니다. 노무라는 내년 한국의 GDP 성장률을 1.9%로 전망하고 있는데, 이는 상당히 양호한 수준이라고 생각합니다.

한국 경제에 대해 좀더 말씀드리자면, 한국은 인구구조와 지정학이라는 두 가지 중기적 과제에 직면해 있습니다. 미중 갈등을 고려해 다변화할 필요가 있는데요, 미국의 반도체법을 통해 보조금을 받는 미국으로 더 다변화해야 할까요? 아니면 지리적으로 더 가까운 동남아시아, 인도 등으로 다변화해야 할까요? 아니면 국내 메모리 칩 생산을 늘려 국내 경제에 도움이 될 수 있도록 해야 할까요? 일단, 아세안이나 인도의 우방으로 다변화하는 것은 어려운 과제입니다. 수출의 80%가 미국으로 향하는 멕시코의 경우를 예로 들면, 중국으로부터의 수입이 15%에서 20%로 증가했습니다. 기업들은 규제를 우회할 방법을 민첩하게 찾고 있으며, 중국이 제3자를 통해 수출할 수 있는 경우 미국이 아세안과 인도에 규제를 가할 수 있다는 위험이 있기 때문입니다.

마지막으로, 주요국 중앙은행 관련 전망을 말씀드리겠습니다. 미 연준과 유럽중앙은행(ECB)의 경우 인플레와의 전쟁 마지막 단계에서 고비를 맞을 위험이 있다는 점을 지적하고 싶습니다. 아직도 인플레이션이 너무 높다는 여러분의 의견에 동의하며, 최근 장기채 수익률 상승은 중앙은행의 금리인상과 같은 효과를 내고 있다고 봅니다. 주요국 중앙은행들은 아직은 금리를 동결할 가능성이 높으며, 금리 인하를 시작하기까지는 아직 시간이 좀 더 필요할 것으로 판단됩니다.

한편 향후 6~12개월 동안 가장 주목해야 할 중앙은행은 일본은행이 될 수 있습니다. 이번 주 일본은행은 수익률 곡선 관리 정책을 약간 수정하여 국채 10년물 금리 상한을 1% 내외로 변경했습니다. 이는 10년물 금리가 잠재적으로 1%를 넘어서는 것을 용인하겠다는 것임을 의미합니다. 더 중요한 것은 일본은행의 인플레이션 전망치가 크게 상향 조정되었다는 점입니다. 2024 회계연도의 핵심 CPI 인플레이션 전망치는 1.9%에서 2.8%로, 2025 회계연도의 경우 1.6%에서 1.7%로 상향 조정되었습니다. 목표치인 2%에 가까워지고 있습니다.

일본의 실질 금리가 크게 마이너스이고 일본은행이 세계에서 가장 큰 규모의 대차대조표를 보유하고 있기 때문에 인플레이션 서프라이즈가 더 커질 위험이 있습니다. 은행이 보유한 초과 지급준비율이 상당하기 때문에 대출에서 더 많은 위험을 감수할 수 있습니다. 기본 시나리오는 내년 말 마이너스 기준금리가 종료되는 것이지만 실제로는 이보다 더 빨리 통화정책 긴축이 단행될 위험이 있다고 봅니다.

저는 사카키바라 박사님의 의견에도 동의합니다. 노무라 또한 2024년 4분기에 달러/엔 환율이 130엔 수준으로 하락, 엔화 강세를 예상하고 있습니다. 엔화가 본격적으로 강세 국면으로 진입하면 약 10조 달러에 달하는 일본 해외 자산의 본국 송환이 전망되며 이는 엔화 강세를 더욱 지지하게 될 것입니다. 이에 주목할 필요가 있습니다. 감사합니다.

전광우 이사장: 훌륭한 발표 감사합니다. 세션을 마무리하기 전에 한 가지 질문을 드리고 싶습니다. 현재 우리가 직면하고 있는 중요한 지정학적 문제 중 하나는 현재 진행 중인 이스라엘과 하마스의 전쟁입니다. 이 전쟁이 어떻게 전개될까요? 한국처럼 석유를 대부분 수입하는 나라들은 이스라엘과 하마스의 전쟁이 격화되면 유가 변동성이 확대되면서 성장 전망에도 영향을 받을 수 있습니다. 슈바라만 박사님, 이에 대해 어떻게 보시나요? 아직 전쟁이 진행 중이어서 결과적으로 어떠한 영향을 미칠지 전망하기에는 이른 감이 있지만, 이스라엘과 하마스의 전쟁이 우리 경제

에 어떤 영향을 미칠지 한 말씀 부탁드립니다.

로버트 슈바라만 박사: 먼저, 지금까지 전쟁으로 인해 희생된 모든 민간인 희생자들에게 진심으로 애도를 표합니다. 정말 끔찍한 일입니다.

지금까지 이스라엘-하마스 전쟁은 팔레스타인과 이스라엘에 집중되었지만 정말 우려되는 것은 헤즈볼라로 확산되거나 이란과 그 대리인들이 개입하기 시작하면서 중동 전역으로 확대될 가능성을 배제할 수 없다는 것입니다. 이것이 바로 미국이 적극적으로 대응하는 이유이기도 합니다. 그런데 주목해야할 점은 현재 팔레스타인 사망자 수가 이스라엘 사망자 수의 5배가 넘는다는 것입니다. 이에 대한 아랍 세계의 우려와 테러 공격 그리고 이스라엘에 대한 불만이 아랍 세계에 확산되는 등 아랍에 미칠 수 있는 위험성이 상당합니다.

두 번째 우려는 유가입니다. 분쟁이 확대되어 중동 위기가 본격화될 경우 국제유가가 배럴당 150달러까지 오를 수 있다는 전망도 있습니다. 이는 의심할 여지없이 일부 경제에 더 큰 타격을 줄 것입니다. 중동이 주요 산유국이지만 그 영향은 광범위하게 퍼져 있습니다. 흥미롭게도 미국은 석유 순수출국이라는 부분을 고려할 때 복원력이 더 높을 것으로 보입니다. 석유를 대량으로 수입하는 아시아와 유럽이 더 취약한듯 합니다.

에너지 가격이 전반적으로 상승하기 시작하면 달러가 당분간 강세를 유지할 수 있습니다. 현재 시장은 미국 금리 움직임에 더욱 주목하며 중동 상황이 악화되지 않기를 바라고 있는 것 같은데요, 저는 시장이 지나치게 낙관적이라고 생각합니다. 중동 분쟁이 격화되면 현재 가격에 반영되지 않은 훨씬 더 강한 시장 변동성이 나타날 위험이 있다는 것을 명심할 필요가 있습니다.

전광우 이사장: 네, 감사합니다. 시간관계상 오늘 세션은 여기서 마

치도록 하겠습니다. 오늘 훌륭한 연설과 토론을 진행해주신 연사분들께 진심으로 감사를 드립니다.

세션 II

지속가능성장 강화를 위한 ESG 투자와 경영의 핵심 가치 제고

좌장
헤니 센더(Henny Sender) BlackRock 고문/
前 파이낸셜타임스 수석칼럼니스트

기조연설
헨리 페르난데즈(Henry Fernandez) Chairman & CEO, MSCI
마크 매콤(Mark McCombe) Vice Chairman, BlackRock

패널
벤 멍(Ben Meng) Executive Vice President and Chairman of Asia Pacific,
Executive Sponsor of Sustainability, Franklin Templeton
정병석 삼성물산 이사회 의장 겸 ESG 위원장/
前 노동부 차관, 한국기술교육대학교 총장
원숙연 이화여대 교수/하나금융그룹 사외이사
김동수 김앤장 ESG경영연구소장
레베카 추아(Rebecca Chua) Founder & Managing Partner, Premia Partners

헤니 센더 박사: 우선 오늘 이 자리에 함께 할 수 있도록 지원해주신 세계경제연구원 전광우 이사장님과 하나금융그룹에 감사의 말씀을 전합니다.

탈글로벌화의 물결 속에서 ESG에 대한 논의의 맥락 또한 변화하고 있습니다. 확실한 것은 ESG 경영 도입 및 투자에 대해 그간 우리가 너무 낙관적이었다는 점이라고 생각합니다. 오늘 이 세션에서는 ESG 경영 및 투자를 다시금 강화하기 위해 가장 중요한 현안들, 도전과 과제, 나아가야 할 방향, 전략 등에 대해 광범위하게 논의해보겠습니다. 먼저, 작년에 이 자리에 참석했지만 올해는 아쉽게도 직접 참석하지 못하신 헨리 페르난데즈 MSCI 회장님과 제 블랙록 동료이자 그룹 ESG 관련 총괄을 맡고 있는 마크 매콤 부회장의 기조연설을 영상으로 보시겠습니다. 이어서 패널 토론시간에는 오늘 패널 중 한명인 벤 멍 프랭클린 템플턴 아시아 회장의 매우 흥미로운 발제 영상을 먼저 보신 후 현장에 함께하고 계시는 패널 분들과 토론 시간을 갖도록 하겠습니다.

저는 한국이 인류의 미래를 결정짓고 아시아에서 진정한 리더십을 발휘할 수 있는 위치에 있다고 생각합니다. 오늘 세션의 말미에서는 그 이유에 대해서도 한두 가지 말씀드리겠습니다. 그럼 영상부터 보시겠습니다.

헨리 페르난데즈 회장: 안녕하세요 여러분. 우선, 오늘 컨퍼런스에 초청해주신 전광우 이사장님과 이 멋진 행사를 후원해 주신 함영주 하나금융그룹 회장님께 감사의 말씀을 전합니다. 또한 이 자리에 참석해주신 모든 분들께도 감사의 말씀을 전하고 싶습니다.

본론으로 들어가서, 우리가 직면한 여러 도전 과제 중 하나는 인간이 만든 기후 변화입니다. 제가 1년 전 서울에서 열린 세계경제연구원 컨퍼런스에 직접 참석했을 때 저는 COP 27 참석을 위해 이집트로 떠나기 직전이었는데요. 현재는 두바이에서 열리는 COP 28을 준비하고 있습니다. 지난 12개월 동안 세계는 저탄소 기술을 확대하는 데 상당한 진전을 이루었습니다. 실제로 국제에너지기구는 올해 전 세계 재생에너지 발전 용량이 새로운 성장 기록을 세울 것으로 예상하고 있습니다. 하지만 동시에 대기 중 이산화탄소 배출량 역시 계속해서 새로운 기록을 세우고 있습니다. 2050년까지 순배출량 제로를 달성하려면 전 세계가 훨씬 더 많은 일을 더 빠른 시간 내에 이루어내야 합니다.

저는 오늘 발표에서 아시아 태평양 지역에서 특히 중요한 두 가지 기후 현실을 살펴보고자 합니다. 첫째는 탄소중립 솔루션을 위한 물리적 위험과 온실가스 배출량을 고려할 때 아태지역은 전 세계 기후 문제의 핵심 지역이라는 점입니다. 둘째는 이 지역이 온난화 지구에 적응하면서 탈탄소화를 달성할 수 있도록 금융 및 투자 업계가 자발적 탄소 시장을 비롯한 기후 관련 데이터와 도구에 대한 접근성을 획기적으로 높여야 한다는 것입니다.

먼저 기후 위기에 대해 말씀 드리겠습니다. 많은 아태지역 국가들, 특히 남아시아 및 동남아시아 국가들은 지구 기온 상승의 물리적 영향으로부터 매우 취약합니다. 실제로 유엔에 따르면 아태지역 사람들은 다른 지역 사람들보다 자연재해의 영향을 받을 확률이 6배나 높습니다. 2023년도에 중국, 베트남, 태국, 라오스는 역대 최고 기온을 기록했고 아태지역 전역에서 사상 최대의 폭염이 발생했습니다. 국내에서도 5월 중순부터 7월까지 폭염으로 인한 사망자가 2022년 같은 기간에 비해 3배 이상 증가했습니다. 또한 지난 2년 동안 한국, 파키스탄 및 기타 아시아 태평양 국가에서는 역대급 강수량과 홍수가 발생했으며, 중국에서는 기록적인 가뭄이 발생했습니다. 지난 4월 남아시아를 휩쓸었던 폭염을 생각해보면 이러한 위험요소가 얼마나 심각할 정도로 악화되었는지 알 수 있습니다.

세계기상기여조직(World Weather Attribution) 과학자들은 인도와 방글라데시에서 이러한 폭염의 위험이 산업화 이전 시대에 비해 최소 30배 이상 증가했다고 발표합니다.

이 모든 것은 특히 아시아 태평양 지역에서 기후 변화가 가져오는 물리적, 인적 결과를 강조합니다. 잠재적인 경제적, 재정적 결과 또한 엄청납니다. 예를 들어, 스위스 재보험 연구소는 2050년까지 기온이 섭씨 2.6도 상승하면 동남아시아의 29% 손실을 포함해 아시아의 총 경제 생산량이 20% 이상 감소할 것으로 예상합니다. 이 시나리오에서 동남아시아는 지구상의 다른 어떤 지역보다 더 큰 경제적 피해를 입게 될 것입니다. 제가 속한 MSCI는 아시아 최대 경제국인 중국의 경우, 기온이 2도만 상승해도 중국의 4분의 1 이상이 물리적 기후 영향에 따른 중상위 또는 고위험에 직면하게 될 것이라고 밝혔습니다.

물론 중국도 전 세계 온실가스 배출량에서 불균형적인 비중을 차지하고 있습니다. 하지만 아태지역 전체를 보았을때 전 세계 배출량의 55%를 차지합니다. 간단히 말해, 이 지역에서 더 빠른 진전 없이는 2050 순배출 제로를 달성할 수 없을 것입니다. 그런데 동시에 아태지역은 단소중립 솔루션 개발에서 큰 역할을 할 수 있습니다. 한국을 포함한 48개 이상의 아태지역 정부가 2040년, 2050년 또는 2060년까지 탄소중립을 달성하겠다고 약속했습니다. 이러한 목표를 달성하기 위해 한국, 중국, 일본과 같은 국가들은 재생에너지뿐 아니라 원자력 에너지, 저탄소 에너지 분야의 글로벌 리더가 되었습니다.

아시다시피 한국은 미국, 중국, 프랑스, 러시아를 이어 세계 5대 원자력 발전 국가 중 하나입니다. 현 정부는 한국의 에너지 믹스에서 원자력이 큰 비중을 차지할 것이라고 밝혔습니다. 실제로 원자력 발전 비중을 2021년 27%에서 전체 발전량의 35%까지 늘리는 동시에 재생에너지 비중을 8% 미만에서 31%까지 끌어올리는 것을 목표로 하고 있습니다. 대외적으로도 한국은 200억 달러 규모의 아랍에미리트 최초의 원자력 발전소 건설을 지원하고 있습니다. 아랍에미리트 원전이 완공되면 아랍에미리트 전체 전력의 약 4분의 1을 공급하게 됩니다. 에너지는 모든 대규모 기후 솔루션을 뒷받침하는 세 가지 기둥 중 하나입니다.

다른 하나는 자본과 기술입니다. 탈탄소화를 추진하는 데 있어 자본의 역할을 극대화하려면 금융 및 투자 업계가 기후 관련 데이터와 도구에 대한 접근성을 획기적으로 확대해야 합니다. 결국 지구 온도 상승을 섭씨 1.5도 또는 섭씨 2도로 제한하려면 역사적인 자본 재분배와 자산 가격 재조정이 필요합니다. 얼마가 재조정되어야 할까요? 국제재생에너지기구에 따르면 전 세계 기온을 1.5도 상승으로 제한하려면 에너지 전환 기술에 대한 투자가 2022년 1조 3,000억 달러에서 2050년까지 연간 5조 달러 이상으로 증가해야 합니다. 맥킨지는 2030년까지 기후 관련 총 투자액이 연간 12조 달러를 넘어설 것으로 예상했습니다.

고품질의 기후 데이터와 도구는 다양한 투자의 효과를 측정하는 데 도움이 될 수 있습니다. 개별 기업이 다양한 온도 경로에 어떻게 부합하는지 파악하고, 배출 목표에 대한 더 나은 기준을 설정하고, 보다 포괄적인 전환 계획을 개발하는 데 도움을 줄 수 있습니다. 요컨대, 투명성, 실행력과 책임을 촉진할 수 있습니다. 이 모든 것이 전 세계 기후 진전을 가속화하는 데 도움이 될 수 있습니다. 보스턴 컨설팅 그룹에 따르면 이는 탄소중립 여정에서 핵심적인 역할을 하며 2030년까지 연간 400억 달러 규모로 성장할 수 있는 자발적 탄소 시장을 강화할 수 있습니다. 잘 아시다시피 시장은 신뢰할 수 있는 정보, 일관된 표준, 강력한 투명성을 바탕으로 성장합니다. 현재 자발적 탄소 시장은 이러한 각 영역에서 부족합니다. 많은 탄소배출권 구매자와 잠재적 구매자들은 모니터링, 보고, 검증의 부재에 불만을 품고 있습니다. 사람들은 자신이 구매한 탄소배출권이 진정한 탄소 감축을 나타내는지 확신할 수 없습니다.

따라서 데이터 기반 솔루션이 필요합니다. 고급 데이터 세트와 분석을 기후 투자 도구에 통합하면 기업과 투자자가 자발적 탄소 시장을 탐색하는 데 필요한 신뢰를 지니게 됩니다. 이를 염두하고 MSCI는 최근 탄소 배출권에 대한 세계적인 인텔리전스 제공업체인 Trove Research 인수를 발표했습니다. 비평가들은 종종 기업이 크레딧을 구매할 수 있게 되면 탈탄소화를 하지 않을 것이라고 주장합니다. 그러나 Trove 연구진은 전 세계 4,000여 개 기업의 배출량을 조사한 결과, 탄소 배출권을 가장 적극적으로 사용하는 기업이 배출권을 사용하지 않는 기업보다 실제로 탈탄소화 속도가 두 배나 빠르다는 사실을 발견했습니다. 다시 말해, 잘 작동하는 자발적 탄소 시장은 투자자와 기업이 기후 목표를 달성하는 데 도움이 되며, 전 세계가 탄소중립을 향한 여정에 기여할 수 있습니다.

우리는 공동의 문제에는 공동의 해결책이 필요하다는 사실을 상기해야 합니다. 각국 정부, 다자간 기구, 은행, 투자회사, 기업 혼자서 기후변화에 대한 해결책을 찾을 수 있다고 기대해서는 안 됩니다. 가장 의미 있는 기후 이니셔티브는 모두 어떤 형태로는 부문 간 협업을 필요로 합니다. IGE는 이러한 협력을 발전시키기 위해 엄청난 노력을 기울여 왔으며, MSCI도 이를 위해 최선을 다하고 있습니다. 다시 한 번 초대해 주셔서 감사드리며, 남은 컨퍼런스에 행운이 함께하기를 기원합니다.

마크 매콤 부회장: 안녕하세요. 샌프란시스코에서 인사드립니다. 저는 오늘 블랙록을 대표하여 이렇게 중요한 자리에 함께 할 수 있게 되어 큰 영광입니다. 또한 금일의 특별한 포럼을 주최해주신 세계경제연구원의 전광우 이사장님과 하나금융그룹에 감사의 말씀을 전하고 싶습니다.

저는 지난 반년 동안 수많은 변화를 지켜봐 온 만큼, 저의 시각 혹은 고객들에게 수익을 창출하는 주요 업무를 지닌 펀드 관리자인 블랙록의 시각을 통해 최근 주요 경제 변화에 대해 좀 더 광범위하게 말씀 드리도록 하겠습니다.

우선 세계화, 국경 간 연결과 협력의 측면에서 보자면 2022년과 2023년은 안정기에서 불확실성의 시기로의 전환이 큰 테마였습니다. 지정학적인 면에서의 이러한 전환은 더욱 명백했으며, 30년 이상 지속된 평화로부터 이익을 누린 후인 오늘날 세계는 잠재적인 충돌 가능성을 더욱 민감하게 인식하고 있습니다. 이러한 불확실성 속 에너지 공급 안정성에 중점을 둔 저탄소 전환 또한 가속화되고 있습니다. 금리결정에 대한 많은 헤드라인들이 말해주듯, 우리는 경제적으로 디플레이션에서 인플레이션으로의 전환을 경험했습니다. 2022년도 중앙은행들은 1980년대 이후 가장 공격적인 금리 인상 주기를 경험했습니다. 정치적 풍경 또한 전 세계적으로 계속 변화하고 있으며, 경제적 그리고 사회적 우려는 영국과 이탈리아, 브라질, 그리고 미국을 포함해 세계 각지의 리더십 전환에 영향을 미치고 있습니다. 자본 시장은 불확실성 확대 속 급격한 변동성을 경험, 2022년 전세계 주식 및 채권시장은 각각 -18%와 -16% 마이너스 수익률을 기록하였습니다. 주식과 채권이 동시에 마이너스 수익을 기록한 것은 지난 30년 동안 두 번 밖에 없었던 매우 드문 일입니다.

이러한 배경 속에서 개인, 기업, 그리고 정부들은 3년간 이어져 온 코로나 후유증으로부터 벗어나고자 생활하고 일하는 방식을 재건하려는 움직임을 보였습니다. 거시적인 재조정이 이루어지는 가운데 새로운 단편화 경제를 탐색하고, 지정학적 긴장이 고조되면서 보호무역주의와 국경 간 제한이 더욱 강화되었으며, 지속적인 충격으로 공급망이 급격하게 재구성되었고, 기업과 국가들은 핵심 상품들의 가격이 높아진다 한들 이들을 좀더 가까운 거리에 두려는 경향을 보이게 되었습니다. 동시에 경험이 풍부한 정부들은 제품의 원산지 및 자본 할당에 있어 더욱 큰 역할을 하는 추세입니다.

다른 한편으로 저탄소 전환은 다양한 속도로 계속해서 진행되고 있습니다. 저희의 추정에 따르면 2050년까지 저탄소 경제원천은 전체 세계 에너지 수요의 절반 이상을 차지할 것으로 예상되지만, 이러한 과정은 시장의 다양한 부문을 통해 매우 다르게 나타날 것으로 보입니다. 전력, 자동차, 건축 등과 같은 부문들은 빠르게 탄소를 제거할 것으로 예상되며, 저희는 이를 "빠른 차선"이라고 부릅니다. 2050년도까지 이러한 부문은 대규모 탄소 제거의 기폭점이 될 것이라고 예상합니다. 그러나 더 느리고 불확실한 항공 운송 부문 및 신흥 시장 내 특정 부문들은 탄소 제거 기술의 규모와 비용, 정부 정책 및 소비자 선호와 같은 핵심 드라이버로 인해 큰 영향을 받고 있습니다. 이러한 전환은 새로운 수익원들이 등장하고 기존 수익원에서는 섹터간, 주요 경쟁자간, 지역 간 변동으로 매우 복잡할 것으로 예상됩니다.

에너지 전환의 역학과 기회가 더욱 중요한 곳은 아시아-태평양 지역입니다. 아시아는 전 세계 배출량의 50% 이상을 차지합니다. 따라서 아시아가 올바른 전환을 하지 못한다년 선 세계노 물톤 올바른 선환을 하시 못할 것입니다. 이는 아시아, 즉 한국과 같은 지역에서 리더십이 필요하다는 것을 의미합니다. 이러한 전환은 자본의 원천과 투자가 가능한 전환 기회를 연결하는 것을 필요로 하며, 그 중 많은 것이 이미 이러한 지역에 있습니다. 아시아는 이미 재생 에너지 중심 글로벌 전환 투자에서 선도적인 역할을 하고 있으며 수소, 지속 가능한 소재, 전기 자동차 등에서도 마찬가지입니다.

예를 들어 한국은 재생 에너지 분야에서 엄청난 성과를 보였습니다. 3년 전 한국 정부는 2050 탄소 중립 전략을 발표했으며, 석탄 의존을 줄이고 재생 가능 에너지 사용을 늘릴 계획을 제시했습니다. 국제 에너지

기구에 따르면, 재생 가능 에너지가 현재 한국 전력에서 차지하는 비중은 7% 수준에서 2030년까지 거의 22% 수준으로 상승할 것으로 예상됩니다. 이는 커다란 성공의 증거입니다. 최근 블랙록은 실제로 한국에서 최대 재생 에너지 개발 기업 중 하나인 "KREDO"에 투자했으며, 이는 해상 풍력 및 기타 재생 가능 자산에서 2기가와트(GW) 이상의 발전 용량을 보유하고 있습니다. 같은 해에 블랙록은 태양 에너지 운영 기업인 "Bright Energy Partners"에도 투자했습니다.

블랙록은 2050년까지 넷제로의 질서정연한 전환을 열망하며, 이는 전체적으로 세계 경제에 이익을 가져다 줄 것으로 믿고 있습니다. 우리가 이러한 야심찬 목표를 달성하기 위해서는 정부와 기업이 사람들이 신뢰할 수 있는 저렴한 에너지를 지속적으로 접할 수 있도록 보장해야 합니다. 공공 및 사설 부문 간의 긴밀한 협력과 전 세계 투자자들의 참여가 중요할 것입니다. 또한 에너지 전환은 공정해야 합니다. 에너지 가격에 민감한 일반 가정에게도 공정해야 합니다. 오염된 산물의 방치로 인해 생계를 위협받는 지역과 노동자들에게 또한 공정해야 합니다. 우리는 단순히 화석 연료 사용을 종료하는 것이 아니라 탄소 중립 기술에 대한 투자를 가속화해야 합니다. 이 과정에서 에너지 비용이 오르지 않도록 신중해야 합니다. 그렇지 않으면 에너지 전환은 정치적 양극화를 촉발시킬 것이며 악순환을 불러올 위험이 있습니다.

비록 저탄소 에너지 시스템을 구축하는 데 필요한 기술이 아직 상용화 되지 않았고 현실적으로 수십년의 세월이 걸린다 해도 결국 가능할 것이라고 저는 낙관합니다. 전환의 시기를 거쳐 온 만큼 이제는 전 세계적인 협력을 촉구하고 희망을 회복하는 것이 더 중요합니다. 근본적으로, 투자는 미래가 현재보다 나을 것이라는 희망을 토대로 합니다. 여러분의 자녀들의 삶이 여러분들의 삶보다 더 나을 것이라는 희망입니다.

오늘 이 행사와 같은 포럼은 세계 각계 각층의 리더들로 하여금 지속 가능한 계획을 향한 글로벌 공조와 발전을 촉진하도록 하는 중요한 역할을 합니다. 해결책을 마련하려면 중요한 이니셔티브에 대한 창의적인 솔루션을 추구하는 가장 강력한 사고와 리더십을 바탕으로 공공 및 민간 소스 전반에 걸쳐 자본 투자를 포함하는 글로벌 노력이 필요하기 때문입니다. 블랙록을 대신해서 이 같은 중요한 자리를 마련해주시고 발언할 수 있는 기회를 주신 세계경제연구원과 하나금융그룹에 다시 한번 감사의 말씀을 전하고 싶습니다.경청해주신 모든 분들께도 감사드립니다. 앞으로도 좋은 프로그램을 기대하겠습니다.

헤니 센더 박사: 이제 패널토론 시간을 갖겠습니다. 앞서 말씀드린 바와 같이 벤 멍 프랭클린 템플턴 아시아 회장의 영상을 먼저보시겠습니다.

벤 멍 회장: 안녕하세요, 저는 프랭클린 템플턴의 아시아 태평양 지역 회장 겸 지속가능성 부문 총괄 스폰서인 벤 멍입니다. 또한 프랭클린 템플턴 글로벌 사모펀드의 최고투자책임자(CIO)로도 활동하고 있습니다. 두 역할에는 상당부분 공동점이 있다는 것을 곧 아시게 되실 것입니다.

사실 오늘 세션의 주제인 "지속 가능한 성장 강화를 위한 ESG 투자와 경영의 핵심 가치 제고"는 매우 시의적절 하다고 생각합니다. 과거에는 지속 가능한 투자, 특히 기후 솔루션에 대한 수요 증가에 대응하기 위해 시장에 정보와 인센티브를 의미하는 'I'가 필요했지만, 최근 몇 년 동안 기후 목표 달성과 관련하여 두 가지 측면에서는 모두 상당히 고무적인 진전을 이루었습니다. 지구가 탄소 중립을 달성하는 데 필요한 자본(연간 약 7조 달러)을 확보하기 위해서는 시장의 보이지 않는 손과 공공 정책의 보이는 손 사이의 파트너십이 필요합니다. 자본의 수요와 공급 사이의 격차를 줄이기 위해 공공 부문에만 의존할 수는 없습니다. 그런데 그간 기후 위험 데이터와 같은 정보와 탄소 가격 책정 인센티브 등 중요한 요소들이 소실되면서 민간과 공공의 파트너십을 방해해왔다면, 이러한 정보 부문의 진전은 규제 당국, 정책 입안자, 투자자, 기업, 대중들로 하여금 기후 위기의 시급성에 대한 인식을 높였습니다. 기후 투자의 중요한 시점이 다가오고 있으며, 이 교차점에서 수익 프리미엄이 발생할 수 있습니다.

그렇다면 이러한 진전은 무엇이며, 시장이 글로벌 기후 솔루션을 위해 자금을 투자하는 데에 어떠한 도움이 될까요? 우선, 기후 리스크와 수익률 데이터는 증가하지는 않았습니다. 아직도 많은 나라에서 기후 데이터 공개는 의무화되어 있지 않으며, 단일화된 국제 표준도 없습니다. 이는 많은 추가 작업이 필요함을 의미하지만 우리 중 누구도 여기에 투자할 여분의 시간은 없습니다. 유용한 기후 데이터의 부족은 투자자가 강력한 자산 배분 결정을 내리고, 소비자들이 선호도를 표현하고 변화를 주도하는 것을 방해할 뿐 아니라, 규제 당국이 체계적인 기후 위험을 모니터링하고 중요한 기후 정책을 시행하는 일, 기업이 위험을 관리하고 저탄소 경제로의 전환에서 발생하는 기회를 포착하는 것을 저해합니다. 대중이 직원, 주주, 고객으로서 기업의 행동에 대한 책임을 묻는 행위에도 영향을 주게 됩니다. 두 번째, 고탄소 에너지 부문에 대한 기존의 정부 보조금이나 외부효과에 대한 가격 책정 부족으로 인해 취약한 지역사회에 부담을 주는 경우입니다.

이제 진전에 대해 이야기해보겠습니다. 작년에 미국 증권거래위원회(SEC)는 기후 데이터 공개 의무화를 제안하고 기후관련 재무정보 공개 태스크포스(TCFD)가 개발한 프레임워크를 권고했습니다. 얼마 지나지 않아 중국 증권감독관리위원회(CSRC)도 비슷한 정책적 움직임을 보이며 특정 산업에 대한 기후 데이터 공개를 의무화했고, TCFD를 데이터

표준으로 채택했습니다.

올해에는 더 많은 진전이 있었습니다. 국제재무보고기준재단의 산하 조직인 국제지속가능성기준위원회(ISSB)는 TCFD 프레임워크와 유사한 보고체계를 위한 첫 번째 제안서를 발표했으며 이어서 전 세계 144개 시장이 유사한 움직임을 보였습니다. 새로운 S1이 일반적인 지속가능성 보고를 위한 표준이라면, S2는 기후변화가 미칠 광범위한 영향을 구체화합니다. 제 고향이기도 한 미 캘리포니아 주에서는 최근 캘리포니아 주에서 사업을 영위하는 상장기업과 비상장기업 모두에 적용되는 기후 리스크 보고에 대한 자체 요건을 발표했는데, 이는 적어도 일정 매출 규모 이상이면 해당됩니다.

이러한 보고 조치는 회원국들이 2030년까지 온실가스 배출량을 55% 감축하고 진행 상황을 보고하도록 요구하는 유럽 2030 기후 목표 계획과 같은 지역 이니셔티브의 지원을 받고 있습니다. 이는 예산의 30%를 기후 복원력에 지출하겠다는 EU의 약속과 함께 민간 금융과 기업의 행동을 촉진하기 위한 것입니다. 중국, 미국, EU와 같은 최대 경제 블록과 온실가스 배출국이 이러한 조치를 채택함에 따라 신뢰할 수 있고 포괄적이며 시의적절하고 일관된 기후 데이터를 생산할 수 있는 임계치를 확보하여 글로벌 기후 데이터 공개 표준의 개발을 가속화할 수 있게 되었습니다.

또한 전환에 특히 중요한 민간 시장에서의 중요한 이니셔티브도 강조하고 싶습니다. 경제적으로 이러한 이니셔티브는 더 넓은 규모의 부동산 시장을 포괄하며 전환에 중요한 역할을 합니다. 다양한 지속가능성 데이터 포인트를 추적하고 보고하는 플랫폼인 GRESB 와 같은 오랜 이니셔티브 외에도 Nevada and the institutional Limited Partner association 와 같이 온실가스 배출량과 기타 지속가능성 측정치를 포함해 사모펀드 투자자를 위한 새로운 보고 플랫폼을 개발하는 경우도 등장하고 있습니다. 이러한 기후 데이터를 통해 투자자는 기후 위험-수익 분석을 통해 올바른 의사결정을 내릴 수 있습니다. 투자 등급의 기후 데이터를 확보함으로써 자본 시장은 기후 위험-수익 분석, 즉 기후 평균 최적화를 개발할 수 있습니다.

하지만 그것만으로는 충분하지 않습니다. 앞서 말씀드린 바와 같이 자본 시장에는 적절한 경제적 인센티브도 필요합니다. 탄소 가격이 그 중 하나입니다. 탄소 배출에 대한 적절한 가격이 책정되면 자본 시장은 탄소 배출을 줄이는 솔루션에 투자하도록 인센티브를 받게 될 것입니다. 그런데 경제적 인센티브가 효과적으로 작동하고 탄소 배출 문제를 해결하려면 하나의 통합된 가격 체계를 갖춘 글로벌 탄소 시장이 필요합니다. 현재 전 세계 배출량의 약 25%만이 각 지역 고유의 탄소 가격 제도의 적용을 받고 있습니다. 이는 이상적이지 않습니다. 유럽 의회의 공동 패키지 채택을 통해 진전이 있기를 기대합니다. 탄소 국경 조정 메커니즘은 본질적으로 공통 국경세입니다. 비록 유럽에만 적용되지만, 유럽이 전 세계와 경제적으로 통합되어 있다는 점을 고려할 때 전 세계 탄소 가격에 파급 효과를 가져올 것으로 예상됩니다.

기후 솔루션 투자에 따른 수익 프리미엄의 명시적 형태인 탄소 가격 외에도 제가 강조하고 싶은 중요한 발전은 자본 시장이 기후 솔루션에 자본을 제공함으로써 얻을 수 있는 다른 프리미엄의 원천에 대해 각성하고 있다는 점입니다. 저는 이를 '프리미엄'이라는 단어에서 유래한 '그리니엄(Greenium)'이라고 부르고 싶습니다. 현재는 초기단계로서 개인이나 기업 차원의 거래에서, 즉 사모시장에서 주로 그리니엄의 증거들이 목격되고 있습니다. 기후 변화에 대한 자본 솔루션을 제공하도록 자본 시장을 유인할 수 있는 여러 층위의 잠재적 그리니엄과 함께 기후 금융에 대한 연구 의제에 대한 몇 가지 흥미로운 질문들에 대해 저희 기관에서 보고서를 작업 중에 있습니다. 많은 기대 바랍니다.

끝으로, 시장 구조를 만들고 혁신을 위한 초기 자금을 제공하는 정부의 희망적인 손과 자본을 기후 솔루션으로 유도하는 자본주의의 보이지 않는 손이 서로 마주잡기를 바랍니다. 지난 한 해 동안 정보와 인센티브라는 두 가지 중요한 요소의 공백을 메워 왔습니다. 이제 우리는 향상된 수익을 제공하는 탄소 투자의 다음 시대로 진입했다고 믿습니다. 다시 말해, 이미 진전을 보이고 있지만, 에너지 전환으로 인한 기후 리스크와 투자 기회를 모두 고려하지 않으면 상당한 투자 리스크가 발생할 수 있습니다. 시장과 투자자들이 이 점에 대해 동의할 수 있기를 바랍니다. 감사합니다.

헤니 센더 박사: 네, 발표 감사합니다. 우선 패널토론을 시작하기 전에 말씀드리고 싶은 것은, 세션 서두에도 잠시 언급한 바와 같이 작년에는, 즉 ESG 도입 초기에는 ESG의 가치를 경영과 투자에 핵심 요소로 받아들이는 것에 대해 매우 낙관적으로 접근했던 것 같습니다. 한때는 과열이라 할 만큼 ESG 도입에 경쟁적이기도 했고요. 하지만, 중동 전쟁 등 지정학적 위험이 고조되고 에너지와 식량 위기가 고조되는 등 안보의 중요성이 다시금 부각되고 탈 세계화 및 보호주의 움직임이 더욱 강화되면서 ESG 도입에 따른 트레이드 오프에 대해 주목하게 되었습니다.

일례로, 오늘 행사장과 같은 이런 좋은 호텔에서 투숙하게 되면 "매일 린넨을 교체하고 싶으면 이 카드를 침대에 올려놓아주세요"라는 안내장을 발견하게 됩니다. 그런데 우리가 ESG 중 환경을 중요시해서 모두 "아니요, 린넨을 매일 또는 이틀에 한 번씩 교체할 필요는 없습니다"라는 선택을 할 경우, 즉 우리가 환경에 대한 책임을 생각해서 모든 사람이 침대 시트를 갈지 않아도 된다고 할 경우 숙련되지 않은 젊은 노동자들의 고용은 줄어들게 될 것입니다. 이러한 트레이드 오프에 대해 고려해야 할 때라고 생각합니다. ESG가치 실천에 있어서 누가 수혜자이고 누가 피해자인지 이러한 트레이드 오프를 고려하지 않는다면 ESG 경영과 투자를 통한 지속가능성장을 달성하는 현실적인 대안을 마련하기 어렵기 때문입니다.

자, 그럼 이제 제 오른쪽에 계신 분부터 발언 기회를 드리겠습니다. 저희가 어떻게 조금 더 구체적으로 들여다볼 수 있을까요? 각자 속한 조직의 경험을 바탕으로 어떤 것이 실질적으로 긍정적인 효과가 있었는지 공유해주실 수 있을까요? 탈세계화의 긴박한 현실 속에서 어떠한 깨달음을 얻었나요? 정병석 의장님 말씀 부탁드리겠습니다.

정병석 의장: 이렇게 중요한 자리에서 함께하게 되어서 정말 반갑습니다. 오늘 이런 자리를 만들어 주신 전광우 이사장님과 하나금융그룹에 감사인사를 전합니다. 많은 분들이 ESG에 있어 정부와 기업의 주된 역할을 강조하셨습니다. 오늘 저는 삼성물산에서 ESG를 어떻게 해왔고 지금 어떠한 전략을 갖고 하고 있고 앞으로 계획이 무엇인지에 대해 간단히 설명해 드리려고 합니다.

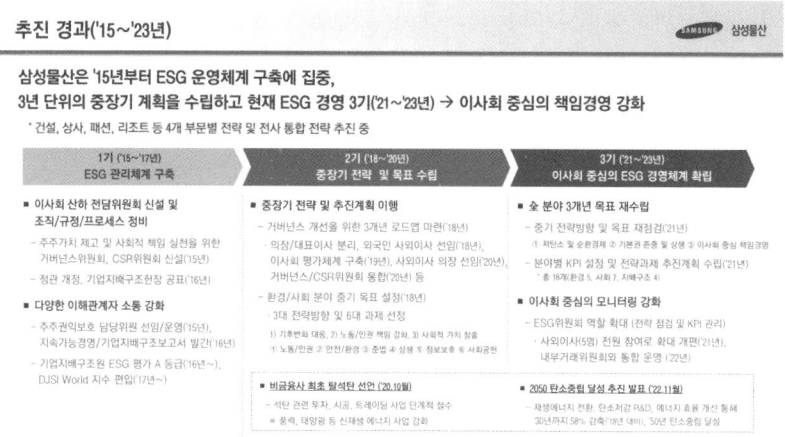

삼성물산은 2015년 ESG 운영 체계를 구축해서 3년 단위로 중기 기획을 만들었고 현재 ESG 경영 3기에 있습니다. 우선 제1기 2015년부터

는 ESG 관련 조직을 만들고 운영 체제를 갖추는 일을 해왔습니다. 이사회 산하에 ESG 관련 주주가치를 제고하고, 사회적 책임 실천을 위한 거버넌스 위원회와 CSR 위원회 운영을 해왔습니다.

그 다음 제2기인 2018년부터 2020년까지는 중장기 전략과 목표를 수립했습니다. 중장기 전략 수립 당시 저희는 거버넌스 쪽에 상당히 중점을 두었습니다. 이사회 의장과 대표이사 분리했으며, 2020년부터는 사외이사가 이사회 의장을 맡도록 했습니다. 그동안 해왔던 거버넌스 의원, CSR의원을 통합을 하며 중기 목표를 설정했습니다. 그리고 2020년 10월에는 비금융사회 최초로 '탈 석탄 선언'을 했습니다. 이제부터는 석탄 관련 투자나 시공, 트레이딩과 등은 하지 않고 대신 풍력, 태양광 등 신재생 에너지 관련 사업을 대폭 강화하겠다는 전략을 발표를 한 것입니다.

2021년부터 현재시점인 2023년까지는 제3기입니다. 3기에서는 첫째, 현재 이사회 중심의 ESG 경영을 확립해서 운영을 해가고 있습니다. 이사회에서는 ESG 경영 상황을 정기적으로 자주 점검하고 모니터링하고 있습니다. 2050년까지 탄소 중립 목표 달성을 위한 계획이 잘 추진되도록 하는 것을 목표로 하고있습니다.

둘째, 중기 전략 과제로 ESG 분야별 전략을 만들어 목표를 설정하고 전략과 KPI 중심으로 이행력을 제고해 가고 있습니다. 환경 쪽에서는 넷제로(Net Zero) 로드맵을 만들고 순환경제 활성화를 위해서 ESG 관련 16개의 핵심 KPI를 만들어 집중적으로 관리하고있습니다. 특히 탄소중립을 위해서 저희는 매출 당 온실가스 배출량, 재생에너지 사용률을 관리하고 있기도 합니다. 삼성물산이 영위하고 있는 건설, 트레이딩, 패션, 리조트 등 여러 다양한 사업마다 그 특성을 반영한 자원 사용 활용 효율성 개선을 위해 용수 재활용이나 폐기물 재활용 등을 지표로 만들어서 운영 해오고 있습니다.

사회적 책임 관련해서는 기본권을 존중하고 상생의 기업문화를 만드는데 있어 안전사고, 특히 중대재해가 중요한 이슈입니다. 중대재해제로 실천을 위한 재해율 등을 KPI로 운영하고 있습니다. 특히 사업장과 우리 협력회사의 인권경영체제 확립, 또 협력회사 파트너십 강화에서 사회적 책임을 다하고 있습니다. 거버넌스 쪽에서는 이사회 중심으로 책임 경영을 강화하기 위해 이사회의 독립성과 전문성, 다양성을 제고하고 이사회 주요 평가기관 ESG 평가등급을 통해 관리를 해가고 있습니다.

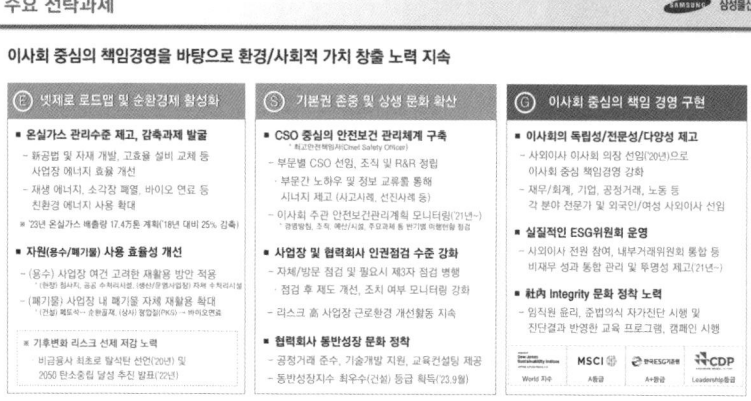

이제 주요 전략과제에 대해 말씀드리겠습니다. 앞서 말씀드린 바와 같이 넷 제로 로드맵과 순환경제가 활성화 관련 온실가스 관리수준 제고 등 여러 가지 감축 과제를 발굴해서 운영하고 있습니다. 건설도 상당히 중요한 사업 영역이기 때문에 건설에서 새로운 공법이나 자제를 개발하는 등 탄소 감축을 위한 기술들을 개발하고 있습니다. 고효율 설비로의 교체, 재생에너지 도입, 소각장 폐열, 바이오연료 사용 등에 대해 중점을 두고 있습니다. 기본권 존중 관련해서는 안전 문제에 대해 건설, 상사, 패션, 리조트 부문별로 CSO를 선임하여 CSO가 책임화해서 안전보험 관리처리를 구축하도록 인력과 예산 확보에 전적인 권한을 부여하고 있습니다. 나아가 사업장 협력회사 인권수준을 계속적으로 점검을 하고 협력회사와 동반성장 문화를 정착하는 데 중점을 두고 있습니다.

이사회 중심의 책임 경영 구현에 대해 말씀드리겠습니다. 저희는 이사회에 독립성을 부여하고 전문성과 다양성을 제고하고있습니다. 사외이사가 2020년부터는 이사회 의장을 맡고 있으며 재무회계 분야 전문가, 공정거래 전문가, 외국인 사외이사, 여성 사외이사 등전문성과 다양성을 갖추고 있습니다. ESG 경영은 사실상 이사회가 매우 독립적으로 운영을 하다고 말씀드릴 수 있습니다.

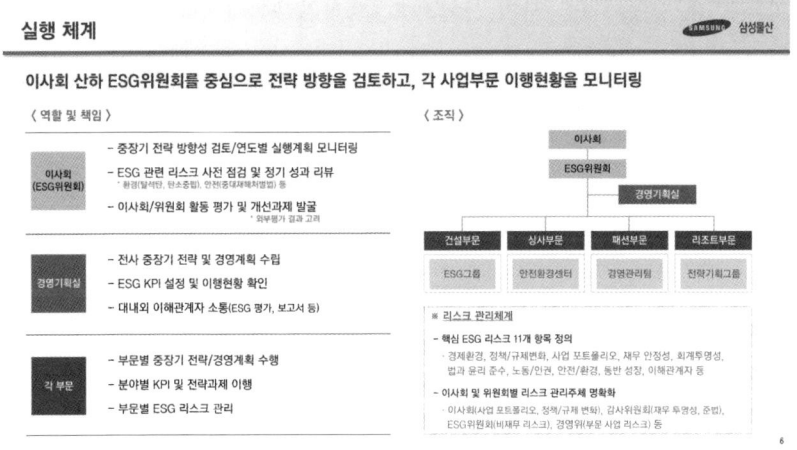

다음 조직 실행 체계는 오른쪽 그림을 보시면 됩니다. 보시는 바와 같이 이사회가 있고 이사회 산하 ESG 위원회가 있습니다. 그 다음 4개 부분별 건설, 상사, 패션, 리조트 쪽에 ESG를 전담하는 조직들이 있고, 그 다음 이것을 총괄하는 경영기획실의 CFO가 각 부문들 사업을 관리하고 있습니다.

실행 체계_ESG위원회

ESG위원회는 사외이사 전원(5인)으로 구성하고 이사회 의장(정병석 이사)이 위원장을 겸임
- 주주가치에 영향을 미치는 경영사항 사전 심의, ESG 전략 및 성과/리스크 모니터링, 대규모 내부거래 심의 등의 역할 수행

〈 역할 〉

- 주요 경영사항에 대한 심의
  - 주주가치에 중대한 영향을 미치는 경영사항 사전 심의
- 기업의 ESG 활동에 관한 사항 심의
  - ESG 계획, 전략 보고 및 활동성과 모니터링
- 대규모 내부거래 심의
  - 독점규제 및 공정거래 관한 내부거래 승인, 시정조치 등
- 이사회 및 위원회 활동 평가 주관
  - 이사회 및 위원회 자체평가 실시, 평가결과 개선방안 도출
- 주주권익보호 담당위원 운영 (필립코헨, 이상승 이사 2명 활동)
  - 주요 투자자 의견 수렴 후 이사회 보고

〈 '22~'23년 개최내역 〉

'22년	안건내용	'23년	안건내용
1.24	1. '21년 배당(안) 심의 2. '21년 ESG 외부평가결과 보고 3. 주주권익 보호위원 활동계획 보고	2.1	1. '23년 ESG KPI 운영(안) 보고 2. '22년 배당/자기주식 소각(안) 승인
2.15	1. '22년 ESG 운영계획 보고 2. '22년 ESG KPI 대시보드 보고	2.15	1. 3기 주주환원정책 승인 2. 중기계획 및 '23년 경영계획 보고
4.25	1. 친환경 사업(수소) 전략 보고 2. 주주권익 보호위원 활동결과 보고	6.22	1. 상사, 사옥이전 임차계약 승인
7.25	1. 대외 후원금 승인 2. 탄소중립 추진방안 보고 3. 안전보건 관리계획 이행현황 보고 ※ '22.2분기 ESG KPI 대시보드 보고	7.25	1. 대외 후원금 승인 2. ESG KPI 대시보드 3. 탄소중립 이행방안 진행현황 보고 4. 안전보건 관리계획 이행현황 보고
10.24	1. 탄소중립 선언(안) 보고 ※ '22.3분기 ESG KPI 대시보드 보고	10.23	1. 리조트, 특수관계인과의 거래 승인 2. ESG KPI 대시보드/ ESG 데이터 관리체계 개선현황 보고
12.13	1. 퇴직연금 가입 승인 2. 건설, 사무실 임차 계약 승인		3. 주주권익 보호위원 활동 등

ESG 위원회는 사외이사 5명으로 구성하고 있고 이사회 의장인 제가 ESG위원회 위원장을 맡고 있습니다. 이사회에서 주주가치에 영향을 미치는 주요 경영사항을 사전 심의하고 ESG 전략이나 성과 리스크를 모니터링하고 있고 대규모 내부거래 심의 등의 역할도 하고 있습니다. 오른쪽 표를 보시면 실제 작년과 올해 ESG위원회가 어떠한 안건들을 심의하고 논의했는지를 보실 수 있습니다.

향후 계획('23~'25년)

「이사회 중심의 ESG 경영체계 확립」이라는 기존 전략 방향을 유지하되,
분야별 운영수준 제고, 이행 모니터링 및 대내외 소통 강화를 통한 체계 안정화에 집중

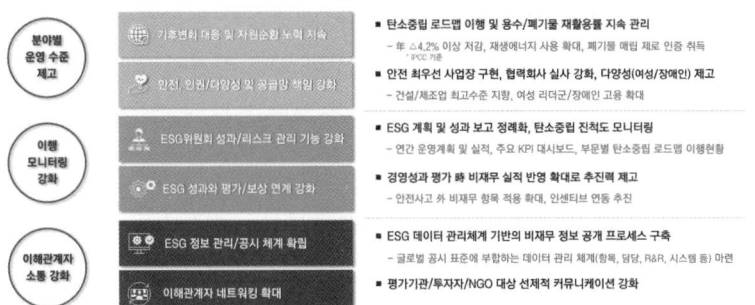

향후 계획('23~'25년)_주요 KPI

전략방향	중점분야	KPI	'21년(실적)	'23년(계획)	'25년(계획)	Benchmark
Net Zero 로드맵 및 순환경제 활성화 (With Planet)	기후 변화	온실가스 배출량 (톤)	18.6만	17.4만	14.8만	△4.2%/년 (IPCC 1.5℃ 시나리오)
		매출당 배출량 (톤/억원)	0.61	0.51	0.39	
		재생에너지 사용율 (%)	N/A	29.1	52.7	'30년까지 60% (RE100 기준)
	자원 순환	용수 재활용률 (%)	20.9	25.7	27.4	18.3 (국내기업 평균)
		폐기물 재활용률 (%)	96.2	96.9	97.0	(ZWTL 최상위)
기본권 존중 및 상생 기업문화 확산 (With Responsibility)	안전 보건	근로손실재해율(LTIR)	0.19	0.11	0.08	0.08 (건설/제조업 최상위)
		중대재해율 (건)	3	0	0	
	인권/다양성	여성 관리자 비율 (%)	16.0	17.5	18.1	업종평균 수준
		장애인 근로자 비율 (%)	1.8	1.9	2.0	3.1% (장애인 고용법 제3조)
		사업장 인권 점검률 (%)	85	100	100	
	공급망	협력사 ESG 점검률 (%)	100	100	100	100
		동반성장지수 (등급)	최우수(건설)/우수(패션)	최우수(건설/패션)	최우수(건설/패션)	최우수
이사회 중심의 책임있는 경영 구현 (With Transparency & Accountability)	지배구조	모건스탠리 (MSCI)	A	A	A	AAA
		한국ESG기준원	A	A	A+	A+ (최상위 등급)
		S&P 다우존스 (DJSI)	World	World	World	World
		Sustainalytics	Severe	High	Medium	Medium (업종 최고)

다음은 올해부터 향후 계획입니다. 앞서 말씀드린 바와 같이 ESG가 중심인 ESG 경영체계 확립이라는 전략을 유지하되 분야별로 운영 수준을 높이고 이행을 모니터링하고 대내소통 강화를 위한 체제 안정화에 중점을 두고 있습니다. 탄소중립 로드맵을 이행하고 안전 최우선 사업장을 구현하고 ESG 계획이나 성과보고를 정례화 해서 계속 모니터링하거나 경영 성과 평가 시에도 ESG 같은 비 재무적인 실적 반영을 확대를 해가고 있습니다. 추가적인 부분은 슬라이드를 참고해주시기 바랍니다. 감사

합니다.

헤니 센더 박사: 매우 체계적이고 유익한 발표였습니다. 다음 패널로 넘어가기 전에 한 가지 질문이 있습니다. 주주가치 관점에서 폐기물 재활용과 재생 에너지 사용에 중점을 두는 것과 같은 환경적 조치와 관련하여 상충 관계가 있다고 보시나요? 단기적으로나 중기적으로 수익 감소를 의미하지는 않는지요?

정병석 의장: 물론 ESG 관련 활동에는 상당한 비용이 수반됩니다. 그렇기 때문에 기업 입장에서 ESG에 대한 투자를 늘리거나 ESG 관련 규제를 강화하는 것은 결코 쉬운 일이 아닙니다. 하지만 이러한 어려움에도 불구하고 ESG는 모든 글로벌 기업이 추구해야 할 필수 과제입니다. 결국 ESG 경영의 목표와 방향은 기업 가치를 높이는 데 있기 때문이며, 이는 궁극적으로 주주가치 증대에 기여한다고 굳게 믿습니다. 이를 잘 관리하여 심각한 트레이드오프가 발생하지 않도록 해야 합니다. 삼성물산 ESG 위원회는 ESG 경영을 강화하고 투자를 늘림과 동시에 주주 가치와 회사의 이익을 보호하며 적절한 균형을 맞추기 위해 노력하고 있습니다. 이 균형을 달성하는 데에 집중하고 있습니다.

헤니 센더 박사: 좋은 발표와 답변 정말 감사합니다. 이제 하나금융그룹 사외이사이신 이화여대 원숙연 교수님을 모시겠습니다.

원숙연 교수: 안녕하세요. 시간관계상 바로 본론으로 들어가겠습니다. 저희 하나금융그룹은 "탐욕적 자본주의에서 벗어나 지속가능한 자본주의가 어떻게 가능할 것인가"라는 질문 하에 이를 달성하는 것을 목표로 세 가지 정도의 특징을 가지고 ESG 가치를 비즈니스 전략으로 내재화 하려고 노력하고 있습니다.

5. Sustainable management and Key ESG Performances (1)

- Pathways to a low-carbon economy

Hana Financial Group defined three goals for achieving key environmental tasks: low-carbon/eco-friendly business sites, ESG financing, and low-carbon portfolio. To realize these goals, the Group will progressively expand the scope of ESG financing and accomplish specific targets such as reducing carbon emissions from business sites and portfolio. Ultimately, the Group aims to lead the transition to a low-carbon society.

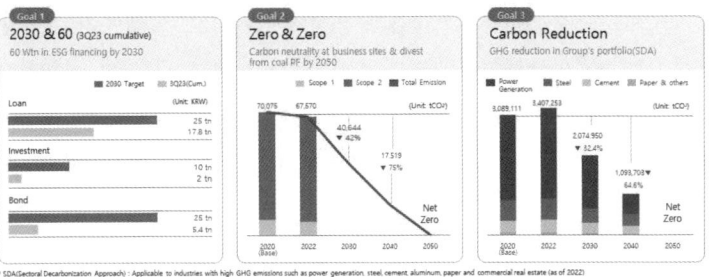

첫번째 특징은 앞서 좌장께서도 지적하셨듯이 "ESG 실천이 기업에 어떤 손실을 가져올 수 있다, 혹은 트레이드 오프 관계가 있을 수 있다"는 그런 일종의 고정관념에 대해 적극적으로 "그렇지 않다"는 관점의 전환을 바탕으로 한다는 점입니다. ESG실천을 통해 오히려 많은 기회가 만들어질 수 있고 그것이 비즈니스 차원에서도 실질적으로 재무적인 성과로 이어진다는 인식을 가지고 있습니다.

두 번째는 '진정성'을 중요시합니다. 여러분들도 잘 아시는 것처럼 ESG 쇼잉 또는 그린워싱과 같은 부적절한 형태, 즉 ESG가 비즈니스 전략이기 보다는 CSR 차원에서 어떤 평판 관리 관점으로 가다 보면 진정성이 많이 떨어지기 때문에 저희 하나금융그룹은 진정성을 가지고 하자라는 입장입니다.

세 번째는 ESG 개념 중 E 뿐만 아니라, S와 G에 있어서도 선제적이고 적극적으로 대응하는 것이 특징입니다. E, 환경이 굉장히 지금 저희들에게 현존하는 위협이기 때문에 적극적으로 대응하고 있기는 하지만, S, 소셜 그리고 G, 거버넌스에 대해서도 굉장히 균형 있게 접근하고 있다고 말씀드릴 수 있습니다. ESG 공시가 6년으로 딜레이가 됐지만 그 타임테이블 하고 상관없이 저희는 적극적으로 ESG 공시를 저희들의 시간으로 가져가고 있다고 말씀드릴 수 있겠습니다.

슬라이드를 보시면 저희는 'E'와 관련해 세 가지 명확한 목표를 가지고 있습니다. 첫 번째 목표는 2030년까지 ESG금융 또는 그린 금융이라고도 하는 지속가능금융에 60조 원을 지원하는 것입니다. 2023년 3분기 현재 23조 원 가량 지원이 완료됐습니다. 따라서 저희들의 목표를 더 빨리 달성할 수 있지 않을까 하는 기대를 합니다.

두 번째는 제로 전략입니다. 여러분 잘 아시는 것처럼 S1, S2와 관련된 부분입니다. 저희들 사업장 자체도 녹색 그리고 지속 가능한 사업장이고 전기와 같은 간접 배출에 있어서도 2050년까지 탄소 중립을 달성하기 위해서 노력을 하고 있습니다. 상황에 따라 이러한 부분들이 조금 어려울 경우에 저희들이 녹색 프리미엄을 구매한다든가 아니면 전기차로 다 관용차를 변경하는 등 적극적인 노력을 취하고 있습니다.

세 번째는 포트폴리오 온실가스 감축과 관련된 부분입니다. 이 부분은 잘 아시는 것처럼 S3에 대한 부분입니다. SDA(섹터 별 탈 탄소 접근법) 기준에 따라 저희는 고탄소가 되는 것, ESG에 반하는 그런 금융, 서플라이 체인과 같은 부분들을 감축하기 위한 노력을 하고 있습니다. 또 최근에는 경제가 어려워지고, 환율이 높아지고, 환전에 문제가 생기는 등 저희가 통제할 수 없는 부분들도 존재하지만 저희는 SDA 기준에 맞춰 적극적으로 'E', 그야말로 지속 가능한 그린금융을 위한 노력을 계속하고 있습니다. 저희는 금융회사이기 때문에 굉장히 큰 규모의 프로젝트 파이낸싱을 많이 합니다. 그런데 1천만 달러 이상의 빅 프로젝트 파이낸싱에 대해서는 저희들이 그린과 ESG 관련된 부분들을 아주 적극적으로 그리고 아주 타이트하게 적용하고 있다는 말씀을 드립니다.

5. Sustainable management and Key ESG Performances (2)

- Social contributions through finance
  1. **Enhanced consumer protection and better financial access:** The Group has established Consumer Risk Management Committee for the first time in the industry and has been striving to ensure the accessibility in financial services for the consumers in need.

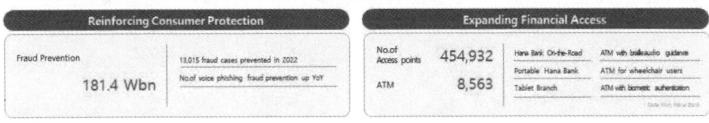

  2. **"Hana Power On" Program:** The Group has been working to eliminate the blind spots and create social value centered on various projects such as Hana Power On Challenge, Power On Care, and Power On Community while supporting innovative companies and the socially vulnerable.

앞서 말씀드린 바와 같이 E 뿐 아니라 저희는 'S' 부분에 대해서도 굉장히 많은 노력들을 하고 있는데요. 한국의 경우 금융회사의 경우 공공성이라는 아주 독특한 특징을 가지고 있다 보니 금리 상승이나 인플레이션의 문제로 인해 소위 말하는 약탈적 금융과 같은 프레이밍이 있습니다. 그렇지만 저희는 지속가능한 사회를 유지하는 데 기여하기 위해서 여러 가지 소비자 문제나 사회적으로 취약한 계층의 금융서비스에 대해서도 굉장히 적극적으로 대응을 하고 있습니다. 금융권 최초로 저희가 소비자 리스크 위원회를 만들어 고령층에 대한 불안전 판매나 금융 용어의 어려움으로 인해서 경험하게 되는 불편함, 손실들을 최소화하기 위한 노력을 하고 있습니다. 그리고 지금 보시는 것처럼 '하나 파워온 챌린지', '하나 파워온 케어', '하나 파워온 커뮤니티'를 통해 일자리 문제, 케어 문제에 취약한 미혼모를 비롯한 사회적 약자들에게 도움을 주고 있으며 공동체를 구축하기 위한 다양한 노력들도 해오고 있습니다.

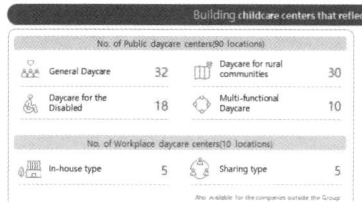
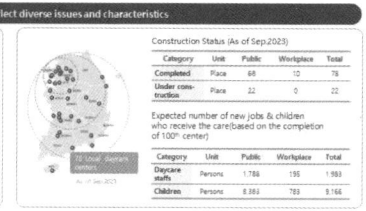

나아가 한국이 0.73 이하의 저출산으로 어려움을 겪고 있습니다. 저희는 금융기업이지만 육아, 일과 가정의 양립 등의 부분에도 적극적으로 참여하고 있습니다. 이제 곧 하나 100호 어린이집이 전국에 만들어지게 됩니다. 앞서 말씀드렸던 약탈적 금융 또는 탐욕스러운 자본주의가 아닌 지속가능한 금융을 위해 다방면에서 노력하고 있습니다.

마지막으로 말씀드릴 부분은 성평등에 대한 부분입니다. 여성 사외이사뿐 아니라 저희 하나은행에는 굉장히 역량 있는 여성들이 많이 포진해 있습니다. 단순히 어떤 정의의 차원 또는 규제 대응의 차원이 아니라, 여성들이 그 조직에서 제대로 역할을 할 때 기업의 재무적 성과도 좋고 윤리적 경영을 가능하게 하는 등 지속가능경영에 기여한다는 확신과 진정성을 통해 성평등을 확보하기 위해 노력하고 있습니다. 현재로서는 안타깝게도 하나금융그룹 사외이사 중에 여성은 저 한 명이지만 2025년까지

25% 이상으로 사외이사 비율을 높이기 위해서 노력하고 있습니다. 따뜻한 금융 이런 차원뿐만이 아닌 공격적으로 마케팅이나 영업 등에서 능력을 보여주는 관리자급 여성 임원의 비율을 2030년 또는 그 이전이라도 15%, 30% 이상으로 높이기 위해 노력을 하고 있습니다.

결론적으로 저희 하나금융그룹은 ESG를 재무적 성과로 가시화 하기 위해 적극적으로 또 선제적으로 진정성을 가지고 노력하고 있다는 말씀 드리겠습니다. 감사합니다.

헤니 센더 박사: 네, 하나금융그룹의 ESG 경영 관련 좋은 말씀 감사합니다. 마지막으로 김동수 김앤장 ESG경영연구소장님께서 발언해 주시겠습니다.

김동수 소장: 저는 우선 앞서 영상으로 만난 두 기조 연설자의 첫 번째 질문에 대한 제 의견부터 말씀드리겠습니다. 저는 헨리 페르난데즈 회장님과 마크 매콤 부회장님의 말씀 중 해결책에 대한 부분을 제외하고는 모두 동의합니다. 즉, 저 또한 동아시아 및 동남아시아 국가들이 해당 지역의 탄소 배출 문제를 해결해야 한다는 데 동의합니다. 그런데 이는 아시아 국가뿐 아니라 전 세계 모든 지역의 문제이며, 너무 강하게 밀어붙일 경우 탄소 배출 측면에서 APEC 지역이 지역화 될 수 있으며 남미, 아프리카 또는 중동 국가에서 또 다른 APEC을 마주하게 될 수도 있습니다. 따라서 우리는 더 현명한 해결책을 찾아야 한다고 생각합니다. 혁신적인 기술과 청정 에너지 솔루션에 투자할 수 있도록 투자위원회를 참여시켜야 할 수도 있습니다. 시장의 탄소 조정세나 다양한 메커니즘을 규제하기보다는 생태계를 구축해야 할 수도 있습니다.

이해관계 충돌과 트레이드오프에 관한 두번째 질문 관련해서는 저는 트레이드 오프가 있다고 생각하지만 이 트레이드 오프가 주주와 이해관계자들 간의 트레이드 오프는 아니라고 생각합니다. 지금 트레이드 오프는 오히려 단기로는 확인되지 않습니다. 저는 이 트레이드 오프가 단기적 이익과 장기적 이익의 사이에 존재한다고 생각합니다. 그리고 탄소 중립을 달성한다고 해서 장기적으로 재무적 수익에 손해를 미치지는 않을 것이라고 생각합니다. 따라서 장기적으로 주주와 이해관계자 간에 공동 목표가 있어야 할 것입니다. 이 주장과 일치하는 데이터가 보이지 않는다면 계산 측면에서 뭔가 잘못된 것일 겁니다. 정확한 데이터와 이를 분석할 수 있는 더 나은 프레임워크가 필요합니다. 이러한 맥락에서는 저는 헨리 페르난데즈 회장님과 마크 매콤 부회장님의 의견에 동의합니다.

그리고 한 가지 더 말씀을 드리자면 저희가 어떠한 이유로 언제까지 아태지역에서 탄소 배출을 중립화해야 하는지 논의하는 것이 물리적 위험을 감안할 때 얼마나 중요한지에 대해 논의했습니다. 하지만 저희는 두 가지를 더 생각해야 한다고 봅니다. 동남아시아 국가들은 이제 글로벌 제조업의 경기장과 같은 지역이 되었습니다. 우리는 이 상황을 피할 수 없습니다. 이 문제를 해결하기 위해서는 다국적 기업들과의 협력이 필요합니다. 어떻게 전체적인 탄소 배출량에 대한 관리해 나갈 수 있을지 총체적으로 봐야합니다. 그렇지 않으면 이 문제를 완전히 해결할 수 없습니다. 따라서 이것은 APEC 국가만의 문제가 아니며 선진국의 문제이기도 합니다.

둘째, 혁신적인 제품, 새로운 아이디어, 신기술 개발을 가속화할 수 있는 방안에 대해 더 많은 논의가 이루어졌으면 좋겠습니다. 원자력 발전소를 넘어서 청정 기술과 새로운 에너지 솔루션 그리고 핵융합 에너지에 대해 활발하게 논의되기를 기대합니다. 이러한 논의 없이는 우리가 원하는 지점에 도달할 수 없다고 생각합니다. 그리고 개인적으로도 이 위대한 전환 의제에 대한 사회적 합의를 도출하기 위해 모두의 관심을 촉구합니다. 감사합니다.

헤니 센터 박사: 정말 통찰력 있는 말씀이셨습니다. 추가적으로 한가지 질문드리겠습니다. 탈 세계화와 보호무역주의에 대해 이야기하는 요즘, 미국에서 온 저에게 흥미로운 점 중 하나는 미국에서는 모든 사람들이 인플레이션 감축법을 좋은 일이라고 생각한다는 것입니다. 그런데 정부 보조금이 보호주의의 한 형태가 아닐까 하는 우려를 하시진 않으신가요? 예를 들어 아시아에서 만난 많은 사람들은 미국에서 벌어지고 있는 일을 보면서 실제로 이들이 매우 비생산적이라고 말합니다. 기업들이 보조금에 지나치게 의존하게 되면 혁신에 대한 인센티브가 줄어들 수 있다는 것이죠. 이러한 우려에 공감하시나요?

김동수 소장: 쉽게 대답할 수 있는 질문은 아니지만 개인적으로 같은 생각입니다. 한국뿐 아니라 전 세계 ESG 전문가들 사이에서 흥미로운 이야기가 있습니다. 바로 인플레이션 감축법이라고 쓰여 있지만 우리는 이를 보호무역주의로 읽는다는 것이죠. ESG 전문가들 사이에서는 매우 흔한 문구이기도 합니다. 우크라이나, 이스라엘, 가자지구 등으로 인해 현재 여러 지역 간의 관계에 대한 우려도 커지고 있습니다. 하지만 세계 경제는 점점 더 지역적 보호주의의 특징이 강해지고 있습니다. 그래서 우리는 이 팀에 참여할지, 아니면 저 팀에 참여할지 결정해야 하는 상황에 내몰렸습니다. 이는 매우 어려운 상황이며, 실제로 혁신에 대한 동기를 떨어뜨리는 요인이 되기도 합니다.

헤니 센터 박사: 감사합니다. 이제 레베카 추아님께서 말씀해 주시겠습니다.

레베카 추아 대표: 저는 ETF 자산운용사를 운영하고 있기 때문에 오늘 세션 주제와 관련하여 저희 사업과 관련한 관점에서 말씀드리겠습니다. 저희 전략은 데이터와 규칙을 기반으로 합니다. 특히 중국 및 글로벌 투자 기회와 관련해서는 주로 두 가지 영역에 초점을 맞추고 있습니다.

첫째, 에너지 믹스가 과거의 화력 기반에서 재생 에너지 기반으로 전환되고 있다는 점입니다. 이러한 전환은 최근의 중국 14차 5개년 계획뿐 아니라 이전의 13차 5개년 계획에도 명시적으로 제시되어 있습니다.

예를 들어, 12년 전인 2010년 2%에 불과했던 수력 발전의 사용량이 작년에는 중국 내 전력 생산량의 15%로 증가하여 중국은 전 세계 수력 발전 용량의 약 28%를 차지하는 세계 최대 수력 발전 국가가 되었습니다. 태양광과 풍력은 많은 사람들이 점점 더 투자에 관심을 보이고 있는 분야입니다. 실제로 중국 전력의 약 13%를 생산합니다. 따라서 이 모든 것이 매우 흥미로운 투자 기회를 제공합니다. 덜 언급되었지만 매우 흥미로운 투자 분야로 떠오르고 있는 또 다른 측면은 ESG 관점에서 생산성을 개선하는 것입니다. 중국에서는 낭비를 줄이거나 비용을 절감하는 것 외에도 길을 열어 생산성을 향상시키는 것이 더 효과적이라는 말이 있습니다. 한국에서도 그런 의미에서 탄소 포집과 생산성 향상에 대한 관심이 많았습니다.

중국에서는 최근 몇 년간 스마트 시티와 도시화를 위한 인프라 구축에 상당한 투자가 이루어지고 있습니다. 한 가지 예로 2030년까지 중국 도시의 75%가 도시화될 것이라는 전망이 있습니다. 이는 많은 사람들이 일자리와 상업적 기회를 위해 해안 지역으로 이주할 필요가 없어진다는 것을 의미합니다. 이러한 추세와 관련하여 중국 정부는 고속 열차 시스템에 상당한 투자를 하고 있는데, 2030년까지 중국 내 인구 50만 명이 넘는 도시의 90%가 고속열차를 이용할 수 있게 될 것입니다. 이는 여러분과 제가 신장과 티베트를 빠르게 여행할 수 있다는 것을 의미하며, 3선, 4선, 5선 도시 주민들의 삶의 질이 크게 향상될 수 있습니다. 또한, 기술의 발전과 이를 통한 효율적인 물류 시스템은 특히 외딴 지역과 전통적으로 소외된 지역에 거주하는 사람들에게 더 나은 기회를 제공합니다. 이러한 변화는 기회의 접근성을 개선하고 다양한 지역 사람들의 전반적인 복지에 기여할 것입니다.

마지막으로 앞선 연사분들이 어떻게 측정되고 추적되는지에 따라 성과가 달라지기 때문에 책임감의 중요성을 강조했습니다. 따라서 이러한 점이 ESG 관련 강좌의 가격 책정에도 많은 영향을 미쳤습니다. 현재 선진국 시장의 많은 활동이 전체 비용을 완전히 고려하지 않고 있으며, 여러 가지 면에서 개발도상국을 이용하고 있다고 생각합니다. 방금 연사께서 말씀하셨던 것처럼, 개발도상국에서는 많은 제조 활동이 이루어지고 이는 자연스럽게 더 많은 탄소 배출을 초래합니다. 하지만 지난 6월 국제표준화기구(ISSB)가 최근 표준을 발표하고 글로벌 협력을 통해 투명성을 높이고 있는 만큼 개선이 이루어질 것으로 기대합니다. 또한, 특히 아시아 이해관계자들의 참여를 위해 보다 투명하고 접근하기 쉬운 탄소 거래 시스템이 마련된다면 더 나은 가격 책정이 가능할 것입니다.

마지막으로 임금 삭감에 대해 말씀드리고 싶습니다. 아시아, 특히 태국에서 폐기물 처리와 관련하여 전 세계적으로 문제가 되고 있다는 사실은 많은 사람들이 잘 알고 있습니다. 이는 적절한 가격이 책정되지 않았기 때문이며, 우리가 서비용 프로세스라고 인식하는 깃은 실제모는 지비용이 아니라 실제 비용이 고려되지 않았을 뿐입니다. 저는 정부, 의사결정권자, 비즈니스 리더가 자산 배분을 위해 자원을 어디에 할당하고 한계 자금을 어디에 투자할지 결정할 때 이러한 요소를 고려해야 한다고 생각합니다. 이러한 결정에는 신중한 프로세스와 글로벌 협력이 필요합니다.

헤니 센더 박사: 좋은 말씀 감사합니다. 마지막으로 추가 질문 하나 드리겠습니다. 기술과 중국에 관한 질문입니다. 우리는 중국에 대해 특히 코로나19 이전에는 중국이 양질의 기술로 매우 경제적인 가격을 책정하여 상품을 제조하고 공급해 디스인플레이션을 유발하는 것을 상당히 긍정적으로 봤던 것 같은데요. 중국의 전기차 부문을 보면 특히나 이러한

긍정적인 평가가 맞았다는 생각도 듭니다. 하지만 현재는 중국이 최첨단 기술 제품을 싸게 공급한다는 것을 부정적이고 비관적으로 보는 경향이 있습니다. 이러한 부정적인 평가가 너무 과도하다고 보지는 않으시나요? 중국에서의 투자 기회는 무엇이라고 생각하십니까?

레베카 추아 대표: 저는 모든 혁신과 패러다임의 변화에는 항상 상당한 시행착오와 올바른 길을 찾기 위한 교정 및 재조정이 수반된다고 생각합니다. 예를 들어, 몇 년 전에 말씀하신 것처럼 공유경제에 대해 논의했는데, 높은 수준에서 보면 매우 디플레이션을 완화하고 긍정적인 이니셔티브가 될 수 있습니다. 하지만 접근성이 높아지면서 많은 과소비를 초래할 수 있습니다. 이러한 현상은 중국에만 국한된 것이 아니라 재생 에너지, 신에너지, 신소재 개발과 같은 분야에서도 발생할 수 있습니다. 갑자기 투자자의 관심이 급증하면서 특정 분야에 과잉 생산과 과잉 투자가 발생할 위험이 있습니다. 어떤 면에서 이는 불가피한 현상일 수도 있습니다. 인터넷 시대에는 여러 흥미로운 기업들이 다양한 실험을 시도했고, 그 중 일부는 현재 존재하지도 않는 기업이 탄생하는 것을 목격했습니다. 그럼에도 불구하고 이러한 기업들은 오늘날의 기술과 글로벌 환경의 발전에 기여했습니다.

헤니 센더 박사: 답변 감사합니다. 이제 제가 왜 매번 한국에 오는 것이 기쁜지에 대해 말씀드리고 이번세션을 마치고자 합니다. 저는 한국이 APEC과 세계를 선도할 수 있는 강력한 이유가 있다고 생각합니다. 이는 다른 나라에 만연한 관료적이고 느린 의사결정과 달리 오늘날 한국 기업의 의사결정이 놀라울 정도로 효율적이기 때문이라고 생각합니다. 또한 한국 기업들이 해외에 진출할 때 국제화 능력이 뛰어나다는 점도 한국의 지속가능한 미래에 대한 희망을 갖게 합니다. 이러한 낙관적 견해와 함께 오늘 세션을 마치겠습니다. 이 자리를 마련해주신 세계경제연구원과 하나금융그룹에 다시 한번 감사드립니다. 경청해주신 청중 여러분과 훌륭

한 말씀해주신 연사님들께도 감사인사를 전합니다.

오찬 특별연설

연사
김상협 2050 탄소중립녹색성장위원회 위원장

오찬 특별연설

김상협 2050 탄소중립녹색성장위원회 위원장

안녕하세요, 여러분. 저는 대통령 직속 탄소중립녹색성장위원회 공동위원장 김상협입니다. 저는 녹색금융 관련 분야를 중심으로 한국의 탄소중립과 녹색성장 전략에 대해 간략히 말씀드리겠습니다. 이 자리에 함께할 수 있는 기회를 주셔서 감사드리며, 특히 세계경제연구원 이사장 전광우 박사님께 깊은 감사를 표합니다. 이 중요한 국제 컨퍼런스를 공동 주최해 주신 하나금융그룹 함영주 회장님께도 감사의 말씀을 드립니다.

가자지구에서 또 다른 지정학적 분쟁이 발생했고, 우크라이나 전쟁은 여전히 진행 중입니다. 지정학적 갈등을 관찰하다 보면 에너지 시장, 특히 화석연료 에너지의 불안정성과 변동성이 커지는 것을 목격하게 됩니다. 이러한 격변의 시기에 한국의 선택은 무엇일까요?

한국은 이미 2008년 이명박 대통령이 저탄소 녹색성장을 새로운 국가 발전 패러다임으로 선포했을 때 선택을 내렸습니다. 온실가스 배출 전망치(BAU) 경로를 따르는 대신 다른 경로, 즉 '원하는 경로'를 택한 것입니다. 이에 따라 당시 한국은 세계 최초로 매우 포괄적인 저탄소 녹색성장 기본법을 도입했습니다. 이후 프랑스는 2015년 파리에서 역사적인 기후 정상회의를 개최하면서 녹색성장을 위한 에너지 전환법을 도입했습니다. 또한 우리는 아시아 최초로 배출권 거래제를 시행했고, 나중에 중국이 그 뒤를 따랐습니다. 우리는 친환경 기술 개발에 예산을 배정하는 데 중점을 두었습니다.

잘 아시다시피 기후변화는 전 지구적 차원의 문제입니다. 한국은 글로벌녹색성장연구소(GGGI)를 설립해 40여 개 회원국을 보유한 본격적인 국제기구로 성장시켰습니다. 회원국 수로만 따지면 GGGI는 유럽연합(EU)을 능가하는 규모입니다. 또한 점점 더 중요성이 커지고 있는 녹색기후기금(GCF)의 본부를 유치하고 있습니다. 글로벌 녹색기후기금의 규모는 수조 달러에 달합니다. 우리의 목표는 온실가스 배출을 줄이는 것뿐만 아니라 중요한 기회를 포착하는 것입니다. 블룸버그 뉴 에너지 파이낸스에 따르면 2050년에는 그 규모가 약 200조 달러에 달할 것으로 예상되며 지속적으로 확대되고 있습니다.

한국은 녹색성장 추진이 정치적 부침을 겪었지만 결국 다시 부상했습니다. 윤석열 대통령은 지난해 10월 대통령 직속 '탄소중립녹색성장위원회'를 출범시켰습니다. 우리 위원회에 주어진 임무는 매우 까다롭고 막중합니다. 이전 정부가 2030년까지 한국의 온실가스 배출량을 2018년 대비 40% 감축하겠다는 공약을 내놨기 때문에 이를 달성하기 위해서는 이제 시간이 얼마 남지않았습니다. 한국의 온실가스 배출량 궤적을 감안할 때 8년 안에 이렇게 큰 폭의 감축을 달성하는 것은 쉽지 않습니다. 한국은 에너지 다소비 산업구조를 가진 국가이기 때문입니다. 그렇다면 어떻게 하면 이를 달성할 수 있을까요?

우리는 미션을 위한 세 가지 중요한 지침 원칙을 수립했는데, 이는 R, O, I로 표현할 수 있습니다. 'R'은 책임을 의미합니다. 큰 숫자를 약속하기는 쉽지만 이를 실행하는 것은 쉽지 않습니다. 우리는 달성 가능한 방식으로 책임감 있게 실행하는 것을 첫 번째 단계로 삼아 실천에 옮겨야 합니다. 둘째, 저탄소 경제, 나아가 넷제로 경제로의 전환은 질서('O') 정연한 경로를 따라야 합니다. 투명하고, 예측 가능하며, 심지어 계산이 가능해야 합니다. 또한 전환 과정에서 약자를 보호하는 데도 신경을 써야 합니다. 'I'는 짐작할 수 있듯이 혁신을 의미합니다. 혁신은 한국의 녹색

성장 전략에서 가장 중요한 요소입니다. 우리는 앞으로도 더 많은 핵심 친환경 기술을 개발하고 심층적인 혁신을 통해 온실가스 배출을 줄여 나갈 것입니다.

지난 4월, 우리 위원회는 중요한 임무를 완수했습니다. 온실가스 배출량을 40% 감축하겠다는 공약을 준수하는 동시에 부문 간, 부문 내 중요한 정책 사안을 조율했습니다. 에너지 믹스에 초점을 맞춘 개혁은 의미 있는 조치였습니다. 간단히 말해, 중요한 저탄소 에너지원인 원자력 발전소가 다시 제자리를 찾았고, 현실적이고 달성 가능한 방식으로 재생에너지 용량을 극대화하는 것을 목표로 하고 있습니다.

지난해 우리나라의 온실가스 배출량 기록입니다. 우리는 국가 온실가스 배출량을 약 3.5% 감축했으며, 40% 감축을 달성하기 위해서는 더 많은 노력이 필요합니다. 어떻게 이러한 감축이 가능할까요? 간단합니다. 재생에너지와 원자력 발전을 늘리면 됩니다. 보시다시피 전력 부문에서 배출량을 4% 이상 줄였고, 산업 부문에서도 온실가스 감축에 기여한 요인들이 있습니다. 어떻게 하면 우리의 야망을 강화할 수 있을까요? 어떻게 하면 진정으로 40% 감축을 달성할 수 있을까요? 여러 가지 방법이 있을 수 있지만, 앞서 말씀드린 것처럼 친환경 기술 개발에 우선순위를 두는 것이 핵심 전략 중 하나입니다.

그린 코리아를 위한 100대 핵심 기술을 선정했습니다. 반도체와 배터리에 대한 한국의 접근 방식과 유사하게 에너지 분야에서도 이 사례와 같이 집중적으로 노력할 것입니다. 빌 게이츠는 5가지 획기적인 에너지 기술을 선정했습니다. 한국은 그 중 세계 최고가 될 수 있는 기술을 선택하고자 합니다. 이 이야기는 국내 주요 신문 중 하나인 조선일보에서 8월과 9월 두 차례에 걸쳐 다뤄졌습니다.

첫 번째 이야기는 전고체 배터리를 발전시키는 한국의 모습입니다. 두 번째 이야기는 가장 진보된 전기 자율주행차에 관한 이야기입니다. 세 번째 이야기는 새로운 유형의 배터리의 여러 핵심 요소를 다룹니다. 네 번째 이야기는 친환경 조선업을 선도하는 대한민국에 대한 이야기입니다. 또한, 우리는 소형 모듈 원전(SMR)로 불리는 차세대 원자력 발전의 선두에 서 있습니다. 또한 폐기물을 의미 있는 석유로 전환하는 세계 최대 규모의 순환경제 사업을 추진하고 있습니다. 제가 전달하고자 하는 것은 우리에게는 이미 경쟁력 있는 녹색 산업이 있다는 것입니다.

파이낸셜 타임스에 따르면 한국 기업들은 미국에서 가장 큰 청정기술 투자국이라고 합니다. 유럽연합이 2위, 일본이 3위, 캐나다가 4위입니다. 특히 삼성은 미국에 반도체 공장을 건설하고 있고, LG는 배터리 공장을 건설하고 있으며, 한화는 최첨단 태양광 발전 벨트를 개발하고 있습니다. 이는 녹색 산업에서 한국 기업의 역동성과 경쟁력을 보여주는 사례입니다. 우리는 할 수 있습니다.

이제 한국의 ESG 정책에 대해 자세히 알아보겠습니다. ESG의 모든 요소에 대해 총체적으로 경의를 표합니다. 한국은 환경, 특히 기후변화에 대한 관심이 컴플라이언스 이슈로 대두되고 있기 때문에 'E'에 우선순위를 둘 것입니다. 특히 기후변화 관련 요소인 'E'에 집중함으로써 친환경 경쟁력을 강화할 수 있습니다.

한국 녹색금융 전략의 핵심 방향은 지난 5월 한국은행과 함께 개최한 국제 컨퍼런스에서도 강조된 바와 같이 녹색채권뿐 아니라 녹색대출을 통해 녹색금융을 활성화하는 것이 입니다. 이를 위해서는 구조개혁도 필요합니다. 솔직히 말해서 이 중요한 전환에서 승자와 패자가 있을 수 있습니다. 우리의 목표는 금융이 단순히 산업, 기업, 가계를 지원하는 것이 아니라 한국 금융이 변화의 주체, 조력자, 형성자로 인식되는 것입니다.

아직 실현되지는 않았지만, 녹색 금융을 통해 우리가 달성해야 할 목표입니다.

제4차 위원회 총회에서는 민간 부문, 특히 금융기관 및 기업과의 파트너십을 구축하기로 결정했습니다. 기후기술 산업, 스타트업, 녹색산업 전환에 총 145조 원, 미화 1,000억 달러 이상을 투자하기로 했습니다. 정부 예산 배정 외에도 금융그룹의 역할을 확대하고자 합니다. 하나금융그룹을 비롯한 5대 금융그룹이 녹색금융에 135조 원을 투입하기로 했습니다. 현재 금융위원회에서 녹색금융을 위한 주요 계획을 수립 중이며, 내년 초 확정될 예정입니다. 주요 방향은 다음과 같습니다. 대기업은 이미 글로벌 트렌드를 접하고 적극적으로 새로운 것을 준비하고 있습니다. 더 중요한 것은 중견-중소기업입니다. 따라서 중견-중소기업의 저탄소 전환을 촉진할 것입니다. 또한 재생에너지 투자를 지원하겠습니다. 많은 한국 기업들이 RE 100 클럽에 가입한 만큼 재생에너지 프로젝트가 많이 나올 것입니다.

금융위원회는 앞으로 시행될 탄소국경조정제도(CBAM)의 위험에 노출되어 있는 만큼 이에 대한 대응이 필요하다고 판단했습니다. 이에 따라 철강, 시멘트 등 취약업종에 대한 맞춤형 지원을 추진할 계획입니다. 또 하나의 중요한 방향은 금융부문의 녹색성과를 평가할 수 있는 평가기준을 마련하는 것입니다. 녹색대출 관리 가이드라인도 K-그린 분류체계에 맞춰 조만간 마련할 예정입니다. 정책금융 역량을 확대하기 위해 산업은행 산하에 특수 자회사를 설립하는 방안을 검토 중이며, 적절한 시점에 결정이 내려질 것입니다. 한국의 녹색금융을 더욱 활성화하기 위해 다음 주 화요일에 열리는 그린 빅뱅 컨퍼런스에서 산업, 기술, 금융, 국제 기업을 아우르는 녹색금융 대화를 시작할 예정입니다. 컨퍼런스에 많은 주요 이해관계자들이 참석할 것입니다.

저는 또한 국가 탄소 중립과 녹색 성장을 추구하는 데 있어 대통령 리더십의 역할이 매우 중요하다는 점을 강조하고 싶습니다. 여러분 중 일부는 워싱턴 한미 정상회담에 대해 알고 계실 것입니다. 이번 정상회담은 한미동맹을 군사-안보 차원을 넘어 글로벌 포괄전략 차원으로 확대하고, 기후변화를 새롭게 강화한 한미동맹의 핵심 의제 중 하나로 다뤘다는 점에서 특히 의미가 컸습니다. 따라서 한국과 미국은 청정에너지와 교통 분야를 중심으로 탄소중립 경제를 위한 전략적 협력을 강화할 것입니다. 반도체, 전기차, 배터리는 이러한 협력의 핵심 품목입니다. 우리는 차세대 원자력, 수소, CCUS를 포함한 50건의 MOU를 체결했습니다. 몇 가지 중요한 MOU는 친환경 이니셔티브와 관련된 것이었습니다.

저는 최근 캠프 데이비드에서 있었던 역사적인 정상회담을 상기시키고 싶습니다. 비록 하루 동안의 집중적인 회담이었지만, 이 지역의 지정학적 특성을 고려할 때 한국, 일본, 미국 정상이 한자리에 모여 미래 전략적 파트너십을 논의한 것은 매우 의미 있는 일이었습니다. 3국 정상은 기후변화를 공동의 위협으로 인식하고 기후변화에 관한 합의를 도출했습니다. 3국 정상은 3국 파트너십을 통해 글로벌 리더십과 해결책을 마련해야 한다고 강조했습니다. 한중일 3국의 경제 규모를 고려할 때 이는 세계 경제의 30% 이상에 해당합니다. 탄소 배출량으로 보면 대략 20%에 육박합니다. 제가 말씀드리고 싶은 것은 한-중-일 3국이 기술, 재정 자원, 인적 자본을 보유하고 있다는 것입니다. 우리가 친환경 이니셔티브에서 효과적으로 협력한다면 세상을 바꾸는 데 큰 영향을 미칠 수 있습니다.

인도에서 열린 G20 정상회의에서 윤석열 대통령은 한국이 개발도상국을 위한 '녹색 사다리'를 구축하겠다고 밝혔습니다. 이러한 의지를 보여주기 위해 한국은 인천에 본부를 두고 있는 녹색기후기금(GCF)에 3억 달러를 추가로 공여하기로 결정했습니다. 이로써 GCF에 대한 한국의 총공여액은 6억 달러로 늘어났습니다. 또한 한국은 녹색 공적개발원조(ODA)와 기술 이전을 확대할 계획입니다. 최근 사우디아라비아를 국빈 방문한 윤 대통령은 한국이 석유 의존 국가를 녹색성장 국가로 전환하기 위한 미래 기술 개발의 선구자가 되고자 한다고 언급했습니다. 지난 9월 뉴욕에서 열린 유엔 총회에서 윤 대통령은 '무탄소 연합(Carbon Free Alliance)'를 제안하는 중요한 연설을 했습니다.

재생에너지가 탄소 중립을 달성하는 데 중요한 역할을 하지만 그것만으로는 충분하지 않습니다. 우리는 원자력, 수소, CCUS 및 기타 중요한 에너지원을 포함하여 가능한 모든 의미 있는 저탄소 및 무탄소 에너지 옵션을 포용해야 합니다. 이러한 포괄적인 접근 방식은 녹색 성장과 무탄소 연합의 원칙에 부합합니다. 한국은 뜻을 같이하는 국가들과 함께 무탄소 연합을 전 세계적으로 탄소 없는 에너지를 촉진하는 개방형 플랫폼으로 구축하는 것을 목표로 합니다.

저는 유엔이 주도하는 에너지 전환 특별회의에 참석해서 윤 회장의 '카본프리 동맹' 구상을 설명하기도 했습니다. 미국과 영국이 이 구상을 환영했고, 파티흐 비롤 국제에너지기구(IEA) 사무총장도 지지를 표명했습니다. 탄소 중립을 달성하기 위해 가능한 모든 조치를 취하는 것이 중요하다는 점을 인식한 아랍에미리트는 올해 말 두바이에서 COP28을 개최할 예정이며, 넷 제로 재생에너지 및 넷 제로 원자력 이니셔티브라는 특별 이니셔티브를 출범시킬 예정입니다. 아직 공식화되지는 않았지만, 저는 지난 10년간 한중일(한국, 일본, 중국) 협력 대화에 적극적으로 참여해오기도 했습니다. 최근 서울에서 열린 회의에서 중국과 일본 모두 탄소 중립이라는 목표에 동의한다는 입장을 표명했습니다. 일본은 탄소중립 동맹에 대해 120% 이상의 동의를 표했으며, 중국 전문가들은 우리의 노력에 있어 모든 의미 있는 항목을 고려해야 한다고 강조했습니다.

오늘의 컨퍼런스의 중요한 주제가 같은 내일을 위한 중요한 발걸음인데요. 저는 우리에게 상당한 진전, 즉 큰 발걸음이 필요하다고 굳게 믿습니다. 특히 저는 '그린 빅뱅'이라고 불리는 친환경 노력의 규모를 확대하고, 속도를 높이고, 수준을 높여야 한다고 생각합니다. '퍼스트 코리아'가 저희 탄소중립녹색위원회의 슬로건인데요, 간단히 말해서 한국의 신뢰할 수 있는 파트너십, 필수 불가결한 역량, 그리고 퍼스트 무버 정신을 갖추겠다는 목표입니다. 이러한 노력은 단순히 한국의 이익만을 위한 것이 아니라 지속가능한 미래를 위한 국제사회와 인류의 이익을 위한 것입니다. 감사합니다.

세션 III

디지털 혁신과 AI 혁명 속 금융서비스산업과 국제금융센터의 재편

좌장
유장희 이화여대 명예교수/前 동반성장위원회 위원장

기조연설
브라이언 브룩스(Brian Brooks) Partner, Valor Capital Group/
前 Acting U.S. Comptroller of the Currency/前 CEO, Binance USA
로버트 힐라드(Robert Hillard) Consulting Leader, Deloitte Asia Pacific

패널
전요섭 금융위원회 금융혁신기획단장
고든 리아오(Gordon Liao) Chief economist, Circle
레이 추아(Ray Chua) Managing Director, Fortwest Capital
김형중 한국핀테크학회 회장
류창원 하나금융경영연구소 실장

유장희 박사: 이번 세션의 주제는 '디지털 혁신과 AI 혁명 속 금융서비스산업과 국제금융센터의 재편'입니다. 오전에 조셉 스티글리츠 박사님께서 우리 모두가 여기저기서 벌어지는 전쟁, 주요 강대국 간의 패권다툼, 기후 변화, 금융 불안정 등 여러 가지 위기가 있는 세상에 살고 있다고 지적하신 바와 같이 현재 우리는 이러한 다중위기에 처해있습니다. 하지만 동시에 이러한 위기는 우리에게 기회가 되기도 합니다. 따라서 이번 세션에서는 우리가 성취할 수 있는 몇 가지 주요 기회에 초점을 맞추고자 합니다.

이제 기조 연설자분 두 분을 소개하겠습니다. 오늘 두 분 모두 실시간 온라인으로 참석하실 예정입니다. 첫 번째 연사는 미국 통화감독청장 대행을 지내신 Valor Capital Group의 파트너 브라이언 브룩스 대표입니다. 두 번째 기조 연설자는 딜로이트 아태지역 최고 전환 책임자 로버트 힐라드 리더입니다. 먼저 브라이언 브룩스 대표를 연결하겠습니다. 안녕하세요 대표님?

브라이언 브룩스 대표: 안녕하세요, 오늘 귀중한 자리에 초청해 주셔서 대단히 감사드립니다.

저는 미국의 은행 시스템의 규제 당국 및 예금보험공사 등에서 근무한 경력이 있는 만큼 제가 말씀드리는 많은 내용은 인공지능이 은행 감독 패러다임의 측면에 도전하는 방식과 그 패러다임이 사라진 후의 미래가 어떻게 펼쳐질지 제안하는 내용이 될 것입니다

그럼 먼저 현재 미국과 대부분의 G20 국가에서 은행 감독 패러다임이 어떻게 작동하는지 그 현황부터 말씀드리겠습니다. 금융 감독의 핵심은 사람과 기관의 고의 또는 과실 행위에 초점을 맞추는 경향이 있습니다. 즉, 대출이 부실해지거나 은행이 파산하거나 기관 내에서 잘못된 관

리가 발생할 경우 규제 당국이 누구의 목을 조를지 항상 파악해야 한다는 것입니다. 그런데 인공지능은 대량의 언어 또는 데이터에 대한 관찰을 기반으로 알고리즘을 학습하기 때문에 알고리즘 프로그래머가 구상한 방식대로 작동하지 않을 수 있습니다. 따라서 잘못을 저지른 사람이 없을 수도 있고, 의도적으로 위험하거나 불법적인 행동을 한 기관이 없을 수도 있습니다. 이는 은행 감독관에게 어려운 과제입니다.

금융 기관이 결정에 대한 이유를 제시할 수 있는 한 그 결정이 합법적이라는 생각은 AI가 도전하는 전통적인 금융 감독 프레임워크의 하위 구성 요소이기도 합니다. 금융 기관이 하는 가장 간단한 일을 생각해보면 신용을 승인하거나 거부하는 것입니다. 은행은 다양한 활동을 하지만 그 핵심은 대출 기관입니다. 전 세계 거의 모든 곳에서 금융 감독이 작동하는 한 가지 방식은 은행이 신용을 거부하거나 불리한 조건으로 신용을 제공하는 경우 그 이유를 알려야 한다는 생각에 기반합니다. 그리고 역사적으로 은행원은 그 이유를 알고 있었습니다. 소득 대비 부채 비율이 비정상적이거나 현금 보유액이 은행이 일반적으로 요구하는 금액보다 적다는 것을 알고 있었습니다. 인공지능이 이를 알려주면 고객은 그 결정을 정당한 것으로 받아들일 수 있었습니다.

하지만 AI 환경에서는 여러 가지 요인이 다른 많은 변수와 균형을 이루며 고려되기 때문에 거부의 이유가 한 가지만이 아닐 수도 있습니다. AI 알고리즘을 배포하는 기관은 모델의 예측력이 뛰어나다고 확신할 수 있어도 결과가 그렇게 나온 구체적인 이유를 명시하지 못할 수도 있습니다. 따라서 은행 시스템을 규제에 AI를 도입하고 활용하는 것은 매우 어려운 과제입니다. 오늘 저는 인공지능이 여러 가지 면에서 금융 시스템에 긍정적인 영향을 미치고 있다고 주장하고자 하지만, 동시에 현재 은행 규제 및 감독을 위해 우리가 가지고 있는 도구가 그 역할을 다하지 못하고 있으며, 오류가 있는 인간이 결정을 내릴 때처럼 시스템의 제약 위험을 완전히 식별하고 관리할 수 없을 것이라는 우려를 할 만한 실질적인 이유가 있는 것입니다.

제가 생각하는 AI가 활용되고 있는 핵심 분야에 대해 잠시 말씀드리겠습니다. 다시 말해 금융 서비스에서 AI가 상업적으로 가장 많이 활용되는 분야와 이러한 분야가 왜 매력적인지에 대해 언급하고자 합니다. 그런 다음 주요 리스크를 살펴보겠습니다. 긍정적인 이야기부터 시작하겠습니다. 여러 가지에 초점을 맞출 수 있지만, 저는 특히 AI가 시스템에 도움이 될 것이라고 믿는 매우 낙관적인 이유 세 가지에 집중할 것입니다. 첫 번째는 조금 전에 말씀드린 신용 분야입니다.

신용에 관해 흥미롭지만 다소 은밀한 비밀은 금융 기관에서 사용하는 신용 모델이 미래의 대출 상환을 예측하는 모든 측면을 완벽하게 포착할 수 없다는 것입니다. 실제로 세계 최고의 신용 예측 모델 중 일부는 실제 신용 실적의 약 60~65%만 포착합니다. 오늘날의 상황에서 이것이 의미하는 바를 생각해 보면, 우리가 사용하는 신용 모델이 채무 불이행이 발생할 수 있는 대출을 승인하거나 채무 불이행이 발생하지 않을 것이기 때문에 거절해서는 안 되는 대출을 거절하는 경우가 상당 부분 존재한다는 것입니다. 그리고 이 두 가지 모두 경제에 치명적인 손실을 초래합니다. 완벽한 세상이라면 상환할 수 있는 모든 대출은 상환되고, 불이행될 수 있는 모든 대출은 거절될 것입니다. 하지만 오늘날 사용되는 가장 정교한 수작업 신용 모델 하에서도 우리가 살고 있는 세상은 그렇지 않습니다. 인공지능은 이러한 환경에서 등장했습니다.

AI의 개념은 알고리즘이 대규모 대출 포트폴리오를 검토할 수 있다면 처음에 실적이 좋다고 생각했던 특정 대출이 그렇지 않게 되는 이유를 파악할 수 있다는 것입니다. 또한 반대 시나리오를 식별하고 이러한 결과의 상관관계를 파악하여 해당 대출을 승인하거나 거부하기 위해 원래 모델을 구축한 사람이 파악하지 못했을 수 있는 사항을 학습합니다. 그리고 결국에는 65%가 아닌 99%의 신용 성과 포착률까지 도달할 수 있습니다. 즉, 현재 거부된 대출을 포함하여 승인되어야 하는 모든 대출을 동시에 승인하고, 오늘 실수로 승인된 대출을 포함하여 실패할 수 있는 모든 대출을 거부할 수 있게 된다는 것입니다. 이를 통해 손실이 감소되어 경제적인 측면에서 분명한 긍정적인 영향을 미칠 것이라고 생각할 수도 있습니다.

하지만 여기에 대해서도 의도치 않았던 결과가 나타날 수 있습니다. 우리가 신용에서 중요하게 생각하는 것 중 하나는 대출은 인종, 성별, 소셜 네트워크, 배경 등과 같은 요소의 영향을 받지 않고 오로지 신용도를 바탕으로 이루어져야 한다는 것입니다. 하지만 부와 소득의 불균등한 분배 그리고 AI를 활용한 예측력이 뛰어난 신용 모델을 모두 갖춘 세상에서는 이러한 일들이 일어날 수 있습니다. 소수 인종, 성 소수자 또는 현재 대출 대상에서 제외된 사람들을 대출 대상에 포함시킴으로써 대출 승인을 받는 소외 계층의 절대적인 수를 늘릴 수 있을 것입니다. 하지만 동시에 근본적인 부와 소득의 불평등한 분배로 인해 이러한 그룹 간의 통계적 격차가 증가할 위험이 있습니다.

어떠한 생각이 드시나요? 잠시 후에 제가 더 자세히 살펴보겠지만, 핵심은 현재 신용 예측이 제대로 이루어지지 않고 있다는 것입니다. 글로벌 신용 시장은 세계 경제에서 가장 큰 부분을 차지하고 있으며, 부실을 제거하고 미래 상환에 따라 신용이 배분되도록 하는 모든 것은 경제적 이점과 잠재적인 사회적 혼란을 수반합니다. 우리는 긍정적인 면과 부정적인 면의 균형을 신중하게 맞춰야 합니다.

이제 AI 활용의 두 번째 핵심 분야로 넘어가겠습니다. 이는 지난 12개월 동안 발생한 일부 은행의 실패로 인해 규제 당국이 특히 주목하고 있는 영역이기도 한데, 거시적 예측과 관련이 있습니다. 신용 모델과 AI가 미시적 예측, 즉 이 사람이 대출금을 갚을 수 있을지 없을지를 예측하는 것이라면 은행 시스템 자체를 다루는 것은 거시적 예측, 즉 금리 환경이 어떻게 될 것인가, 은행 대차 대조표에 있는 증권 포트폴리오와 기타 자산의 평가는 어떻게 될 것인가에 대한 질문입니다. 은행은 개별 신용 실적을 관리할 뿐만 아니라 전체 대차 대조표를 관리해야 하기 때문에 이는 매우 중요합니다.

최근의 은행 부실이 드러난 사건 가운데 가장 유명한 6개월 전에 일어난 실리콘밸리 은행 실패 사건을 떠올려보면, 은행의 신용이 나빠서 실패한 것이 아니라는 사실을 상기할 수 있습니다. 거시 환경을 부정확하게 예측하여 대차대조표에 만기가 긴 저금리 자산을 많이 보유하고, 부채 측면에서는 만기가 짧은 고금리 예금을 많이 보유하고 있었기 때문에 파산에 이르게 된 것입니다. 과거 금리 환경을 학습한 인공지능이 한 중견 은행의 개별 관리자보다 채권 시장과 통화 정책에서 일어날 일을 더 잘 예측할 수 있습니다. 따라서 위험한 개별 대출을 피하는 데 도움이 됨과 동시에 금리 리스크의 영향을 많이 받는 대차대조표를 관리하는 데도 도움이 될 수 있습니다. 이는 AI가 은행 내부의 운영 방식을 실질적으로 변화시킬 수 있는 또 다른 활용 영역입니다.

마지막으로 말씀드릴 세 번째 영역은 사기 탐지와 관련된 것입니다. 금융 시스템에서 일어나는 가장 중요한 일 중 하나는 자금 세탁 및 기타 사기에 금융을 이용하는 것입니다. 이는 의도적인 것은 아닐지라도 예금을 받거나 대출을 하거나 결제 처리에 관여하는 사람이라면 누구나 예상할 수 있는 부산물이기도 합니다. 현재 글로벌 금융 시스템의 사기 탐지 시스템은 매우 수동적이며, 개별 은행 직원이 특정 정책이 트리거 되었다고 판단할 때 개별 금융 기관이 의심스러운 활동 보고서(SAR)를 제출하는 방식입니다. 그런 다음 정부 및 법 집행 기관에서 이러한 SAR에 대한 후속 조치를 취하거나 취하지 않는 결정을 내립니다.

지난 2~3년간의 다양한 스캔들을 통해 알게 된 사실은 현재의 수동적 보고 활동 환경이 거짓된 긍정적 판단(false positives)로 가득 차 있다는 것입니다. 대부분의 SAR가 실제로 사기를 나타내지는 않지만, SAR의 양이 너무 많아서 실제 사기를 탐지하는 것이 거의 불가능합니다. 이는 마치 거대한 지푸라기 더미에서 바늘 몇 개를 찾는 것과 같습니다. 이것이 바로 문제입니다. 따라서 AI로 상관관계 분석을 통해 지푸라기 더미는 잊고 바늘에만 집중할 수 있는 솔루션을 구축한 상업용 AI 제공업체들이 많이 생겼습니다. 이 분야에서 제가 가장 좋아하는 스타트업 중 하나는 대량의 거래 데이터와 사내 외 이메일 및 메시징 데이터를 분류할 뿐만 아니라 여행 기록이나 캘린더 항목 등의 상관관계와 행동 패턴을 살펴봄으로써 불량 행위자를 찾아낼 수 있는 알고리즘을 보유하고 있었습니다.

한 유명한 사례로, 한 AI 기반 사기 탐지 스타트업은 은행에서 근무하는 동안 한 번도 함께 캘린더에 초대를 받은 적이 없는 두 사람이 두 차례에 걸쳐 점심 약속을 잡았다는 사실을 파악하여 사기의 근원을 밝혀낼 수 있었습니다. 알고보니 두 사람은 은행에서 돈을 훔치기를 공모한 것으로 밝혀졌습니다. 패턴 인식 예측 없이 만약 수동적 방식에 의존했다면 이 두사람을 포착할 가능성이 거의 없었을 겁니다.

앞서 세가지 분야의 AI 활용을 살펴보았는데 이는 AI가 현존하는 금융 운영 방식을 크게 변화시키고 있는지, 금융 컴플라이언스 시스템에 어떤 긍정적인 영향을 미치는지를 보여줍니다. 이제 저는 이러한 활용과 관련된 위험 요소에 대해서도 간략히 살펴보고자 합니다. 안타깝게도 이 강연을 준비하면서 제가 생각해낸 위험 요소의 목록은 긍정적인 요소의 목록보다 훨씬 더 길었습니다. 따라서 우리는 이 모든 것을 매우 심각하게 받아들여야 합니다.

첫 번째 위험 영역은 모델 리스크 관리와 관련이 있습니다. 여기 계신 대부분의 분들은 은행이 신용 인수 뿐만 아니라 기관 내부의 다른 많은 의사 결정에 재무 모델을 사용할 수 있는 능력에 매우 크게 의존하고 있다는 사실을 알고 계실 것입니다. 은행 규제 당국은 모델을 사용하려는 경우 모델 리스크 관리를 통해 모델이 차입자 또는 다른 사람의 미래 행동과 같이 측정하려는 예측 리스크에 잘 맞도록 해야 한다고 규정하고 있습니다. 그러나 모델 리스크 관리에 관한 규칙은 리스크 책임자가 이끄는 위원회가 리스크에 기여하는 요소와 이러한 리스크를 관리하는 방법에 대해 개별적으로 판단하던 시절에 만들어졌습니다. 그런데 AI 환경에서는 대량의 비정형 데이터를 통해 학습하기 때문에 AI의 장점과 단점이 모두 분명합니다. 한편으로는 현재의 AI 모델이 이전의 수동 모델보다 예측력이 더 뛰어나다고 주장할 수 있습니다. 하지만 그 이유를 설명할 수 없고 이러한 모델 적합성이 미래에도 지속될 것이라고 확신할 수 없다면 규제 당국은 모델이 관리하고자 하는 리스크가 적절하게 처리되고 있다고 믿기 어려울 것입니다. 규제 당국은 결과 뿐만 아니라 그 이유를 알고 싶어 하는데, 이는 모든 학습 모델에 내재된 문제이자 AI의 본질적인 문제입니다. 이것이 하나의 위험 영역입니다.

두 번째 위험 영역은 매우 명백한데 개인 정보 보호에 관한 것입니다. AI 모델은 데이터 세트에 대한 학습을 통해 작동하며, 이 데이터 세트는 논의 중인 AI 유형에 따라 대량의 거래 데이터로 구성되는데, 여기에는 사용자가 동의하지 않았을 수 있는 거래 데이터도 포함될 가능성이 있습니다. 대규모 언어 모델이 포함될 수 있으며, 저작권이 적용될 수 있는 사람들이 작성한 글이나 사람들이 프라이버시 보호를 기대하며 작성했을 수 있는 이메일 등도 포함될 수 있습니다. 모델에 포함되는 데이터와 관련된 모든 사람의 동의를 얻는 것은 매우 어렵습니다. 그런데 문제는 AI

알고리즘이 해당 모델을 학습할 때 출력은 입력 데이터에 크게 의존하게 되며, 이는 해당 목적으로 데이터가 사용된 모든 사람에게 영향을 미칩니다. 세 번째 항목인 데이터 보안과 마찬가지로 개인정보 보호를 보장하는 것은 주요 규제 과제입니다.

모든 기관은 시스템 내에 저장된 데이터의 보안 관리를 위한 규정을 따르게 되어 있습니다. 그러나 AI 알고리즘을 그 데이터에 적용할 경우, AI 알고리즘 자체는 비활성화된 데이터나 비구조화된 데이터만큼 통제 가능하지 않을 수 있습니다. 모델이 의사결정에 사용되기 때문에, 모델과 그 출력물을 해킹하면 그 알고리즘에 입력된 데이터의 역설계를 할 수 있는 가능성에 대한 우려가 제기됩니다.

이제 네 번째 리스크 주제인 정부에 대해 말씀드리겠습니다. 오늘 제가 말씀드린 거의 모든 내용은 금융 기관뿐만 아니라 모든 기업이 다양한 정부 표준을 준수해야 하는 이유입니다. 책임 소재가 분명한 경영진이 필요합니다. 권한이 명시된 헌장이 있는 위원회가 있어야 하고, 위임 정책과 이사회가 있어야 신뢰할 수 있는 도전으로부터 보호할 수 있습니다. 문제는 이러한 개념 중 어느 것도 AI 봇에 의한 자동화된 의사 결정의 세계에서는 동일한 비중을 차지하지 않는다는 것입니다. 개인이나 집단에 의해 결정되지 않고 예측 요인에 따라 의사 결정을 내리는 인공지능이 실제로 존재한다면 거버넌스라는 개념이 무슨 의미가 있느냐는 질문이 제기됩니다. 다시 한 번, 우리는 세상이 작동하는 방식에 정신적인 변화만 가져오는 것이 아니라는 도전적인 역설에 직면하게 됩니다.

제가 여기서 다루고자 하는 마지막 리스크 문제는 규정 준수, 특히 소비자 규정 준수와 관련이 있습니다. 이는 조금 전에 언급한 신용 및 대출과 관련된 문제를 심도 있게 다루며, 본질적으로 다음과 같은 질문을 던집니다. 모델이 올바른 결정을 내리고 있다고 확신하지만, 그 결정이 불편한 진실을 드러내는 상황에 대해 우리는 어떻게 생각하나요? 예를 들어, 차별이나 불평등에 대한 진실이 드러나는 경우입니다. 모델이 올바른 결정을 내리고 있다고 믿지만 그 결정의 이유를 명확하게 설명할 수 없거나 그 결정의 이유가 예측 가능하지만 불편한 경우, 우리는 어떤 기분이 들까요?

대표적인 예로 신용 성과가 소셜 네트워크와 밀접한 상관관계가 있다는 것을 알 수 있습니다. 대출을 연체한 친구가 많은 사람은 다른 모든 조건이 동일할 때 대출을 연체한 친구가 없는 사람보다 대출을 연체할 가능성이 훨씬 더 높은데, 이는 우리가 의무를 다하는 이유 중 하나가 사회적 낙인이기 때문입니다. 그렇다면 소셜 네트워크가 신용 성과를 예측할 수 있는 것으로 밝혀진다면, 우리 사회는 예측 가능하기 때문에 이 요소를 고려해도 괜찮다고 생각할까요? 아니면 이웃이 대출을 연체했다는 이유만으로 신용을 얻으려는 사람들에게 불공평하거나 불공평해 보이기 때문에 예측력이 낮은 모델을 사용해야 할까요? 이러한 질문은 아직 공개적으로 다루어지지 않은 어려운 문제이며, 앞으로 은행가와 규제 당국의 커뮤니티로서 우리 사회가 해결해야 할 문제입니다.

미국이 아직 이 문제를 제대로 해결하지 못했지만, 이번 주에 바이든 행정부가 인공 지능에 관한 행정 명령을 발표했기 때문에 이 논의의 타이밍은 매우 적절하다고 말하면서 마무리하겠습니다. 이 행정명령은 이번 세션에서 포괄적으로 다루기에는 너무 많은 영역을 다루고 있습니다. 이 행정명령의 많은 부분이 제가 여기서 언급한 사회 정의 문제를 다루기 위해 고안된 것이기 때문에 사람들이 이 행정명령의 헤드라인을 살펴볼 것을 권하고 싶습니다. 대부분의 내용은 AI가 정확하더라도 차별을 야기하는 경우 AI를 사용하고 싶지 않다는 내용입니다. 따라서 매우 생산적인 신용 모델이 인종 격차를 악화시킨다면, 예측력이 높은 신용 모델보다는 예측력이 낮은 신용 모델을 사용하는 것이 낫다고 제안하는 경향이 있습니다. 이는 사회가 용인할 수 있는 올바른 선택일 수 있지만, 바람직한 결과는 아닙니다.

몇 달 전 미국 소비자금융보호국이 발표한 예측 분석 규칙 제정안에서도 비슷한 상황을 목격했습니다. 미국의 여러 금융 규제 기관 중 하나인 소비자금융보호국(CFPB)은 신용에 대한 예측력이 뛰어난 AI 모델이 있더라도 해당 모델이 특정 사례에서 신용을 거부한 구체적인 이유를 파악할 수 없다면 수동 모델로 되돌아가야 한다는 입장입니다. 여기서 가장 중요한 원칙은 신용 예측 능력뿐만 아니라 이유를 명확히 설명할 수 있는 능력입니다. 자유 시장 민주주의에서는 공정성을 위해 이유를 제시할 수 있어야 하는데, AI의 특징 중 하나는 다양한 소스로부터 학습하기 때문에 거의 모든 결정에 대해 하나의 이유를 찾아내기가 어렵다는 것입니다.

여기서 제 발언을 마치겠습니다. 제가 강조하고자 하는 요점은 AI가 금융 규제의 기본 패러다임에 대한 도전을 제기한다는 점이며, 이는 단순한 점진적 변화가 아니라는 것입니다. 경제적 성과와 사회정책 간의 상충 관계를 정부가 제대로 고민할 필요가 있지만 아직 전 세계적으로 이러한 노력은 제대로 이뤄지지 않고 있습니다. 오늘 초대해 주셔서 감사합니다. 매우 영광이었습니다.

유장희 박사: 훌륭한 기조연설 정말 감사합니다. 은행 및 금융 분야에서 AI의 장점과 단점을 요약해 주셨습니다. 데이터, 모델링, 보안, 거버넌스, 규정 준수 등 다양한 측면에서 AI 활용의 위험과 불확실성에 대해서도 생각해볼 수 있는 시간이었습니다. 정말 감사합니다. 이제 다음 기조연설자 로버트 힐라드 딜로이트 리더님을 모시겠습니다.

로버트 힐라드 리더: 초대해 주셔서 정말 감사드립니다. 현장에 직접 참석하지 못해 아쉽지만, 이렇게 온라인으로 실시간 참여할 수 있어 영광

입니다.

앞서 기조연설을 해주신 브라이언 브룩스 대표님의 훌륭한 견해를 바탕으로 저는 오늘 세션 주제인 "디지털 혁신과 AI 혁명 속 금융서비스산업과 국제금융센터의 재편" 관련 기회에 초점을 맞추어 말씀드리도록 하겠습니다. 우선 이에 앞서 중요한 세가지를 먼저 말씀드리겠습니다. 첫 번째는 앞서 브룩스 대표가 많은 시간을 할애하여 말씀하셨듯 AI는 알고리즘이라는 점을 다시 한 번 짚어보겠습니다. 보험, 투자, 은행 등 금융 산업에서 우리는 알고리즘에 매우 익숙하며, 브라이언이 강조한 것처럼 블랙박스 알고리즘에 대해 당연히 긴장하고 있습니다. AI는 궁극적인 블랙박스 알고리즘입니다.

두 번째는 기술이 빠르게 진화하고 있다는 점입니다. 기술은 정적인 것이 아닙니다. 오늘 우리가 논의하는 내용은 3개월 후 혹은 6개월 후에 구식이 될 것입니다. 규제 기관과 더 넓은 커뮤니티도 이를 활용하는 방법을 매우 빠르게 배우고 있습니다. 세 번째는 하나의 도구에 대해서만 이야기하는 것이 아니라는 점입니다. 우리는 시장에서 빠르게 통합되고 점점 더 전문화되고 있는 제품과 도구의 전체에 대해 이야기하고 있습니다. 공급업체들은 매달 새로운 애플리케이션과 목적을 가진 제품을 출시하고 있습니다. 이러한 제품들의 적용 범위가 좁아지면서 여러 가지 면에서 외부에 매개변수를 설정하고 원하는 보호 및 목표를 설정하기가 더 쉬워졌습니다. 하지만 이는 지금 설정한 규정과 규칙이 1년, 2년, 3년 후는 고사하고 1, 2, 3개월 후에도 구식이 될 수 있다는 뜻이기도 한데 바로 이 부분이 문제입니다.

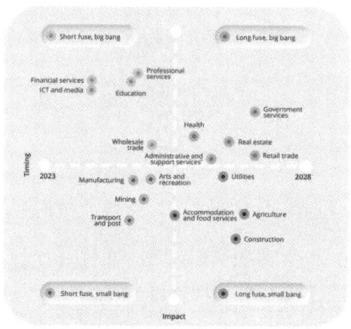

딜로이트는 최근 아시아 태평양 지역에서 산업별 AI의 경제적 영향에 대한 연구를 수행했습니다. 슬라이드에서 보시는 바와 같이 가로 축에서는 현재를 맨 왼쪽에, 5년 후를 맨 오른쪽에 표시하여 영향이 미치는 기간을 조사했습니다. 세로축에서는 영향의 규모를 평가하여 영향이 가장 클 것으로 예상되는 분야를 파악했습니다. 흥미롭게도 금융 서비스, IT, 미디어가 가장 즉각적이고 실질적인 영향을 받는 세 가지 산업으로 나타났으며, 제가 속한 전문 서비스 분야가 그 뒤를 잇는 것으로 나타났습니다. 이 결과는 그리 놀랍지는 않습니다.

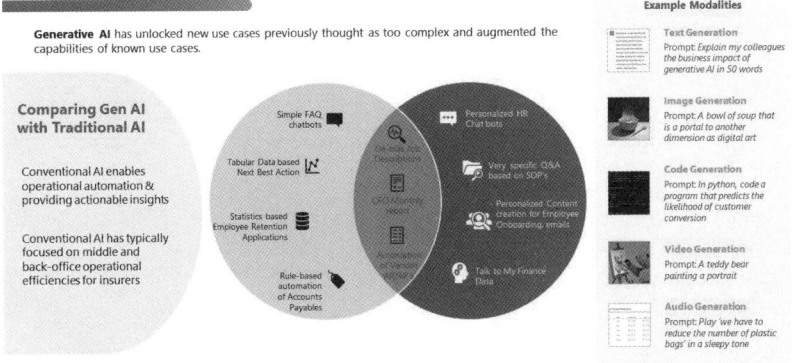

우리는 AI라는 약어를 사용하지만, 사실 오늘 이 자리에서 우리는 최신 버전인 생성형 AI에 대해 논의하고 있습니다. 이 용어는 특히 작년에 OpenAI가 ChatGPT를 일반 시장에 출시한 이후 더 많은 대중에게 폭발적으로 퍼졌습니다. 물론 그 이전에도 이 기술은 등장하고 있었지만, 갑자기 훨씬 더 많은 사람들이 일반적으로 사용하고 실험할 수 있는 제품이 출시되었다는 점에서 새롭습니다. 사람들이 갑자기 그 잠재력을 깨닫게 된 것이죠. 차선책, 힌트 또는 서비스 제안을 제공하는 비교적 단순한 채팅창과 고객 관계 시스템에 익숙했던 AI의 세계로부터 전환하고 있다는 사실을 인식한 것입니다.

우리는 고급 분석만큼이나 데이터에 대한 기본적인 인사이트에 익숙해져 있었습니다. 그러다가 AI가 거의 인간과 동일한 텍스트와 응답을 생성할 수 있는 시대로 접어들었습니다. AI는 질문과 답변에 적응하여 대화를 이어갈 수 있습니다. 또한 시간이 지남에 따라 복잡한 구축 작업에서 인간을 보조할 수 있으며 코드, 그래프, 인사이트를 생성하고 미래를 위한 조직을 설계할 수도 있습니다.

A brief future with Generative AI

NOW Generative AI **accelerates** business as usual	**IF** Business can find a way to mitigate risk with as-of-yet unreliable technology	**CONTENT GENERATION TIMES ARE ACCELERATED** Major advances in language processing and multimodality accelerate select activities, such as copywriting, UI/UX design, and content editing. The technology is nascent and still requires major human oversight. Questions on risk and veracity require humans to double-check outputs, accelerating but not automating development
NEW Generative AI **automates** minor activities	**IF** Question on accountability ownership, and security are resolved	**INNOVATION & INTEGRATION ENABLE TRUE AUTOMATION** Continued innovation will reduce the need for human oversight. AI will be able to predict human reactions and generate high-fidelity, verifiable, and trustworthy content, and will integrate with other tools (e.g., email, calendars) to impact business as usual, as described in *The Implications of Generative AI for Business*. The value to business will be maximized when clear regulations are set.
NEXT Generative AI **augments** the human workforce	**IF** The public and regulators can understand the evolving role of humans in the workforce	**TRUE AUGMENTATION IS THE ULTIMATE FRONTIER** Co-development of technologies such as neural interfacing and quantum computing will allow gen AI to tackle complex problems such as drug design, advanced simulations, and creative automation. As more companies go all-in on AI, humans will regularly rely on AI as a virtual teammate rather than a tool, provided clear guardrails are in place to ensure health and safety.

　이제 앞서 설명한 짧은 관점, 빅뱅의 영향을 세 가지 지평으로 분류할 수 있습니다. 첫 번째 지평은 현재이며, 현재 우리가 생성형 AI를 사용할 수 있는 분야입니다. 우리는 이미 기술로 수행하고 있는 활동, 즉 어느 정도의 정교함과 복잡성이 필요한 활동을 가속화할 수 있습니다. 예를 들어, 코드를 생성할 때 AI를 사용하여 코드와 로직의 중요한 블록을 지원할 수 있습니다. 인사이트, 분석 및 프레젠테이션 자료를 생성하는 작업의 속도를 높일 수 있습니다. 또한 복잡하지만 신중하고 사람이 직접 처리해야 하는 고객의 질문에 답하는 작업도 AI를 통해 그 속도를 높일 수 있습니다. 하지만 이 시기를 놓치면 앞서 브라이언이 강조한 것처럼 리스크가 매우 커집니다.

　다음 지평은 사소한 업무의 자동화와 관련이 있지만, 금융 서비스의 경우 이러한 사소한 업무가 큰 영향을 미칠 수 있습니다. 모기지 대출을 예로 들어보겠습니다. 전 세계 은행들은 수년 동안 이러한 프로세스를 자동화해 왔지만, 오늘날에도 약 50%의 사례들이 사람의 손길이 닿지 않은 채 처음부터 끝까지 진행됩니다. 복잡한 프로세스를 조금 자동화하는 것만으로도 이미 거의 자동화된 프로세스를 원활하게 하고 기하급수적인 영향을 미칠 수 있습니다. 그러나 책임 문제를 해결하고, 보안을 강화하며, 악의적인 행위자가 프로세스에 진입하는 것을 방지하는 것은 반드시 해결해야 할 과제입니다.

그리고 지평선 너머로 우리는 실제 인간과 함께 일하는 디지털 인간, 즉 증강 인력이라는 정말 용감한 새로운 세계를 바라보기 시작했습니다. 디지털 FDA는 전통적으로 사람이 전적으로 수행하던 사무직 업무를 실제로 기계가 수행하도록 하는 것입니다. 이 시점에서 우리는 강력한 규제적 관점을 가져야 합니다. 또한 사회적 관점도 마련해야 합니다. 전 세계적으로 노동의 사회적 목표, 즉 노동시간 단축에 대해 많은 논의가 이루어지고 있습니다. 많은 나라에서 주 4일 근무를 잠재적인 목표로 삼아 논의하고 있습니다.

하지만 지난 50년간의 IT와 자동화를 통해 얻은 교훈은 기술을 통해 생산성과 사회적 편익을 모두 얻을 수 있는데도 불구하고 쉽게 얻어지지 않는다는 것인데, 일반적으로 우리는 이러한 이득을 낭비하고 새로운 기능으로 전환하기 때문입니다. 그 혜택이 반드시 우리가 원하는 사람들에게 돌아간다고 말할 수도 없습니다. 규제 당국, 정부, 사회가 집중해야 할 부분은 바로 이 부분입니다. 의도적으로 자동화의 이점을 취해 1인당 근무 시간을 줄여야 할까요? 아니면 다른 방식으로 생산성을 실현하는 것이 좋을까요? 이는 중요한 질문입니다.

Generative AI and Financial Services

The vision with Generative AI is multifaceted. The incorporation of Generative AI could be the enabling tool that allows FSI enterprises to fully transition from a product-centric to customer-centric approach, using AI to enhance and invigorate customer lifecycle management.

Benefits of incorporating Generative AI are far reaching and can contribute to...

OVERCOMING DATA CHALLENGES
FSI is data-intensive, creating challenges for operational efficiency.
FSI has made progress with AI and ML, which can be further accelerated using Generative AI.

UNLOCKING VALUE AND DIFFERENTIATION
Generative AI in FSI is more than just a downstream application.
It is a part of a constellation of models, where outputs from one model inform the others.
This integrated approach helps drive differentiation and value.

CUSTOMER-CENTRIC TRANSFORMATION
When integrated with analytics, Generative AI enables personalization, driving business growth and enhancing customer experience.
It leads to enhanced customer lifecycle management.

ACCELERATING DIGITAL TRANSFORMATION
By leveraging new data Generative AI enables rapid model development and tuning.
It also generates insightful reports and analyses.
Result is digital transformation through which time, cost, and risk are reduced.

금융 산업의 경우, 앞서 이야기한 큰 문제들을 해결할 수 있다면 AI 활용 혜택이 즉각적으로 나타나는 것은 당연한 일입니다. AI는 데이터 집약적인 산업에서 특히 잘 작동하며, 금융만큼 데이터 집약적인 산업은 없기 때문입니다. 또한 AI는 제품과 서비스에 대한 다양한 경로를 제공할 수 있는 기회가 있는 곳에서도 잘 작동합니다. AI는 대량 표준화를 유지하면서 대량 맞춤화를 달성할 수 있게 해줍니다. 이것이 바로 AI를 활용해 달성할 수 있는 금융 서비스의 풍부한 확장 가능성이자 목표 영역입니다.

Summary for AI Regulation Development Worldwide

	Australia	Japan	China	Hong Kong	South Korea	Singapore	Malaysia	Vietnam	Philippines	Thailand	Indonesia
Comprehensive AI legislation	✗	✗	✓	✗	✓	✗	✗	✗	✓	✗	✗
AI guidelines & initiatives	✓	✓	✓	✓	✓	✓	✓	✓	✓	✓	✓
Relevant release name and release date	1. AI Ethics Framework (2019) 2. AI Action Plan (2021) 3. CSIRO's Responsible AI Network (2023)	1. Governance Guidelines for Implementation of AI Principles (Jan 2022) 2. Social Principles of Human-Centric AI (2019)	1. Generative Artificial Intelligence Service Management Measures 2. Guidelines on Next Generation Artificial Intelligence Development Plan (2017)	1. High-level Principles on AI Regulation by HKMA (2019) 2. Guidelines on Online Distribution and Advisory Platforms (2019)	1. The Act on Promotion of AI Industry and Framework for Establishing Trustworthy AI (AI Act)	1. MAS FEAT Principles for AI guideline (2018) 2. National Artificial Intelligence Strategy (2019) 3. Veritas Initiative (2021)	1. Malaysia National Artificial Intelligence Roadmap (2021)	1. Introducing regulatory framework for a program for national digital transformation by 2025 with orientations towards 2030 2. Ministry of Information and Communication (MIC) requests comments on draft AI and big data standard	An Act (ACT) establishing a regulatory framework for robust, reliable, and trustworthy development, application, and use of Artificial Intelligence (AI) systems, creating the Philippine Council on Artificial Intelligence, delineating the roles of various government agencies, defining and penalizing certain prohibited acts (May 2023)	Thailand National AI Strategy (2027)	1. National Strategy for Artificial Intelligence (Stranas KA 2020)
Relevant regulatory body(s)	1. Department of Industry, Science and Resources	1. Ministry of Economy, Trade, and Industry (METI)	1. National New Generation AI Governance Special Committee, Cyberspace Administration of China	1. Hong Kong Monetary Authority 2. Securities and Futures Commission	1. Broadcasting and Communications Committee of Korean National Assembly	1. Monetary Authority of Singapore	1. Ministry of Science, Technology & Innovation of Malaysia		Calling for AI-specific regulatory body	National Electronics and Computer Technology Center (NECTEC), National Science and Technology Development Agency	National Research and Innovation Agency (BRIN) 2. AI and Cybersecurity Research Centre
Date for compliance			Generative Artificial Intelligence Service Management Measures finalised in Aug 2023		AI Act passed on Feb 2023. Entering final vote				Legislation on AI (ACT) raised in May 2023		

생성형 AI를 잘 활용하면 고객을 중심에 두고 고객을 중심으로 비즈니스를 혁신할 수 있습니다. 디지털 트랜스포메이션의 많은 목표를 진정으로 실현하려면 모두가 동일한 규칙을 따라야만 가능합니다. 이번 주는 미국 바이든 대통령이 행정명령을 발표하는 등 AI 규제에 있어 중요한 한 주였습니다. 하지만 아시아 태평양 지역을 살펴보면 전반적으로 이 분야에서 많은 활동이 있었지만, 논의의 흐름은 현저히 일관적이지 않았습니다.

규정과 법률이 보통 5년 단위로 운영되는 반면, 현재 우리는 5개월 단위로 일해야 한다는 점을 인식해야 합니다. 우리는 앞으로 몇 년 동안 나타날 기회와 학습을 바탕으로 지금 우리가 시행하고 있는 것들을 바꿀 준비가 되어 있어야 합니다. 그렇다면 우리는 어디로 가야 할까요? 아마도 5개월 후, 아니 5년 후 우리 조직이 얼마나 근본적으로 달라질지 이 자리에 있는 우리 모두가 생각해 보아야 합니다.

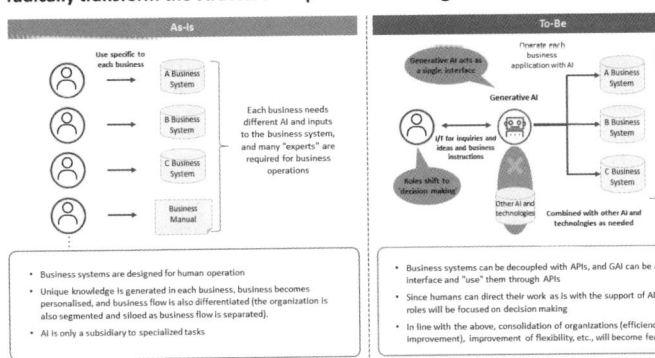

오늘날 우리는 업계 최고의 전문가들과 함께 다양한 시스템을 조율하기 위해 노력하고 있습니다. 이러한 전문가들은 일반적으로 어떤 시스템을 사용할지, 어떤 시스템이 기록 데이터를 보유하고 있는지, 어떤 시

스템이 개별 고객이나 문제 해결에 필요한 제품과 서비스를 제공하는지 판단하는 데 능숙합니다. 앞으로는 이러한 전문가들이 생성형 AI의 통합을 통해 데이터의 위치, 서비스의 위치, 미래의 제품 위치를 파악하는 전문가로 거듭날 것입니다. 이러한 변화를 위해서는 접근 방식의 완전한 전환이 필요합니다. 감사합니다.

유장희 박사: 감사합니다 힐라드 리더님. 훌륭한 발표였습니다. 마지막 부분에서 AI 규제에 관해 정확성, 효과성, 미래 적응성을 모두 갖춰야 한다고 강조하셨습니다. 전적으로 동의합니다. 이제 패널토론으로 넘어가겠습니다. 세션 주제 관련 패널 분들의 말씀을 차례로 듣겠습니다. 첫 번째는 전요섭 금융위원회 금융혁신기획단장님 모시겠습니다. 말씀해 주시기 바랍니다.

전요섭 단장: 감사합니다. 저는 현재 금융위원회에서 금융혁신 업무를 담당하고 있는데, 요즘 금융권에서 가장 주목받는 혁신 중 하나가 바로 AI입니다. 그렇다면 AI가 금융시장에 어떤 영향을 미칠 것이며, 이러한 이해를 바탕으로 AI의 힘을 어떻게 활용할 수 있을지가 저희의 핵심 미션입니다. 물론 금융 분야는 숫자에 의해 움직입니다. 많은 의사결정이 숫자에 기반하고 있고, 규제 기반의 의사결정을 하기 때문에 AI를 도입되고 활용되기 쉬운 분야라고 생각합니다.

실제로 지금도 많이 쓰이고 있습니다. 은행은 이미 대출 심사에 AI를 활용하고 있으며, 리스크 관리를 위한 신용 점수 시스템에도 AI를 적용하고 있습니다. 마찬가지로 마케팅 부문에서도 AI가 활용되고 있습니다. 보험사도 마찬가지로 심사를 하고 고객에게 맞춤형 서비스를 제공하는 등 AI를 활용하고 있습니다. 은행과 보험사 모두 일반 사무 업무 및 소비자의 접점에서 AI를 많이 활용을 하고 있습니다. 예를 들면 로봇 어드바이저와 챗봇입니다. 그렇다면 AI의 활용이 전체 금융 시장에 어떤 영향을 미칠까요?

　긍정적인 측면과 부정적인 측면 둘다 존재한다고 생각합니다. 먼저 긍정적인 측면을 살펴보면, AI는 방대한 양의 데이터를 처리할 수 있는 능력을 갖추고 있어 생산성과 효율성을 향상시킬 수 있습니다. 두 번째 긍정적인 측면은 고객 접점과 관련이 있습니다. AI는 빅데이터를 분석해 고객 개개인의 취향을 정확하게 파악할 수 있기 때문에 고객에게 맞춤형 서비스를 제공할 수 있고, 이를 통해 고객이 선택할 수 있는 폭이 넓어집니다.

　하지만 AI 활용에 있어 부정적인 측면도 있습니다. 저희 연구소는 최근 거시적 측면과 미시적 측면을 모두 살펴보는 데 집중하고 있습니다. 미시적 관점에서 개인, 금융회사 또는 개발자는 특정 문제에 직면할 수 있습니다. 예를 들어, 데이터의 신뢰성과 보안은 AI의 부정적인 측면으로 여겨질 수 있습니다. AI는 역시나 컴퓨터를 활용한다는 점에서 보안성 측면에서 문제가 생길 수 있습니다.

　신뢰성 측면에서는 AI에 들어가는 방대한 양의 데이터가 과연 신뢰할 만한 데이터인지에 대한 의문이 생깁니다. 블랙박스를 거쳐서 나오는 데이터를 정말 신뢰할 수 있는가? 블랙박스는 어떻게 처리되는 것인가? 이런 질문에 대해 모두 설명하기는 어렵습니다. 그래서 설명가능한 AI가 앞으로 중요합니다.

　거시적인 측면에서의 문제에 대해서도 고민해야 합니다. 바로 AI가 금융 시스템의 안정성에 영향을 미칠 수 있다는 것입니다. 그렇기에 AI의 세가지 특성을 살펴볼 필요가 있다고 지적을 하고 있습니다. 첫째는 획일성(uniformity), 둘째는 네트워크가 서로 밀접하게 연결되어 있다는 특성, 셋째는 규제의 공백입니다.

AI는 빠르게 발전하고 있지만 규제와 전반적인 제도적 틀은 현재 그 속도를 따라가지 못하고 있습니다. 이러한 전체적인 문제들을 거시적인 관점에서 봤을 때 이러한 문제들이 합쳐져서 금융시스템에 리스크를 가져올 수 있다고 지적을 하고있습니다. 그래서 이러한 측면에서 AI가 활용되는 금융시스템 전체를 조망할 수 있는 시각이 필요합니다. 제가 이 분야에서 오랫동안 일한 것은 아니지만 금융권에서는 이미 오래전부터 AI를 사용해 왔고, 주의해야 할 점과 지원해야 할 부분을 다루기 위한 가이드라인을 만들고자 준비를 해오 고있습니다.

예를 들어, 우리나라 전체적으로 보면 데이터 3법이라고 해서 데이터를 활용하는데 있어 개인정보 보호법 위주의 세 가지 기본적인 법률이 있습니다. 금융 분야에는 신용정보법이 있습니다. 신용정보법이 데이터 관련된 어떤 업무를 하기 위해 기반을 바꾸는 쪽으로 개정이 됐습니다. 그 이후로 저희가 금융 분야에서 AI를 활용할 수 있는 가이드라인과 금융 분야에서 개발을 할 수 있는 안내서도 꾸준히 2021년 이후부터 만들어 오고 있습니다

마무리를 하자면 지금 이제 국제적으로도 AI가 이게 논의가 되고 있지만 각 나라마다 상황은 다른 거 같습니다. 기술적으로 앞선 나라들은 좀 자율적인 규제로 가고자 하는 것 같고 기술적으로 후진 국가들은 강력한 규제를 하자고 합니다. 각국의 입장 차이가 있는 것 같습니다. AI와 금융 분야의 접점 관련해서는 사실 금융 분야에 미치는 파급력이 클 것이기 때문에 이 부분에 대해서 어떤 규제를 할 것인가에 대해 심각하고 신중하게 접근을 해야 된다고 생각합니다. 필요한 규제는 도입을 해야 되지만 저희가 어떤 방식으로 AI에 대한 규제를 도입할 것인가에 대해서는 신중한 결정을 통해서 그 방식을 채택해야 될 것이라고 봅니다. 감사합니다.

유장희 박사: 네, 말씀 감사합니다. 다음으로 벤처 캐피탈리스트로 실리콘밸리에서 활동하고 있는 레이 추아씨께서 발언해 주시겠습니다.

레이 추아 MD: 안녕하세요, 먼저 저를 패널로 초대해 주셔서 감사드리며, 성공적인 행사를 개최하게 된 것을 축하드립니다. 제 직업에 대해 조금 설명해 드리겠습니다. 저는 벤처캐피털 투자자입니다. 제가 근무했던 리빗 캐피털은 실리콘밸리에 있는 핀테크 전문 벤처캐피털로, 전 세계 핀테크에 투자하고 있습니다. 이 회사는 2012년에 설립되었는데, 당시에는 스마트폰이 매우 새로운 것이었기 때문에 매우 흥미로운 해였습니다. 우리는 모바일 퍼스트 핀테크 기업, 즉 PC 앱이나 다른 어떤 것보다 먼저 모바일 앱을 개발한 핀테크 기업에 투자하겠다는 논리를 세웠습니다.

지난 10년 동안 모든 지역에서 모바일 앱과 스마트폰의 보급률이 높아지는 것을 목격했기 때문에 이는 상당한 패러다임의 변화였습니다. 저희는 코인베이스, 로빈후드, 크레딧 카르마, 루트 인슈어런스 등 기본적으로 은행, 증권, 보험 등 모든 종류의 금융 서비스에 걸쳐 있는 회사의 초기 투자자로 활동할 수 있는 특권을 누렸습니다. 지금 이 시기는 매우 흥미로운 시기이며, 사람들은 우리가 AI 퍼스트 또는 AI 네이티브 기술 시대에 접어들고 있다고 말합니다. 그래서 저희는 모바일 중심의 핀테크 기업이 도약하는 모습을 지켜보면서 그 모습이 어떤 것인지에 대해 많은 시간을 고민해 왔습니다.

저는 최근에 아시아에 더 중점을 둔 회사를 설립하기 위해 이전 회사에서 회사를 옮겼습니다. 논문을 쓰면서 AI와 핀테크의 교차점이 어떤 모습일지 고민하는 데 대부분의 시간을 보냈다고 할 수 있습니다. 우선 제 생각에 AI는 새로운 것이 아닙니다. 사람들이 수십 년 동안 연구해 온 분야라고 할 수 있습니다. 다만 새로운 점은 우리가 많은 입력을 받아 모델에 던져주면 모델이 결과를 내놓는 보호형 AI 시대에서 벗어났다는 것입니다. 저는 이를 컨텍스트 AI라고 부르고 싶습니다. 어떤 사람들은 이를 생성형 AI라고 부르기도 하고, 어떤 사람들은 대규모 언어 모델이라고 부르기도 하지만, 근본적으로는 ChatGPT라는 킬러 애플리케이션이 탄생한 것입니다.

ChatGPT의 핵심은 자연어가 사람들이 기계와 대화할 수 있는 매우 새롭고 일반적인 인터페이스가 되었다는 것입니다. 월간 활성 사용자 수가 1억 명에 달하며, 이전의 어떤 인터넷 앱보다 훨씬 빠른 속도로 성장하고 있습니다. 그리고 인간이 기계와 대화하는 방식, 기계가 다른 기계와 대화하는 방식, 기계가 인간과 대화하는 방식이 크게 달라집니다. 예를 들어, 사람들은 ChatGPT를 통해 인터페이스 측면에서 다양한 작업을 해왔습니다. 일례로 "어떤 상점의 고객 서비스에 대해 불만을 제기하는 편지를 써주실 수 있나요?"와 같은 말을 할 수 있습니다. 그러면 편지가 생성됩니다. 또한 "몇 개의 다른 회사를 통해 거래를 라우팅하기 위한 코드를 생성해 줄 수 있나요?"와 같이 말할 수도 있습니다. 그러면 코드 한 덩어리가 생성됩니다.

자연스럽게 사람들이 앱과 상호 작용하는 방식에만 국한되지 않습니다. 또한 더 많은 사람들이 자연어를 사용하여 이 인터페이스와 상호작용함으로써 훨씬 더 많은 데이터가 생성되어 프로세스의 채택이 가속화됩니다. 이러한 방식으로 향후 10년 동안 데이터의 채택과 수집이 크게 증가할 것입니다. 또한 기계와 기계가 대화하는 방식도 달라집니다. 과거에는 API를 통해, 온프레미스 솔루션을 통해 많은 통합 작업을 수행해야 했고, 이 프로세스를 표준화하고 구조화하여 지원하기 위해 구축된 많은 SaaS 회사가 있었습니다. 그런데 컨텍스트 AI는 이러한 모든 장벽을 허물고 있습니다. 미래에는 기계가 자연어를 통해 사용자의 의도를 훨씬 더 잘 이해하고, 이를 코드로 변환하고, 다른 코드 세트와 상호 작용하여 작업을 완료할 수 있습니다. 이는 오늘날 소프트웨어 프로세스와 아키텍처가 작동하는 방식의 여러 측면을 혁신할 수 있는 잠재력을 가지고 있습니다.

마지막으로 기계가 인간과 대화하는 방식입니다. 텍스트 기반만이 아닙니다. ChatGPT는 이미 멀티 모달을 지원하므로 사진과 동영상을 통합할 수 있습니다. 이미 초기 스타트업에서 이 기능을 사용하는 것을 보았습니다. 예를 들어 드레스와 같은 특정 상품의 사진을 쉽게 입력할 수 있습니다. 다양한 스타일의 여성이 입고 있는 드레스의 이미지를 자동으로 생성할 수 있습니다. 따라서 전체적으로 볼 때 우리는 채택 측면에서 훨씬 더 큰 역할을 할 시대로 접어들고 있다고 생각합니다. 2011년, 2012년 스마트폰이 처음 등장했을 때 갑자기 모든 사람들이 스마트폰으로 모든 것을 하기 시작했던 것과 매우 유사합니다.

두 번째로 말씀드리고 싶은 것은 AI와 핀테크의 교차점은 무엇인가? 하는 점입니다. AI가 의료, 교육, 물류, 운송 등 많은 대형 산업을 혁신할 것이라는 데 동의한다면, 이러한 산업은 대부분 오프라인 요소를 많이 포함하고 있습니다. AI가 디지털 루프를 실제로 폐쇄하려면 로봇의 도움과 더 많은 기계 기술의 정교함이 필요합니다.

하지만 금융 서비스 자체는 소프트웨어에 가깝습니다. 여러 원장에 걸쳐 작은 비트와 바이트 단위로 구성되어 있습니다. 따라서 금융 서비스에서 AI가 할 수 있는 역할은 훨씬 더 크다고 생각합니다. 제 경험에 비추어 볼 때 사람들이 금융 서비스에서 AI를 사용하는 방식은 크게 세 단계로 나뉩니다. 지금은 아마도 초기 단계일 것입니다. 첫 번째는 금융 서비스의 생산성을 변화시킬 것입니다. 저는 지난 12개월 동안 기업들이 AI로 무엇을 했는지 물어보는 습관이 생겼습니다. 그리고 스타트업이든 기존 은행이든 거의 대부분의 개발자가 AI를 사용하여 코딩하고 있습니다.

매우 흥미로운 예로 많은 프론트엔드 엔지니어들이 실제로 이로 인해 일자리를 잃었다는 사실을 들 수 있습니다. 요즘 개발자들은 이미 자연어를 사용하여 앱의 인터페이스를 디자인할 수 있습니다. 개발자는 '여기에 버튼 3개가 있고, 여기에 매뉴얼이 있으며, 이 버튼을 누르면 저기로 이동합니다'라고 말할 수 있습니다. 이러한 작업은 프로그래밍이 가능한 인터페이스 없이도 ChatGPT로 이미 수행할 수 있습니다. 자연어를 사용하여 실행할 수 있습니다. 따라서 실제로 많은 작업 현장에서 이러한 인터페이스는 더 이상 필요하지 않게 될 것입니다. 사람들은 훨씬 더 보호받게 될 것입니다. 또한 내부 및 외부에서 사기 탐지, 신용 심사, 고객 서비스 등을 위해 AI로 구축되는 많은 도구가 있습니다. 이러한 일들은 이미 일어나고 있으며, 맥락에 따라서는 이전에도 실제로 일어났던 일이라고 할 수 있습니다. 사람들은 머신러닝, 신경망 이전에 많은 예측 AI 기술을 사용해 왔습니다. 지적 엣지의 등장으로 이러한 기술의 발전 속도가 더욱 빨라졌습니다.

두 번째로 더 미래지향적이라고 생각하는 것은 AI가 금융 서비스 리터러시를 변화시킬 것이라는 점입니다. 모바일 퍼스트 시대는 금융 서비스에 대한 접근성을 민주화했다고 생각합니다. 하지만 이러한 금융 서비스는 표준화된 상품으로 매우 제한되어 있습니다. 예를 들어, 주식 하나를 사고 싶으신가요? 머니마켓 펀드를 구매하시겠습니까? 이런 것들은 카카오페이나 토스 앱에서 유통할 수 있는 매우 표준화된 상품입니다. 하지만 금융 서비스 자체는 본질적으로 매우 복잡하고 총체적입니다.

보험이나 자산 관리와 같은 분야에 진출하면 고객에게 서비스를 제공할 때 훨씬 더 많은 맥락이 필요합니다. 그렇기 때문에 여전히 많은 인간 어드바이저, 자산 관리자, 프라이빗 뱅커가 존재합니다. 지난 10년 동안 이런 사람들이 AI로 대체될 수는 없었지만, 조금씩 변화하기 시작했다고 생각합니다. 모바일이 모든 사람의 주머니 속에 은행을 넣는다고 생각한다면, AI는 모든 사람의 주머니 속에 은행원을 넣을 것이라고 믿습니다. 금융 자문, 품질, 더 깊이 있는 금융 서비스에 대한 접근성 측면에서 AI의 영향력은 매우 클 수 있습니다.

세 번째로 AI가 금융 서비스에 가져올 변화는 지능과 그 지능의 확장성에 관한 것입니다. 은행 지점을 방문하는 경우를 생각해 보세요. 일반적으로 관계 관리자가 있을 것입니다. 하지만 이 관계 관리자에게 주택담보대출을 받고 싶다고 말하면 담당자는 아마도 '내 동료 중 한 명을 데려와서 도와주겠다'고 말할 것입니다. 개인 대출과 신용 카드 발급을 원한다면 다른 담당자를 소개해 줄 것입니다. 순자산이 많고 파생상품을 거래하고 싶다고 가정할 때, 좀 더 복잡한 일을 하고 싶다면 다른 사람이 있을 것입니다. 금융 서비스는 매우 전문적이고 높은 정확성을 요구하기 때문에 금융 서비스의 인재 공급망은 이렇게 작동합니다.

사람들은 종종 서로 다른 업무 조직에서 교육을 받습니다. 수직적 확장, 즉 더 많은 인력을 추가하거나 수평적 확장, 즉 여러 상품을 알고 단일 고객 인터페이스 또는 단일 고객 접점을 제공할 수 있는 인력을 교육하는 것은 더 어렵습니다. 하지만 AI는 금융 서비스의 수직적, 수평적 확장성을 크게 변화시킬 것입니다. 결국에는 더 높은 수준의 조언이 이곳에서 나올 것이라고 생각합니다. 시간이 지남에 따라 여러 분야에 걸쳐 인사이트를 학습하고 매우 저렴한 비용으로 고객에게 서비스를 제공할 수 있는 고도로 숙련된 기계가 있다면 금융 서비스가 크게 변화할 것이라고 생각합니다. 이것이 제가 생각하는 AI로 크게 변화할 수 있는 금융 서비스의 유형들입니다. 감사합니다.

유장희 박사: 핀테크와 AI를 연결해 주셔서 새로운 아이디어를 많이

얻었습니다. 진심으로 감사드립니다. 이제 코넬 핀테크 이니셔티브의 수석 이코노미스트 고든 리아오를 온라인으로 만나보시겠습니다.

고든 리아오 Chief Economist: 초대해 주셔서 대단히 감사합니다. 저는 운이 좋게도 서클 파이낸셜의 수석 이코노미스트이자 코넬의 연구원으로도 일하고 있습니다. AI라는 주제에 대해서는 시간 제약으로 인해 간략하게 말씀드리도록 하겠습니다. 인공지능의 도전 과제와 블록체인 및 탈중앙화, 특히 스테이블 코인과 인공지능의 관계라는 두 부분으로 나눠서 말씀드리겠습니다. 전제는 AI, 특히 생성형 AI가 금융의 지형을 바꿀 준비가 되었으며 이와 함께 주요 도전과제가 있다는 것입니다. 앞서 브라이언이 강조했듯이, 더 논의할 가치가 있는 두 가지 과제 가운데 첫째는 데이터 공유 및 데이터 보안 문제를 포괄하는 데이터이고 둘째는 AI의 조정 또는 협력이라고 생각합니다.

첫 번째 부분과 관련하여, 데이터는 AI가 신용 위험을 예측하거나 텍스트 생성에서 시장 예측에 이르기까지 다양한 목적의 예측을 생성하는 등의 작업을 수행할 수 있게 해주는 요소입니다. 하지만 데이터 공유는 간단한 문제가 아닙니다. 개인 데이터를 공유하려면 개인이 어느 정도 프라이버시를 포기해야 합니다. 저는 블록체인과 같은 기술을 활용해 AI 서비스를 활용하면서도 데이터 노출을 제한할 수 있는 중요한 방법이 있다고 생각합니다. 이렇게 하면 투명성과 결과의 공유가 모두 용이해질 것입니다. AI의 업적은 데이터를 공유하기 위해 사람들을 격려하는 인센티브를 마련하는 데 있습니다.

상대적으로 덜 논의되는 두 번째 부분은 협력 AI에 관한 것입니다. 지금까지 대부분의 AI 연구와 개발은 단일 에이전트 설정 또는 역직렬 게임 유형의 설정에 중점을 두었습니다. 골대 게임과 같이 플레이어가 서로 대결하는 게임을 생각해 보십시오. 사회에서 인공지능이 인간을 더욱더

모방하게 될수록 협력은 반드시 필요하고, 최적의 수준을 달성하기 위한 최적의 협력 수준이 존재합니다. 금융 분야에서는 오픈 뱅킹 환경에서 데이터를 구축하고 사용하는 차입자들에 대한 인플레이션을 감소시키는 것입니다.

실제 환경에서는 자율주행차와 같은 기술도 서로 다른 차량 간에 데이터를 공유하고 통신할 수 있는 기능이 필요합니다. 하지만 지나친 협력은 잠재적으로 해로울 수 있습니다. 예를 들어, AI 시스템은 이미 임대료 설정과 같은 분야에서 가격 담합으로 이어졌고, 최근 확인된 바에 따르면 항공사 가격 책정에도 영향을 미쳤습니다. 종종 항공사들은 동일한 요금 등급에 대해 서로 몇 달러 이내의 요금을 제시합니다. 가격 담합으로 이어질 수 있는 과도한 조정을 방지하고 충분한 협력 관계를 유지하려면 거버넌스 자체만으로는 충분하지 않을 수 있습니다. 지나친 중앙 집중화는 자연스러운 담합 경향을 초래할 뿐만 아니라 과도한 중앙 집중화로 인한 데이터 보안 문제도 발생할 수 있습니다.

이제는 금융 거래뿐만 아니라 일반 계약에도 블록체인이 적용될 수 있다고 생각합니다. 기본 개념은 블록체인을 사용하여 정보 비대칭성을 줄이는 것입니다. 이러한 감소는 대출 선택 및 모니터링을 통해 평균적인 선택 환경에서 정보를 얻는 것과 법 집행과 같은 결정을 스마트 계약에 프로그래밍하여 계약을 집행하는 것 모두에서 발생합니다.

또한 블록체인은 보안 문제를 해결하기에 이상적인 플랫폼이라고 생각합니다. 한 회사가 내부적으로 보안 결함을 확인하는 것과 달리, 블록체인은 전체 생태계가 참여하는 오픈소스 시스템을 통해 많은 개발자가 보안 결함을 찾아낼 수 있습니다. 따라서 블록체인은 데이터의 안전한 공유를 보장하는 데에도 중요한 역할을 할 수 있다고 생각합니다. 프라이버시를 보호하면서 투명하고 공유 가능한 데이터를 제공한다는 점에서 금융에 미치는 영향은 엄청납니다.

또한, 스마트 계약 측면에 속하는 시장 기반 재공유 메커니즘이 있습니다. 예를 들어, 탈중앙화 거래소와 자동화된 시장 조성자가 개발되어 체인에서 사용 가능한 정보를 취하고 위험을 공유하는 새로운 시장을 창출할 수 있습니다. 이는 중앙화 된 중개자에 대한 의존도를 낮추는 방법이자 AI와 함께 더 많은 양의 데이터를 활용할 수 있는 수단일 수 있습니다.

마지막으로 말씀드리고 싶은 것은 스테이블 코인에 관한 것입니다. 저는 스테이블 코인이 인터넷에서 가치 전달의 기반이 될 수 있다고 생각합니다. 처음에 스테이블 코인은 디지털 자산 거래를 위해 설립되어 사용되었습니다. 하지만 최근 5년 동안 실제로 스테이블 코인 1달러당 암호화폐 자산 거래량이 90% 감소했습니다. 점점 더 많은 사람들이 스테이블 코인을 결제 수단으로 사용하고 있습니다. 앞으로 스테이블 코인을 AI 영역에 통합할 수 있는 잠재적인 사용 사례가 있을 것으로 예상합니다. 여기에는 기계 간의 가치 이전을 촉진하고, 행동에 인센티브를 제공하며, 스트리밍 결제를 가능하게 하는 것이 포함될 수 있습니다. 제가 근무하는 회사인 Circle은 광범위한 가치 이전을 위해 체인에서 스테이블 코인을 사용할 수 있도록 규제 우선 접근 방식을 취하고 있습니다. 저는 이것이 AI가 성장하고, 금융과 통합되며, 안전하고 보안이 유지되는 방식으로 인터넷과 원활하게 통합될 수 있도록 하는 핵심 요소가 될 것이라고 믿습니다.

이러한 모든 이유로 저는 블록체인과 스테이블 코인이 AI의 발전과 함께 가야만 과도한 중앙집중식 권력 및 데이터 웨어하우징을 피하고 안전한 목적으로 AI가 사용될 수 있다고 굳게 믿습니다. 감사합니다.

유장희 박사: 리아오님 감사합니다. 다음 패널은 김형중 한국핀테크학회 회장님이십니다.

김형중 회장: 안녕하세요. 초대해주셔서 감사합니다. 앞서 기조연설에서 브룩스 대표께서 설명 가능한 AI의 중요성에 대해 이야기하셨는데요, 설명 가능한 AI의 연구는 시작된지 얼마되지 않았습니다. 오늘날 과학자들은 이 분야를 적극적으로 탐구하고 있습니다. 따라서 설명 가능한 AI(XAI)는 별도의 고려가 필요한 주제라고 생각합니다.

설명 가능한 인공지능이 필요한가에 대해서는 생각을 해봐야겠지만 설명 가능한 AI(XAI)의 정확도를 높이려면 제공되는 데이터들이 정확하고 풍부해야 합니다. 또한 AI 기술을 발전시키고 신뢰할 수 있는 양질의 데이터를 보장하는 문제에 대해서도 신중하게 고려해야 합니다. 금융권의 관행은 주로 현금 기반 아날로그 프로세스에 의존하고 있어 활용 가능한 데이터의 양이 제한적이었으나 신용카드나 Google Pay와 같은 디지털 플랫폼으로 전환하면서 인공지능을 이용하기 유리한 환경이 이루어졌습니다. 현 시대의 핀테크는 주로 디지털 결제 수단의 도입과 이러한 전환에 따른 양질의 데이터 확보에 조점을 맞추고 있습니다.

양질의 데이터를 수집하여 집계하다 보면 개인정보 보호 및 사이버 보안 문제와 같은 문제가 발생할 수 있습니다. 또한 집계된 데이터의 양이 방대해지면 AI와의 관계, 특히 AI 관련 시스템에 얼마나 많은 데이터를 제공할 수 있는지에 대한 의문이 제기될 수 있습니다. 이 시점에서 우리는 AI의 정확성뿐 아니라 데이터를 수집하고 입력하는 방법도 고려해야 합니다.

현재의 핀테크 환경에서 핀테크 유니콘을 자세히 살펴보면 '지금 결제', '지금 구매', '나중에 결제', '임베디드 금융', '슈퍼 앱', '챌린지 뱅크'

등이 나오고 있습니다. 앞으로는 스마트 컨트랙트와 인공지능이 결합된 더 진화된 임베디드 금융 서비스 및 슈퍼 앱 등이 시장을 주도할 것입니다. 이렇게 되면 비금융기관이 금융기관의 영역을 잠식하고 기존 금융기업을 위협하는 존재로 성장을 하게 될 것입니다. 비금융기업인 플랫폼 기업은 성장하면서 자연스럽게 핀테크 요소를 도입할 것입니다. 이러한 기업들은 고객 데이터를 통합하고 AI를 활용하여 맞춤형 금융 서비스를 제공하게 될 것입니다.

지난달 태국에서 재미있는 일이 하나 있었습니다. 태국의 성인들에게 1만 바트씩 나누어 주겠다는 발표를 했습니다. 그런데 저는 태국에서 이러한 일을 한다고 하면 좀 더 혁신적인 방법을 도입할 수 있지 않을까 하는 생각이 들었습니다. 예를 들면 태국 중앙은행이 스테이블 코인을 만들어 전 국민에게 나누어 주는 것입니다. 사람들은 종종 지갑 사용의 어려움을 이야기하지만, 1만 바트를 선물로 받는다면 누구나 다 지갑을 설치하게 될 것입니다.

또 새로운 실험을 해볼 수가 있습니다. 한 달 동안 스테이블 코인으로 거래를 하지 않으면 액면가를 5% 낮추는 스마트 컨트랙트를 도입하는 것입니다. 이렇게 되면 결과적으로 화폐의 유통이 가속화되고 세금 징수가 늘어나게 됩니다. 이런 사실은 이미 1934년에 오스트리아의 작은 도시에서 실험을 마쳤습니다. 당시 이 모델이 너무나 훌륭해서 도시의 경기가 활성화되었는데 중앙은행이 서비스를 중재하도록 재판을 걸어 멈췄습니다. 그리고 공개 거래 내역이 투명하게 공개가 되기 때문에 돈이 부정한 곳에 쓰이지 못합니다. 데이터가 다 축적이 되기 때문에 우리가 원하는 빅데이터 분석이 가능합니다.

태국이 이러한 경험을 바탕으로 중앙은행 디지털 화폐(CBDC)를 발행한다면 나중에 더 발전된 프로젝트를 개발할 수 있을 것입니다. 바하마,

나이지리아, 인도, 중국과 같은 국가에서는 이미 CBDC를 발행했으나 그 규모를 확장하는 데 어려움을 겪고 있습니다. CBDC가 어려움을 겪는 주된 이유를 살펴보면 신용카드나 구글 플레이와 경쟁해야 하는 경우가 많으며, CBDC를 확장하려면 마케팅 비용도 필요합니다.

태국 성인에게 1만바트를 선물한 사례를 예로 들었을 때 이를 단순히 선심성 행정으로 생각하기 보다는 마케팅 비용으로 생각해볼 수 있습니다.

마찬가지로 한국이 코로나 19 극복을 위해 성공적으로 긴급재난지원금을 바우처 형식으로 모든 가구에게 배포를 했습니다. 저는 당시 한국은행이 제안한 디지털 화폐 유통을 활용했다면 한국이 선두주자로 인정받을 수 있었을 것이라고 생각합니다. 현재 한국 정부는 지역 내에서 사용할 수 있는 지역화폐를 발행하고 있습니다. 이는 바우처 형태로 발행되며, 한 번 발행되면 소진되는 것으로 간주되어 경제적 효과가 제한적입니다. 지방자치단체는 상품권 발행을 통해 할인 혜택을 제공하고, 그 손실을 세금으로 메우고있습니다. 이처럼 좋은 정책이 시행되고 있음에도 불구하고 이러한 제도의 잠재력이 충분히 활용하지 못하고 있다고 생각합니다.

오늘 세션에서는 인공 지능에 대해 논의를 하고있습니다. 저는 무엇보다도 인공지능의 성공 여부는 양질의 데이터 확보에 달려 있다고 생각합니다. 핀테크 분야에서도 새롭게 부상하는 비즈니스 모델을 위해서는 보다 정확하고 고도화된 데이터 모델이 필수적입니다. 그렇게 된다면 인공지능은 훨씬 더 정교하고 고도화되어 인공지능 기반의 금융 서비스 제공이 가능해질 것입니다. 감사합니다.

유장희 박사: 감사합니다. 마지막으로 류창원 하나금융 경영연구소

실장님께서 말씀해 주시겠습니다.

류창원 실장: 안녕하세요. 저는 하나금융그룹의 싱크탱크인 하나금융연구소에서 전반적인 금융사업의 경영전략을 연구하고 있는 류창원 실장입니다. 브라이언 브룩스 대표와 로버트 힐라드 리더의 발표를 잘 들었고 두 분의 발표 내용에 매우 동의하는 바입니다. 저는 금융회사의 입장에서 금융회사가 AI 활용을 어떻게 바라보고 기대하는 바가 무엇이고 우려는 어떤 점이 있으며 현재 우리는 어떻게 대응하고 있는지 간략하게 말씀드리도록 하겠습니다.

사실 한국 사람들은 AI에 좀 친근했었습니다. 그 대표적인 사건이 알파고의 바둑 대결이었습니다. 굉장히 충격적으로 다가왔고 상식을 깨는 것이었습니다. 다만 사실 그때 이후로 사실 소비자들은 체감할 수 있는 어떤 서비스를 많이 느끼지는 못했고 신용평가 모델 이러한 것들은 사실 눈에 보이지 않는 부분이었습니다. 하지만 올해 초에 등장한 ChatGPT는 뭔가 실감할 수 있는 소비자 고객의 접점에서 일어나는 일이라서 뭔가 세상이 좀 바뀌고 있구나라는 충격으로 다가왔습니다. 저희 그룹에서도 연구소에서도 많은 연구를 하게 됐습니다.

블록체인 등 여러 디지털 기술이 있는데 특히 AI가 금융회사가 적용해서 효과를 볼 수 있는 혁신적인 기술이라고 생각을 하고 있습니다. 왜냐하면 이제 한국도 결국 고령화에 직면하게 되고 있고 금융도 굉장히 고령화되고 있습니다. 결국 남은 문제는 생산성의 문제라고 봅니다. 여러 가지 디지털 기술도 AI 기술 특히 생성형 AI 기술은 사람의 역할을 대체하고 자동화함으로써 생산성을 더욱 높일 수 있다는 굉장히 근본적인 기대를 좀 갖고 있습니다. 구체적으로 보면 금융산업은 데이터가 굉장히 많고 굉장히 많은 프로세스와 수만 가지의 문서를 가지고 작업을 하고, 고객을 위해서도 여러 다양한 제안서를 만들어 내는데, 이러한 모든 부문에서 생성형 AI가 큰 역할을 할 수 있을 거라고 생각합니다.

사실 챗봇이 등장한지 10년 가량 되었지만 생성형 AI가 나타남으로써 좀 더 인간적인 챗봇과 대화하듯이 진짜 대화라는게 가능한 챗봇이 등장하게 되었고 이는 금융회사 모바일뱅킹 인터페이스가 클릭하고 누르는 방식에서 벗어나서 정말 대화형으로 바뀔 수 있는 계기가 되지 않을까 하는 생각을 해보고 있습니다. 또 은행 점포에서도 사람에 의한 서비스 말고도 어떤 스마트 머신과 생성형 AI 서비스가 결합해서 AI 뱅커라는 개념이 등장하고 지금 이제 고령층 같은 경우에는 이런 무인기기 활용이 조금 어려우신데 키오스크나 여기에도 생성형 AI 서비스가 결합되면 좀 더 활용하기 쉬운 그런 모델이 나올 수 있다고 봅니다.

하지만 앞서 많이 언급된 바와 같이 우려도 굉장히 많습니다. 다른 기술과 달리 AI 기술은 부작용에 대해서도 끊임없이 대비를 해야 된다는 점이 매우 부담스럽긴 합니다. 한 방향이 아니라 양방향의 대비를 해야 되기 때문입니다. 대표적으로 알고 계신 것이 가짜 정보입니다. 사실 금융만큼 그 진실한 정보가 중요한 곳이 없는데 여기서 하나라도 가짜 정보가 나온다면 굉장히 지뇽석일 수 있어서 굉장히 우러가 됩니다. 또힌 게인정보의 유출 문제 또 저작권 침해 이슈도 있을 수 있고 물론 아까 말씀하셨듯이 데이터 수집 자체도 굉장히 어렵습니다. 소비자들의 저항을 어떻게 극복할 것인가 또한 금융회사가 풀어가야 할 숙제라고 생각을 합니다.

또한 우려되는 부분은 금융산업에 있어서 AI 기술이 핵심 경쟁력이 될 경우 안타깝게도 빅테크 회사와 비교할 때 그 역량이 좀 부족할 수밖에 없는 게 사실입니다. 그러다 보면 금융회사가 빅테크 회사와 경쟁하는 구도에서 지금도 이제 여러 다양한 금융 플랫폼이 금융회사 상품을 판매해주는 역할을 많이 하고 있는데 그런 역할을 빅테크가 뛰어난 AI 기술로 무장하게 된다면 금융회사의 역할이 좀 더 위축되지 않을까 하는 그런 우려도 조금은 있습니다. 그렇기에 내부적으로 AI 관련 역량을 빨리 키워야 되겠다는 위기의식을 갖고 있습니다.

그런데 이를 위해서는 적극적으로 투자를 해야 되는데 여기에는 또 여러가지 만만치 않은 문제가 있습니다. 생성형의 AI는 상당한 투자가 필요한 것으로 알고 있습니다. 여러가지 금융위기 상황에 겹쳐서 충당금도 쌓아야 되고 여러가지 우선순위에서 더 높이기 쉽지 않은 문제가 있는 것도 현실입니다. 그만큼 이제 금융회사는 전략적인 대응이 필요할 것 같습니다. 어떤 목적으로 우리가 생성형 AI를 도입해서 효과를 볼 수 있고 고객들도 좋아하고 우리 직원들도 생산성이 높아지는 경험을 할 수 있는지 끊임없이 고민을 해야 될 것 같습니다. 저희도 그런 신규 사례를 많이 발굴하려고 노력을 하고 있습니다.

또한 앞서 설명 가능한 AI 라든가 블랙박스가 아니라 소비자들과 공감할 수 있고 설명할 수 있고 투명한 AI 서비스를 만들기 위해서는 윤리적인 부분 등을 종합적으로 관리할 것인지에 대해서도 논의가 이뤄지고 있습니다. 거버넌스 체계 설립 및 프로세스 관리를 위한 AI 활용과 도입 등과 관련한 테스크 포스를 출범했습니다.

또 그룹차원에서 하나금융 융합 기술원이라는 R&D 조직을 갖고 있는데, 여기에서는 금융분야의 전문적인 거대 언어 모델, 궁극적으로는 AI를 통한 금융비서를 구축하려는 시도를 하고 있습니다. 가까운 시일 안에서는 사내 직원들이 지식을 검색해서 대화하듯이 정보를 얻을 수 있는 챗봇을 고도화 하는 등이 가능할 것으로 봅니다.

마지막으로 말씀드리고 싶은 부분은 AI가 어떻게 보면 단지 데이터를 통해서 의사결정을 내리지만 결국 우리 세상 일이라는 것은 많은 상호작용으로 이루어진다는 것입니다. AI에게만 너무 의존해서는 안 될 것 같다는 게 개인적인 생각입니다. 많은 금융위기의 어떤 사건들이 과거에 있는 데이터가 아니라 전에 전혀 없었던 몇 십 년 만에 한번 나타나는 데이터에서 발생하기 때문에 AI를 기반한 금융 시스템 예측 모델이 완전 할 것이라고는 생각하지 않고 있습니다. 결국 어느 순간에서는 통제와 책임의 문제를 누군가는 져야 되기 때문에 인간이 반드시 개입해야 된다고 생각합니다. 즉 금융회사가 AI를 활용하는 방향성은 사람들이 금융 서비스 업무를 활용하는데 있어서 좀 더 도움이 될 수 있는 협업형의 AI 활용과 같은 모델이 바람직하다고 생각하고 있습니다. 이상입니다. 감사합니다.

유장희 박사: 정말 감사합니다. 이제 제가 마무리 발언을 하고 세션을 마치겠습니다. 이번 세션을 통해 금융 분야가 인공지능을 활용해 더욱 발전할 수 있다는 것을 배웠습니다. 그렇게 되면 금융 서비스의 범위가 확대되고, 서비스의 정확성과 효율성이 높아질 것입니다. 또한 금융 서비스의 총량도 확대될 것입니다. 하지만 문제는 이러한 진보를 현실에서 어떻게 달성할 수 있느냐 입니다. 금융 부문의 경우 이러한 발전은 단기간 내에 가능할 것입니다.

하지만 소비자의 경우는 어떨까요? 금융 부문은 소비자가 있기 때문에 존재합니다. 소비자는 더 나은 서비스를 기다리고 있습니다. 새로운 인공지능 시스템에 적응하기 위해서는 금융기관의 발전 속도만큼 소비자들의 지적 수준도 향상되어야 합니다. 따라서 이와 같은 연구와 토론, 세미나가 더 많이 필요하며 오늘 컨퍼런스를 개최하여 토론의 장을 마련해 주신 세계경제연구원과 하나금융그룹에 다시한번 감사 말씀드립니다. 이상으로 세션을 마무리하겠습니다. 감사합니다.

세션 IV

기후위기 대응과 생물다양성 보전 및 회복을 위한 금융의 역할과 주요 정책

좌장
임대웅 Korea and ASEAN Advisor, UNEP FI

기조연설
에릭 어셔(Eric Usher) UNEP Finance Initiative 대표
유키 야수이(Yuki Yasui) APAC Managing Director, Glasgow Financial Alliance for Net Zero(GFANZ)
안드레아 컬리건(Andrea Culligan) Global Lead GreenSpace Tech, Deloitte

패널
김병칠 금융감독원 전략감독 부원장보
김종갑 한양대 특훈교수/前 한국전력공사 사장, 산업자원부 제1차관, 지멘스 회장
정태용 연세대학교 국제대학원 교수/K-정책플랫폼 원장/WWF 코리아 이사
정희수 하나금융경영연구소 실장

임대웅 대표: 안녕하십니까? 저는 UNEP FI의 임대웅이라고 합니다. 오늘 마지막 세션은 기후 위기대응과 생물 다양성 보존 및 회복을 위한 금융의 역할과 주요 정책에 대해서 다루도록 하겠습니다. 우선 두 명의 기조연설자분들을 사전녹화 영상으로 만나보겠습니다. 먼저 UNEP FI의 에릭 어셔 대표님의 영상 메시지입니다.

에릭 어셔 대표: 안녕하세요. 세계경제연구원과 하나금융그룹이 주최하는 2023 ESG 글로벌 서밋에 초대해 주셔서 진심으로 감사드립니다.

바로 본론으로 들어가겠습니다. 아시아 태평양 지역은 글로벌 경제 성장과 발전의 최전선에 서 있는데 이러한 눈부신 성장에는 큰 책임이 따릅니다. 특히 기후 변화와 같은 시급한 환경적, 사회적 도전과제를 해결하는 데에 앞장서야 합니다.

이를 위해서는 금융 시스템과 관행의 패러다임 전환이 필요합니다. 지속 가능한 금융은 미래 세대를 위해 번영하는 지구를 보장하는 동시에 지역의 잠재력을 발휘할 수 있는 열쇠를 쥐고 있는데, 무엇보다도 우리는 지속 가능한 금융이 금융 흐름을 지속가능성 목표에 맞추는 것임을 이해하고 기억해야 합니다. 여기에는 투자 결정, 리스크 관리, 비즈니스 전략 및 거버넌스에 ESG 요소를 통합하는 것이 포함됩니다. 이를 통해 청정 에너지, 자원 효율성, 환경 복원력, 사회적 포용성을 증진하는 프로젝트와 이니셔티브에 자본을 투입할 수 있습니다. 이것이 바로 새로운 솔루션을 위한 자본입니다. 전환기에 있는 산업을 위한 자본인 것입니다.

아시아 태평양 지역은 지속 가능한 금융을 선도할 수 있는 엄청난 기회를 가지고 있습니다. 이 지역의 경제 성장 궤적은 글로벌 금융 환경을 형성하는 데 중요한 역할을 하고 있습니다. 지속 가능한 금융을 수용하고, 행동을 통해 야심찬 선례를 남기고 선도함으로써 우리는 파급 효과를 창출하고 다른 사람들이 이를 따르도록 영감을 줄 수 있습니다.

UNEP FI는 유엔환경계획 의제를 이행하고 파리기후협약과 유엔 지속가능발전목표를 지원하는 활동을 촉진해야 할 의무가 있습니다. 또한 책임 있는 금융을 위한 원칙, 지속 가능한 보험을 위한 원칙, 은행, 보험 및 자산 소유자를 위한 탄소중립 연합과 같은 이니셔티브에 기여하고 있습니다. 현재 아태지역에는 100개 이상의 회원사가 있습니다. 한국에는 12개의 PRB 서명기관, 9개의 PSI 서명기관, 7개의 지원기관이 있습니다.

한국은 전 세계에서 가장 빠르게 성장하고 있는 회원국 중 하나로, 지속가능성에 대한 고려가 업계 전반에 자리 잡고 있음을 보여줍니다. 국내 금융기관은 기후 관련 재무정보공개 태스크포스(TCFD) 프레임워크에 따라 기후 리스크 공시가 일반화되었으며, 현재 자연에 대한 새로운 프레임워크인 자연자본 관련 재무정보공개 협의체(TNFD)에 대한 작업이 진행 중입니다. 다수의 선도적인 은행, 보험, 투자자들이 탄소중립 은행, 보험, 자산 소유자 연합을 포함하여 기후 완화 및 금융 포용과 같은 분야에서 구체적인 약속을 이행하고 있습니다. 저희는 더 넓은 GFANZ의 일원이 될 수 있습니다. 이러한 리더십 이니셔티브를 통해 목표를 달성할 수 있기를 기대합니다.

한 가지 중요한 측면은 녹색 금융 프레임워크와 기준을 개발하는 것입니다. 견고한 프레임워크는 지속 가능한 금융 노력의 투명성, 책임성, 신뢰성을 보장하는 데 도움이 됩니다. 공통의 정의와 보고 기준을 채택함으로써 일관성과 비교 가능성을 높이고 투자자와 이해관계자가 정보에 입각한 결정을 내릴 수 있도록 TCFD, TNFD 및 기타 공개 표준을 기반으로 구축할 수 있습니다.

새로 출범한 국제지속가능성표준위원회(ISSB)가 지속가능성 공시의 융합과 확산을 촉진하는 데 도움이 될 것이라는 기대가 큽니다. 아시아 태평양 지역에서 지속 가능한 금융을 발전시키고 탄소중립 목표를 달성하기 위한 여정이 다소 벅차게 느껴질 수 있지만, 그 과정에서 얻을 수 있는 기회는 엄청납니다. 지속가능한 금융 시스템으로 전환함으로써 우리는 새로운 일자리를 창출하고, 경제 성장을 촉진하며, 기후 리스크에 대한 복원력을 높이고, 더 건강한 지구를 만드는 데 기여할 수 있습니다.

UNEP FI는 매년 두 차례 '지속가능 금융을 위한 지역 라운드 테이블'을 개최하는데 올해 5월에는 서울에서 개최하면서 이 분야에서 한국이 강한 에너지를 가지고 성장하고 있음을 목격할 수 있었습니다. 해당 분야의 리더들로부터 배우며 지금까지의 진전을 돌아볼 수 있는 좋은 기회였습니다. 지난 10년간 UNEP FI는 한국 금융기관들이 보다 적극적으로 지속가능금융을 이행할 수 있도록 지원해왔습니다. 최근 아시아 태평양 지역 금융기관들이 지속가능금융에 대한 UNEP FI의 원칙을 더 잘 이해하기 위해 한국 금융기관의 경험에 관심을 보이고 있습니다. 이미 일부 한국 UNEP FI 회원사들은 우리와 협력하여 아시아 태평양 지역의 금융기관과 중앙은행 규제 당국을 지원하고 있습니다. 더 많은 한국 금융기관들이 아시아 태평양 지역에서 UNEP FI와 적극적으로 협력하여 리더십을 발휘할 수 있기를 기대합니다.

끝으로, 현재 상황이 시급하다는 것을 인식하고 이러한 기회를 통해 한국의 지속가능한 금융을 발전시킬 수 있기를 기대합니다.

금융 시스템을 기후 지속 가능성 목표에 맞추면 탄소중립 목표를 달성하고 번영과 복원력을 갖춘 미래를 보장할 수 있습니다. 우리 함께 다음 세대를 위해 지속가능하고 포용적인 금융 생태계를 구축합시다. UNEP FI는 이러한 포부를 실현하기 위해 한국 금융계와 협력할 준비가 되어 있습니다. 이번 세션에서 유익한 논의가 이어지길 바랍니다. 감사합니다.

임대웅 대표: 네, 감사합니다. 기후변화 생물다양성 얘기를 하면서 기후 재무공시 TCFD와 자연 재무공시 TNFD를 언급하셨고 한국의 기후금융에 대한 리더십을 기대한다는 얘기도 들을 수 있었습니다. 두 번째 연설은 Glasgow Financial Alliance for Net Zero (GFANZ)라고 하는 기관의 아태지역 대표 유키 야수이님께서 해주시겠습니다. 2년 전에 글래스고에서 기후변화 당사국 총회를 개최할 때 만들어진 기구입니다. 유키 야수이님 영상 메시지를 듣도록 하겠습니다.

유키 야수이 MD: 안녕하세요. IGE – HFG 국제 컨퍼런스에 연사로 초대되어 대단히 영광입니다. 저를 초대해 주신 주최자분들께 감사의 말씀을 드리며, 다음 컨퍼런스에는 직접 참석할 수 있기를 기대합니다.

이번 세션 주제와 관련하여 먼저 지난 20년 동안 금융과 환경 및 사회 이슈의 관계가 어떻게 발전해 왔는지에 대해 대략적으로 소개해 드리겠습니다. 저는 이러한 관계를 '지속 가능한 금융'이라고 부릅니다. 지속 가능한 금융을 숲에 비유하자면 지속 가능한 금융 생태계를 지탱하는 세 가지 유형의 숲이 있습니다. 지극히 개인적인 의견이며 GFANZ의 공식 입장은 아니지만 먼저 가장 오래된 첫번째 유형의 숲은 '기업의 사회적 책임(CSR)'입니다. CSR에서 금융 기관은 전통적으로 운영 활동뿐만 아니라 자선 활동도 포함했습니다. 여기에는 금융 기관이 디지털화를 통해 종이 소비를 줄이는 방법 등이 포함되었습니다.

그런데 지속 가능한 금융은 금융을 실물 경제 비즈니스의 긍정적, 부정적 행위의 촉진자로 이해하면서 시작되었습니다. 따라서 지속 가능한 금융의 핵심은 금융 기관이 환경 및 사회적 이슈를 비즈니스 의사 결정

과정에 통합하는 방법입니다.

지속 가능한 금융의 초창기에는 주로 은행의 대출 관행에 초점을 맞추었습니다. 환경 및 사회적 이슈는 기업이 금융을 통해 환경과 사회(아동, 노동, 고용 등)에 해로운 활동을 하지 않도록 하는 것이었습니다. 간단히 말해 은행의 환경 및 사회적 리스크는 대출 기관이 나쁜 기업과 연관되어 있다는 평판으로 인한 리스크에 가까웠습니다.

그런데 밀레니엄 초기에 지속 가능한 금융 의제는 판을 바꿀 정도로 확장했습니다. 이것이 두 번째 숲의 시작인 포트폴리오 ESG 리스크 관리의 시작입니다. 이 두번째 숲은 CSR 첫번째 숲과 비교했을 때 몇 가지 중요한 특징이 있습니다. 첫째, ESG 리스크는 기후 변화와 같은 환경 및 사회적 이슈가 실물경제, 고객의 수익성에 미치는 부정적인 영향과 금융기관에 미치는 영향에 관한 것입니다. 즉, 금융기관에 미치는 환경 및 사회적 영향에 대한 것이죠. CSR은 금융기관이 환경과 사회에 미치는 부정적인 영향을 완화하는 것과 관련이 있습니다. 둘째, 환경과 사회 문제는 더 이상 거래에 국한된 문제가 아니었습니다. 구조적이고 체계적이어서 부문별, 포트폴리오 전반의 리스크 관리가 필요했습니다. 셋째, 환경 및 사회 이슈의 포트폴리오적 특성으로 인해 은행 대출뿐만 아니라 투자자도 관심을 가져야 했습니다.

2005년부터 오늘날까지 포트폴리오 ESG 리스크의 개발은 오늘날 우리가 알고 있는 지속 가능한 금융의 큰 부분을 형성했습니다. 하지만 이 두 번째 숲의 개장과 개발의 비하인드는 사실 슬픈 이야기입니다. 일부 기업이나 대형 프로젝트가 환경이나 지역사회에 부정적인 영향을 미쳐 대출 기관의 평판에 영향을 미치는 것은 별개의 문제이지만 산업화가 너무 파괴적으로 진행되어 인류 문명을 실존적 위기에 빠뜨리는 것은 또 다른 차원의 문제입니다. 따라서 두 번째 숲은 첫 번째 숲에서 위험에 대한 대응이 부적절했으며 자연이 공격적이다라는 것에 대한 깨달음입니다.

2015년 GFANZ의 상사이자 영란은행 총재였던 마크 카니는 런던 로이드에서 획기적인 연설을 했습니다. 그는 '기후변화는 지평선의 비극'이라며 기후변화가 금융 안정성에 결정적인 문제가 될 시기에는 이미 너무 늦을 수 있다고 말했습니다.

이제 기후 변화는 금융 규제 당국에 의해 경제 및 금융 리스크의 원인으로 인식되고 있습니다. 이에 따라 2017년에는 전 세계 중앙은행 총재와 금융 규제 당국자들이 기후변화 리스크 증가에 대한 정보를 교환하기 위해 '금융 시스템 녹색화에 관한 중앙은행 및 금융 규제 당국자 네트워크(NGFS)'가 출범했습니다. 이와 동시에 환경 및 사회 문제, 특히 기후변화는 자발적 TCFD 보고에서 발전한 ISSB에 따라 재무 보고와 함께 곧 의무 보고 요건이 될 것입니다.

ESG 이슈가 자발적 영역에서 규제 영역으로 확대됨에 따라, ESG는 ESG 실무자만의 관심사가 아니라 전 세계적으로 CEO 및 이사회 차원의 의제로 부상했습니다. 마크는 '저탄소 경제로의 원활한 전환'의 필요성을 지적하며 '환경 및 사회적 목표에 대한 포트폴리오 조정'이라는 세 번째 숲을 열었습니다. 두 번째 숲의 성장은 기후 변화와 생물 다양성 붕괴와 같은 환경 및 사회적 위기의 증가로 인해 촉진되었습니다.

하지만 위기가 장기화되면서 포트폴리오 리스크 관리는 부적절한 해결책이 되고 있었습니다. 특히 기후 리스크에 대한 우려가 커지고 있는 상황에서 석탄이나 석탄 화력발전소와 같은 고위험 자산에서 투자금을 회수하는 것은 리스크 관리 전략에 한계가 있었습니다. 리스크 관리가 제대로 이루어지려면 문제 해결에 적극적으로 참여해야 합니다. 우리는 더 이상 기후변화로부터 고립될 수 없으며 최선의 방어책은 솔루션의 일부가 되는 것입니다.

세 번째 숲은 녹색 금융과 전환 금융이 틈새 금융 유형에서 포트폴리오 수준의 이슈로 부상하는 것과 관련됩니다. 파리 협정에 따르면 모든 금융 흐름을 저탄소 및 기후 복원력 있는 경제에 맞추는 것이 해결책인데, 이 세 번째 숲이 바로 GFANZ가 활동하는 곳입니다. 우리에게 시간이 없다는 것은 분명합니다. 우리는 기온 상승을 1.5°C로 제한하기 위해 남은 탄소 예산을 빠르게 고갈시키고 있습니다. 그리고 최근의 추정에 따르면 10년이 지나면 이를 모두 소진할 것으로 예상됩니다. 그 위험성은 매우 높습니다. 보수적인 추정에 따르면 2.5°C의 온난화는 10년 동안 경제 성장이 없는 것과 맞먹는 결과를 초래할 수 있습니다. 에너지 전환은 이미 진행 중입니다.

2015년 파리협정 이후 청정에너지에 대한 투자가 폭발적으로 증가하면서 에너지 전환이 변곡점을 맞이했습니다. 오늘날 청정에너지와 화석연료 에너지의 투자 비율은 0.9:1로 거의 동등한 수준이며, 이는 화석연료에 1달러가 투자될 때마다 90센트가 청정에너지에 투자된다는 것을 의미합니다. 총 투자액은 2022년에 1조 달러를 넘어섰습니다. IEA는 2023년에 1.5:1로 전환될 것으로 예측합니다. 그러나 블룸버그 NEF는 1.5도 목표를 달성하고 2030년까지 4:1의 투자 비율을 달성하려면 청정에너지에 대한 투자를 더욱 늘려야 한다고 말합니다.

이제 탄소중립을 위한 글래스고 금융 연합인 GFANZ에 대해 소개해 드리겠습니다. 2021년에 설립된 GFANZ는 세계 경제의 탈탄소화를 지원하는 데 전념하는 선도적인 금융 기관들의 글로벌 연합체입니다. 범금융권 이니셔티브인 GFANZ는 뉴질랜드은행을 포함한 8개의 탄소중립 금융권 연합을 하나로 모으고 있습니다. 50개 관할 구역에 걸쳐 650개 이상의 금융 기관이 회원으로 가입되어 있으며, 전 세계 민간 금융 자산의 약 40%를 차지하고 있습니다. 이들 기관은 2050년까지 탄소중립 목표에 맞춰 포트폴리오를 조정하기로 약속했습니다. 한국에는 10개 금융기관이 GFANZ 커뮤니티에 가입되어 있습니다.

전체 경제의 질서 있고 포용적인 전환을 촉진하기 위해 전 세계적으로 전환 금융과 전환 계획에 대한 공통된 정의가 필요합니다. 이러한 요구에 부응하기 위해 GFANZ는 금융 기관과 기업을 위한 지침을 제공했습니다. 2022년에 GFANZ는 경제 전반에 걸친 탄소중립으로의 포괄적인 전환을 위한 자금 조달을 위한 네 가지 필수 전략을 확인했으며, 이를 통칭하여 '전환 금융'이라고 부릅니다.

이는 기후 솔루션에 자금을 지원하거나 활성화하고 이미 섭씨 1.5도 경로를 따르는 기업을 지원하는 것으로 정의됩니다. 또한 탄소 배출량이 많은 물리적 자산의 신속한 폐기를 지원하는 것도 포함됩니다. 기후 솔루션과 친환경 기업에 대한 자금 조달의 중요성은 GFANZ의 전략에서 명확히 드러나며, 배출량 감축 노력에 자금을 지원하고 실물 경제의 탈탄소화를 지원할 필요성도 강조하고 있습니다.

GFANZ는 금융 기관과 기업 모두에 광범위하게 적용할 수 있는 탄소중립 전환 계획 프레임워크를 만들었습니다. 이 프레임워크는 모든 부문의 금융기관과 거래하는 기업이 자체적인 전환 계획을 실행하고 진행 상황을 일관되게 측정하는 데 도움을 줄 수 있습니다. 전환 계획은 기후 변화에 대한 야망과 목표를 실행 가능한 계획으로 전환하여 이행하는 방법입니다.

금융 기관의 경우, 이 계획에는 재정적 배출 목표를 실물 경제의 탈탄소화를 촉진하는 자금 흐름으로 전환하기 위한 조치를 계획하는 것이 포함됩니다. GFANZ 전환 계획은 새로운 것이 아니라 기존의 많은 이니셔티브와 작업을 기반으로 합니다. 이 계획은 청정개발체제, CDP, 과학 기반 목표 등에 부합합니다. 넷 제로 전환 계획 프레임워크는 규제 및 자발적 이니셔티브와 모두 일치합니다.

예를 들어, 전환 계획에 관한 MAS와 홍콩 통화청의 가이드라인은 GFANZ 전환 계획 가이드와 상당히 일치합니다. 탄소중립 자산 운용사 이니셔티브와 투자자의 기후 행동 계획에 대한 지침도 GFANZ 전환 계획과 일치합니다. 전 세계 각국 정부는 전환 금융과 전환 계획 개발을 장려하기 시작했습니다.

금융 기관을 포함한 모든 국가와 기업은 기후 변화의 위험을 헤쳐나가고 탄소중립 전환으로 인한 경제적 기회를 포착하기 위한 전략이 필요합니다. GFANZ는 또한 실물경제 전환 계획의 중요성을 강조합니다. 금융기관은 고객 및 피투자 기업의 탄소중립 약속과 저탄소 설비투자 계획을 평가하여 금융이 기업의 탄소중립 전환에 기여하고 있는지, 아니면 전환이 지연될 수 있는 평소와 같은 비즈니스를 지원하는 데 그치고 있는지를 판단해야 합니다.

녹색 금융은 잘 확립되어 있지만, 우리는 녹색으로 전환하는 갈색 기업을 위한 신뢰할 수 있는 금융을 구성하는 요소와 고배출 자산의 조기 폐기를 위한 자금 조달이 실물 경제에서 진정으로 배출량 감소로 이어질 것이라는 확신을 심어주는 방법에 대한 합의를 발전시켜 나가고 있습니다. GFANZ 아시아 태평양 네트워크에서는 금융기관 및 이해관계자들과 협력하여 아시아 태평양 지역에서 신뢰할 수 있고 의미 있는 석탄 발전소의 단계적 폐지를 위한 금융 조달을 위한 일련의 권고안을 마련하고 있습니다.

우리가 연구를 통해 배운 것은 석탄 발전소의 관리된 단계적 폐지가 시스템 전반의 에너지 전환의 일부라는 것입니다. 신뢰성은 발전소의 신뢰성뿐만 아니라 발전소 소유주의 넷제로 전환 계획(NZTP)의 신뢰성, 국가의 의지 및 에너지 전환 계획에 따라 달라집니다. MPO의 재정적 실행 가능성을 보장하는 것은 혼합 금융 및 탄소배출권과 같은 지속 가능한 금융의 혁신에 달려 있습니다.

관리형 단계적 폐지를 위한 정당한 전환을 보장하려면 일자리와 지역사회에 미치는 부정적인 영향을 방지하기 위해 지자체 및 중앙 정부의 참여가 필요합니다. 또한 이러한 전환이 사회의 전기 접근성과 경제성을 저해하지 않도록 보장해야 합니다.

저는 한국 정부, 금융기관, 석탄발전소 소유주들이 석탄발전소의 관리형 단계적 폐지(MPO)에 대해 GFANZ와 협력할 것을 권유합니다. 여기에는 한국 내 석탄 발전소의 조기 폐지를 위한 자금 조달뿐만 아니라 아태지역 전역의 석탄 발전소 폐지를 가속화하는 지원도 포함됩니다. 한국은 이러한 노력에서 중요한 역할을 담당하고 있습니다. 결론적으로, 지구의 평균 기온은 이미 산업화 이전 수준보다 섭씨 1.2도 가까이 상승했습니다.

1.2도의 온난화로 우리는 놀라운 수준의 기후 변화를 목격하고 있습니다. 기상이변이 증가하고 있고, 정교하게 조정된 지구 생태계에 미치는 영향이 확대되고 있으며, 경제적 비용도 증가하고 있습니다. 탄소중립 전환은 우리 세대의 가장 큰 과제가 될 것이며, 이는 경제 전체가 참여해야 합니다.

금융 기관은 더 큰 퍼즐의 한 조각에 불과합니다. 투자자와 금융 커뮤니티가 중요한 역할을 해야 합니다. 경청해 주셔서 감사합니다.

임대웅 대표: 감사합니다. 섭씨1.5도 목표 중에 벌써 1.2가 됐다는

지적이 굉장히 인상적이었습니다.

트랜지셔널 플랜 관련 택소노미를 언급 하셨습니다. 여러 아세안 국가들의 국기와 함께각 국가별로 택소노미와 관련해서 무엇을 하고 있는지 얘기를 해주셨습니다. 기술과 금융과 정책의 얼라인먼트가 중요하다라는 생각이 듭니다.

세 번째 기조연설자님께서는 딜로이트의 안드레아 컬리건 그린스페이스 테크 담당 글로벌 리더이십니다. 오늘 연설을 위해 시드니에서 오셨습니다. 박수로 맞이해 주시면 감사하겠습니다.

안드레아 컬리건 파트너: 감사합니다. 오늘 여러분과 이야기를 나누게 되어 정말 기쁩니다. 저는 '어떻게'에 더 초점을 맞추고 몇 가지 흥미로운 기술과 전체 가치 사슬의 복잡성에 대해 살펴볼 것입니다. 저는 딜로이트의 글로벌 그린 스페이스 테크 리더로서 고객이 탈탄소화뿐만 아니라 넷 제로 전환을 성장 기회로 활용할 수 있는 경로를 지속적으로 관찰하고 파악하고 있습니다.

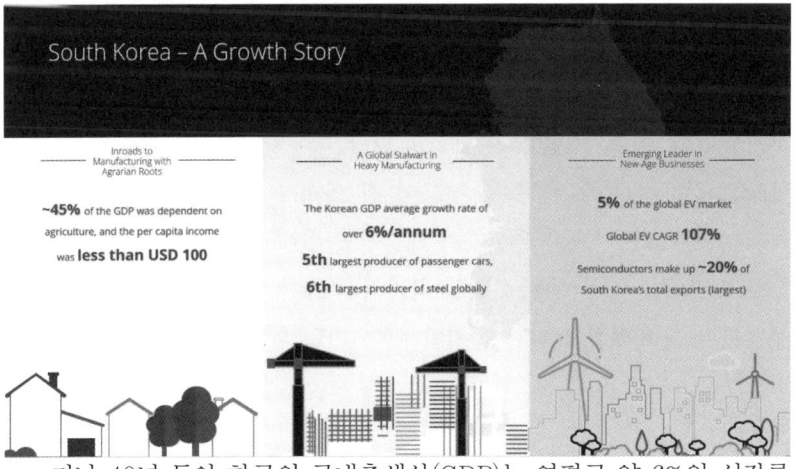

지난 40년 동안 한국의 국내총생산(GDP)는 연평균 약 6%의 성장률

을 기록했는데, 이는 매우 주목할 만한 성과입니다. 농업 집약국가였던 한국이 기술 혁신의 글로벌 리더로 자리매김하기까지는 급속한 성장과 경제 변화를 경험했습니다. 현재 한국은 세계 5위의 승용차 생산국으로, 전 세계 전기차 시장의 5%를 점유하고 있습니다. 지난 5년간 연평균 107%의 성장률을 기록한 전기차 시장은 이제 막 잠재력을 발휘하기 시작했습니다.

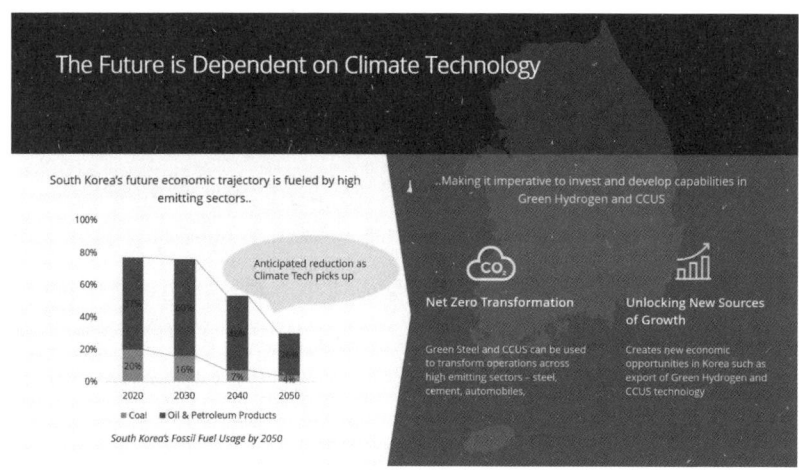

한국은 새로운 경제 시대의 최전선에 서 있으며, 오늘의 선택이 내일의 번영을 위한 길을 결정할 것입니다. 미래를 내다보면 중요한 질문이 떠오릅니다. 향후 40년 동안 한국의 앞날은 어떻게 될 것이며, 어떤 도전에 직면하게 될까요? 자동차 부문이 전 세계 온실가스 배출량의 40%를 차지하고, 2050년까지 온실가스 배출량을 40% 감축하고 석탄을 단계적으로 퇴출하는 것을 목표로 하는 국가적 목표가 있는 만큼 저공해 개발이 무엇보다 중요해졌습니다. 하지만 이는 비단 한국만의 이야기는 아닙니다.

제조업에서 배출량을 줄이는 것은 특히 철강과 같은 산업에서 매우 중요합니다. 이러한 감축은 수출 역량에도 영향을 미칩니다. 현재 사용

가능한 기술 중 약 40%만이 프로토타입 단계에 도달해 있어 필요한 기후 기술을 이해하는 데 상당한 어려움이 있습니다. 특히 자동차를 비롯한 다양한 부문의 기본 구성 요소인 철강에 초점을 맞추면 탈탄소화가 매우 중요해집니다. 우리가 구상하는 성장 기회에 걸림돌이 되지 않기 위해서는 이를 위한 기술과 그에 대한 투자가 필수적입니다.

이는 단순히 공급업체를 선택하거나 투자 방식을 채택하는 것만큼 간단하지 않습니다. 기후 기술은 우리 시대의 가장 역동적이고 혁신적인 환경입니다. 현재의 배출량 감축 경로와 미래 목표에 대한 우리의 행동을 정의하는 것은 매우 중요합니다.

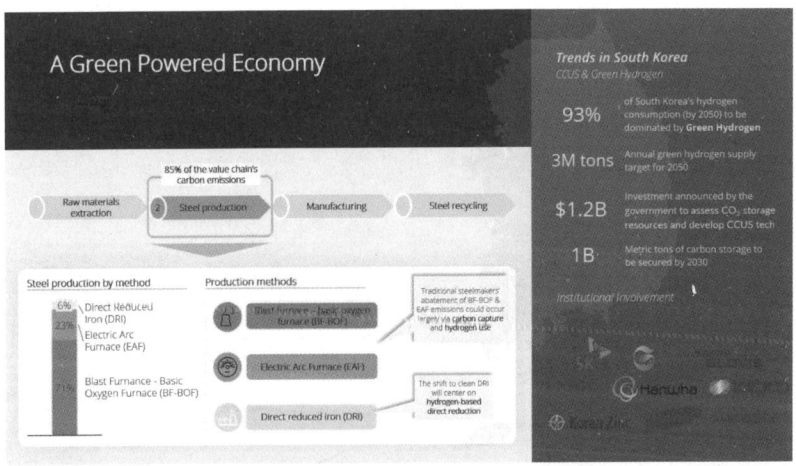

지금 당장 탈탄소화에 필요한 기술에 투자하는 것은 일시적인 재정적 불편을 초래할 수 있지만, 이러한 효과적인 투자는 특히 지속 가능한 제품과 서비스에 대한 수요가 증가함에 따라 장기적으로 보상을 받게 될 것입니다.

한국에서만 2050년까지 전체 에너지원의 93%가 친환경 수소가 차지하고 2030년 이후에는 탄소 포집으로 인한 감축량이 크게 증가할 것으로 예상되는 만큼, 모든 온실가스 다배출 산업과 기업은 기후 기술에 대한 상당한 투자가 필요합니다. 자동차 산업의 성장을 고려할 때, 탄소 배출량이 7%에 달하는 친환경 철강은 해결해야 할 중요한 과제가 될 것입니다.

이러한 기술의 복잡성을 이해하는 것은 매우 어렵기 때문에 탄소 포집에 관한 정보을 조금이라도 공유하고 싶었습니다. 우리는 종종 이러한 기술에 대해 광범위하고 포괄적으로 설명하지만, 문제는 이러한 각 기술이 업스트림과 다운스트림에 영향을 미친다는 사실입니다. 조직이 현재와 미래를 위해 올바른 선택을 하려면 사용 가능한 기술 유형, 위치, 투자 프로필 등을 이해해야 합니다. 이것이 바로 딜로이트가 Green Space Tech를 만든 이유이며, 여러분과 함께 Gen AI 도구의 예를 공유하고자 합니다.

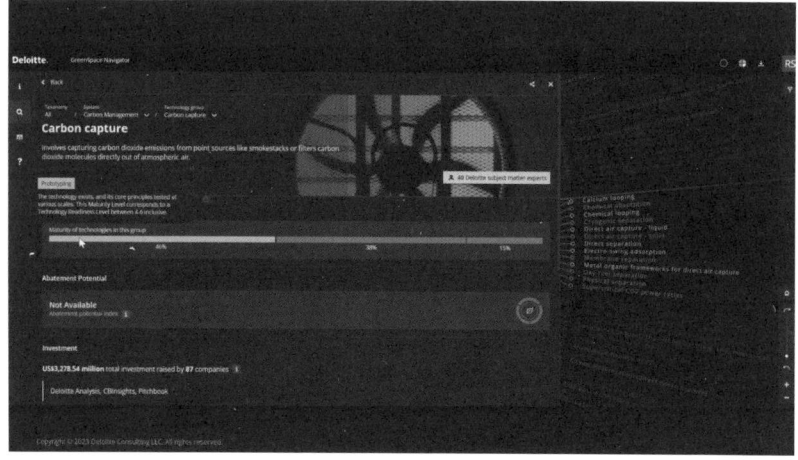

이 네비게이터는 기술 준비도에 관한 종합적인 정보를 표시합니다. 탄소 포집을 예로 들면, 13개 하위 카테고리에 걸쳐 30억 달러가 공개적으로 투자된 것을 확인할 수 있습니다. 특히 탄소 포집 및 저장에 초점을 맞추면 약 10억 달러의 투자와 함께 미국에서 상당한 세금 인센티브가 적용되는 초기 상업 단계에 주목할 수 있습니다. 확인된 23개 기업을 비교할 때, 초기 단계에 있는 만큼 지리적 위치와 관련된 문제도 관찰됩니다.

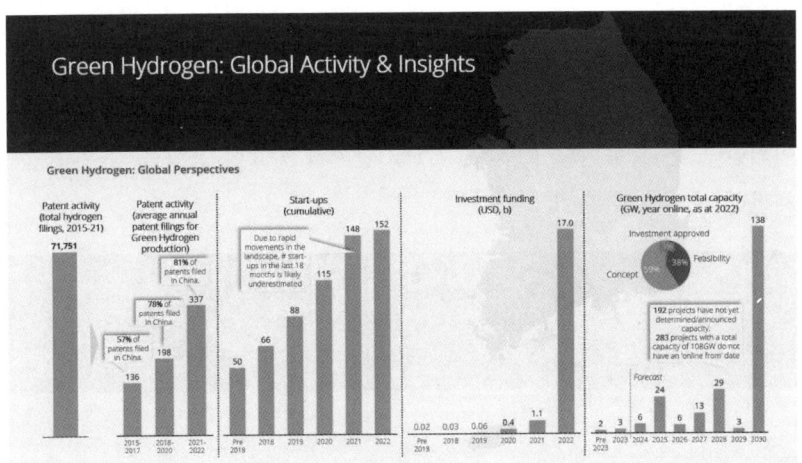

특히 물리적인 문제를 물리적인 기술로 해결해야 하는 경우에는 매우 복잡한 환경입니다. 철강의 탈탄소화에 매우 중요한 2차 구성 요소인 그린 수소를 살펴보면, 딜로이트는 2030년 현재 2%인 수소가 2050년에는 한국의 에너지 믹스에서 약 16%를 차지할 것으로 예상하고 있습니다.

전 세계 배출량의 88%에 해당하는 130개 기업이 국가 수소 전략을 발표하는 등 그린 수소는 이러한 청정 에너지원이 될 수 있는 잠재력을 가지고 있습니다. 한국도 2040년까지 전국 지자체의 30%를 수소도시로 조성한다는 정부 목표를 세웠으며, 82%의 수요를 예상하고 아랍에미리트, 호주 등지에 한국 기업의 투자를 이끌고 있습니다.

하지만 지난 5년간 그린 수소 시장의 글로벌 역동성을 자세히 살펴보면 왼쪽 맨 끝에서 지난 5년 동안에만 수소 관련 특허가 75,000건 이상 생성되었음을 알 수 있습니다. 특히 그린 수소에 초점을 맞추면, 그 중 80% 이상이 중국에서 출원되었습니다. 또한, 스타트업 부문에서도 상당한 성장이 관찰되고 있으며, 과소 평가된 것 같지만 상당히 성장하고 있습니다. 또한 불과 12개월 만에 벤처 캐피탈 투자는 10억 달러에서 170억 달러로 급증했습니다. 이 수치에는 유로 그린 딜의 인플레이션 감소 활동은 포함되지 않았다는 점에 유의해야 합니다. 우리는 이 모든 면에서 큰 발전을 볼 수 있을 것입니다. 그러나 슬라이드 화면 맨 오른쪽을 보면 이러한 모든 활동에도 불구하고 2050년까지 필요한 용량을 충족시키지 못한다는 것을 알 수 있습니다.

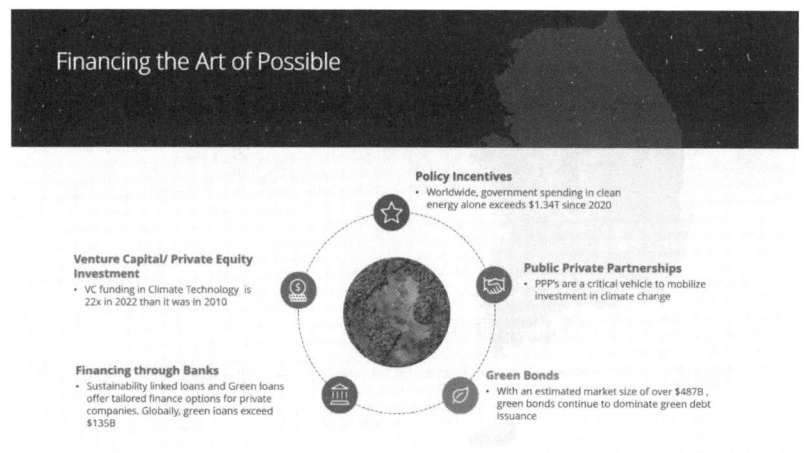

하지만 2030년 탄소 배출 제로 세계에서는 그린 수소가 시장의 3분의 2를 차지할 것입니다. 이는 활동과 위험 회피뿐만 아니라 자금 조달을 포함한 전체 생태계가 필요한 매우 도전적인 환경입니다. 특히 기후 기술은 빠르게 성장하고 있습니다. 지난 10년 동안에만 투자가 3800% 증가했습니다.

이러한 성장은 소비자 및 기업 수요, 이 분야에 진출하는 창업자 수 급증, 투자 수준 상승, 인프라 가격 하락, 기술 비용 감소, 탄소 가격 책정을 통한 보다 강력한 정책 환경 등 여러 가지 요인이 복합적으로 작용하여 이루어졌습니다. 이러한 요인들은 누가 이러한 기회에 자금을 조달할 것인지뿐만 아니라 누가 이러한 기회를 활용할 것인지에 대한 의문을 제기합니다.

몇 가지 요점을 강조하자면, 오늘 이미 다양한 자금 조달 수단에 대해 논의했습니다. 예를 들어, 벤처캐피탈 투자는 2010년 이후 22배나 급증했습니다. 특히 지속가능성 연계 대출과 같은 은행을 통한 자금 조달은 민간 기업을 위한 맞춤형 솔루션을 제공하면서 탄력을 받고 있습니다. IRA, 유로 그린 딜 등 정책적 인센티브는 2020년 현재 1조 3,400억 달러에 달합니다. 민관 파트너십은 인프라 및 환경 서비스를 제공하기 위해 민간과 공공 서비스 간의 독특한 협업을 선보이고 있습니다. 물론 녹색 채권은 이러한 프로젝트에 자금을 조달하기 위한 고정 수입을 제공하고 있습니다.

혁신의 리더로서 네 가지 핵심 사항을 말씀드리자면, 저는 이 목표를 달성할 수 있다고 믿는 영원한 낙관주의자입니다. 기후 기술은 사치가 아니라 필수입니다. 이는 단순히 고려해야 할 사항이 아니라 탄소중립 전환의 미래를 위한 중요한 원동력입니다. 이는 기본 요소입니다. 현재 IAA는 전 세계적으로 탄소중립 목표는 훌륭하게 달성했지만, 배출량의 35%는 아직 프로토타입 단계에 있는 기술을 필요로 한다고 보고하고 있습니다. 또한 이러한 기술 중 약 60%는 배포가 가능합니다. 또한 탈탄소화 목표를 달성하기 위해 2030년까지만 연간 약 9조 달러가 소요될 것으로 예상됩니다. 초기 비용이 재정적 불편을 초래할 수 있지만, 글로벌 수요, 정책 변화, 규제 및 표준의 영향을 무시해서는 안 됩니다. 이러한 요소들은 우리가 실제로 필요로 하는 것보다 느리더라도 근본적인 변화와 혁신을 이끌어낼 것입니다. 탄소중립 목표를 달성할 경우 43조 달러 이상의 경제적 이익이 실현될 것으로 보고되고 있는 만큼, 저는 놀라운 발전을 이룰 것이다 믿으며, 우리 모두가 이러한 발전에 관심을 가져주셨으면 좋겠습니다. 감사합니다.

임대웅 대표: 감사합니다. 그린테크놀로지가 이미 프로토타입 단계에 있고 또 투자 또는 경제적으로도 가능하다는 메시지를 주신 점이 놀라웠습니다. 녹색기술을 통한 비즈니스 이노베이션을 위해 여기 계신 분들의 리더십이 필요한 때인 듯 합니다.

세 분의 기조 연설 요점을 정리를 해 보자면 우선 기후변화와 생물다양성과 관련해서 제도적인 변화를 꼽을 수 있겠습니다. TCFD, TNFD 라고하는 기후 또는 자연 관련 재무공시가 있었고, 금융감독 당국의 역할도 지적해 주셨습니다. 또 기술적 해법, 금융이 연계될 수 있는 연결고리로서 텍소노미의 중요성 그리고 트랜지션 플랜 이런 것들이 우리가 생각해 볼 수 있는 해법들이라는 생각이 듭니다.

이제 네 분의 패널 분들 모시고 말씀을 좀 더 들어보도록 하겠습니다. 먼저 김병칠 금융감독원 전략감독 부원장보님 모셨습니다. 김종갑 한양대 특훈교수님, 정태용 연세대학교 교수님께서도 참석해 주셨습니다. 또 정희수 하나금융경영연구소 실장님께서도 자리해 주셨습니다.

오늘 패널 토론에서는 크게 4가지 정도를 논의하고자 합니다. 세션 주제가 금융의 역할과 정책이기 때문에 첫째로 금융 관련 얘기를 나눠 보겠고, 두 번째로는 기후변화와 생물 다양성이 재무적으로나 금융적으로나 또는 경제적으로 어떤 의미가 있는 지, 세 번째로는 우리 산업 경제 측면에서의 함의, 이슈, 해법 등에 대해 논의하겠습니다. 마지막으로는 이제 금융기관 입장에서는 어떻게 해야 할 것이냐에 대해 말씀나눠보겠습니다.

먼저 첫 번째로 김병칠 금융감독원 부원장보님께 여쭙겠습니다. 최근에 금융감독원 이복현 원장님께서 ESG 공시가 기업에 부담이라는 점을 충분히 이해하신다고 말씀을 하셔서 기업들이 굉장히 좋아했습니다. 그런데 이 행간을 잘 읽어보면 시간적으로는 조금 딜레이가 있을지 모르겠지만 단순한 시간적 연기가 아니라 내실을 갖추자는 함의가 있다고 봅니다. 최근 몇 년간 금융감독원의 행보는 매우 인상적입니다. 감독 당국이 이렇게까지 적극적으로 움직이나 하는 생각도 들었습니다. 우선은 TCFD 기후 재무공시를 기반으로 금융기관들에 대한 기후 리스크 관리지침서를 만드셔서 배포를 하셨습니다. 그러면서 이제 금융기관들에 기후 복원력 강화를 주문을 하셨고요. 또 최근에는 KTSS, K-택소노미 지원시스템을 만드셔서 녹색금융을 지원하고 계십니다. 또 ESG 채권 가이드라인, ESG 펀드에 대한 공시 지침 같은 것도 발표를 했습니다. 이에 김병칠 부원장보님께서 금융감독원의 기후변화, 녹색 금융 관련된 정책에 대해서 소개해 주시면 감사하겠습니다. 또 금융감독원의 조치가 우리 사회에 어떤 실질적인 효과로 나타나고 있는지 궁금합니다.

김병칠 부원장보: 감사합니다. 금융감독원의 전략감독을 담당하고 있는 김병칠 부원장보입니다. 앞서 좌장께서 언급하신 바와 같이 저희 금감원은 당초 2025년부터 시행 예정이던 대형 상장사의 ESG 공시 의무화를 2026년부터 시행하셌나는 빙침을 내놓았습니다. 실제로 많은 기업들이 이미 지속가능 경영 보고서를 통해 ESG 공시를 이행을 해 왔고, 지금 현재 약 180여개 상장 기업들이 ESG 경영 보고서를 발간을 하고 있지만 최근 ISSB에서 발표한 ESG 공시 기준 내용을 들여다보다 보니 저희들이 당초 생각했던 범위나 내용보다 훨씬 더 광범위한 공시를 요구하는 내용들이 있었고 이런 것들이 저희 국내 기업에도 상당한 부담이 되는 것으로 판단되기 때문입니다. ISSB에 국제공시 표준 기준을 보면 S3까지 공시를 하도록 요구를 하고 있습니다. 대형 상장사에 연관되어 있는 중소 하청업체에 대해서까지도 탄소 배출량을 측정하고 감축 계획 등의 부분들을 전부 다 포함해서 공시를 해야 되는 그러한 상황입니다. 이러한 부분들에 대해서 아직까지 중소기업들의 준비가 충분치 못하다는 현실적인

판단 등을 반영하여 공시 의무 개시 시점을 2026년 이후로 조정하게 되었습니다. 금감원이 2025년에서 2026년 이후로 개시 시점을 연기한 것을 ESG 공시에 대한 후퇴가 아니냐는 지적도 있지만, 당초 저희들이 목표했던 것보다도 훨씬 더 많은 공시를 해야 되기 때문에 현실을 감안하여 일정을 조정한 것이라고 보시면 되겠습니다.

해외 국가들 상황을 보면 저희가 해외국가에 비해서도 상대적으로 늦어지는 것이 아니라는 것을 알 수 있습니다. 예를 들어서 EU 같은 경우에는 ESG 공시표준을 2025년부터 적용을 한다는 방침에 아직 변동이 없지만 영국, 싱가폴, 일본, 이런 나라들은 아직까지도 ESG 공시 기준을 적용하기 위한 준비 작업들이 더 필요하다라는 입장이고 그렇기 때문에 공시 개시 시점을 2026년 이후로 설정을 하겠다는 그런 정책 방향을 밝히고 있습니다. 이런 점에서 봤을 때 한국이 특별히 ESG 공시에 대한 이행을 좀 늦추려고 하기 보다는 보다 철저히 준비해서 ISSB가 요구하는 수준에 맞는 공시 체계를 갖추고 이를 위한 준비를 내실 있게 다져서 공시를 시작하겠다는 의도라는 점 이해를 해 주시면 좋을 것 같습니다.

그리고 두 번째 말씀을 드릴 부분은 앞서 좌장님께서도 언급하신 ESG 기후 리스크 관련 금감원의 대응 내용입니다. 사실 제가 좌장님과 함께 2015년에 파리의 기후 리스크 관련된 국제 회의를 위해서 출장을 간 적이 있었습니다. 그 이후로 금감원 내부적으로도 ESG에 대해서 상당히 많은 발전, 진전이 있었습니다. 가장 큰 진전이라고 하면 제가 생각하기에는 2021년도에 금융감독원 내에 ESG 금융 연구팀이라는 정식 조직을 만들어서 ESG에 대해서 체계적인 대응을 할 수 있는 그런 조직을 갖춘 것입니다. 저희가 ESG 금융 연구팀이라는 조직을 만들고 전문가들을 초빙해서 많은 기후 리스크에 대한 여러 가지 작업들을 해왔습니다.

그 첫 번째 결과물이 기후 리스크 관리 지침서입니다. 저희가 2021년

말에 기후 리스크 관리 지침서를 만들었고요. 이를 바탕으로 은행 및 여타 금융권에 지침서의 내용을 경영에 반영할 수 있도록 노력해 달라라는 요청을 드리고 있습니다. 지금 현재로는 주요 은행지주 같은 경우에는 이 지침서에 따라 가지고 기후 리스크를 관리할 수 있는 지배구조를 지금 갖추고 차주별로 탄소 배출 감축 지표를 설정한다든지, 금융으로 측정된 탄소배출량이 얼마인지를 측정하고 공시하는 수준까지 진행되고 있습니다. 최근 실태조사 결과 KB, 신한, 하나은행 같은 경우에는 상당한 수준까지 지침서를 준수하는 수준까지 올라와 있고 나머지 금융지주회사들 같은 경우에도 상당 부분이 지침서에 맞춰 지배구조나 기후 리스크 대응 체계를 갖출 수 있도록 노력을 하고 있습니다.

다음으로 또 하나 소개해드릴 부분은 K-택소노미를 만들어서 기후 리스크에 대응하기 위한 아주 기초적인 출발점으로 삼고 있다는 점입니다. K-택소노미 같은 경우에는 아시겠지만 환경과 기술에 대한 이해가 없으면 K-택소노미를 금융권에 있는 사람들이 쉽게 분류를 할 수가 없기 때문에 금감원에서 K-택소노미에서 제시하고 있는 각 항목에 대한 구체적인 설명, 분류 기준, 확인 서류(어떤 서류들을 확인해 보면 K 택소노미 상 어떠한 기술 기업의 환경기업에 해당되는지)를 알아볼 수 있게 체계적으로 시스템적으로 지원해 줄 수 있는 K-택소노미 지원 시스템을 개발해서 전체 금융권의 이 시스템을 배포를 했습니다. 현재 9개 은행에서 K-택소노미 지원 시스템을 시범사업으로 자체 전산망하고 연결하고 있는 작업을 하고 있고요. 아마 2024년에는 보험, 복권 쪽에서도 이러한 K-택소노미 지원 시스템을 자체 시스템하고 연결함으로써 차주라든지 보험계획자들이 왔을 때 이게 기후 리스크에 맞는 기업인지를 쉽게 판별할 수 있는 그러한 상황이 될 것으로 보입니다.

마지막으로 말씀드릴 성과물은 최근에 진행한 금융권 기후 스트레스 테스트입니다. 방대한 작업이다 보니 저희가 4개의 은행과 3개의 생보사, 3개의 손보사 이렇게 10개의 금융회사하고 함께 기후 리스크에 대한 스트레스 테스트를 실시를 해봤습니다. 아직 그 결과물을 공시할 수 있는 그러한 상황은 아니라서 자세한 결과물을 말씀드리지는 못하지만 대략적인 결과물을 보면 저희가 이제 2050년까지 넷제로를 달성하는 과정에서 여러 가지 정책적 옵션이 있을 수 있는데 지금부터 체계적으로 준비해서 2050년에 넷제로를 달성하는 과정에서 발생되는 비용이 그렇지 않고 넷제로를 달성하는 어떤 정책적 일정을 최대한 뒤로 미뤘을 때 발생할 수 있는 그 비용에 비해서 절반 이내로 줄일 수 있다는 것입니다. 그리고 또 하나는 기후리스크에 대한 비용이 생각보다 상당히 있을 수 있다는 결론이 있었습니다. 그렇기 때문에 저희 금융권에서도 그리고 정부 차원에서도 넷제로를 위한 어떤 정책을 전략적으로 체계적으로 끌고 가지 않으면 우리 금융권에도 상당한 부담으로 작용할 소지가 있겠다는 그러한 결론을 내릴 수 있었습니다.

이러한 것들을 비춰봤을 때는 지금 우리가 기후 리스크에 대응해서 녹색 금융으로의 전환이라는 것이 어떻게 보면 당위성이라고 볼 수도 있지만 그 과정에서는 상당한 비용과 고통을 수반할 수밖에 없습니다. 지금 화석 연료를 사용하고 있는 기업들이 우리나라 같은 경우는 비중이 상당히 높기 때문에 특히나 이런 부분에 있어서 상당한 비용이 발생하기 때문에 쉽게 생각할 수 있는 부분은 아닙니다. 예를 들어서 지금 기후 리스크에 대해서 목소리를 가장 높이고 있는 유럽 같은 경우에도 저희들이 최근에 조사된 자료에 의하면 지금 석유, 가스, 석탄, 등 화석연료 개발 기업에 대해서 2015년 기후협정 체계 이후에 은행들이 1조 유로에 해당되는 채권 발행을 금융권에서 지원을 했다고 합니다. 그리고 매년 이러한 화석 연료 기업에 대한 채권 발행 지원 금액이 아직도 계속 증가하고 있다라는 것입니다. 이런 것들을 비추어 봤을 때 아직까지는 기후 리스크에 대응한 금융권에서의 어떠한 정책적 전환은 아주 획기적으로 일어나지 못한 상황이라는 것을 알 수 있지만 변화의 조짐을 조금 봐야 될 필요성이 있을 것 같습니다. 최근에 도이치 은행 같은 경우에 발표한 정책을 보면 앞으로 2026년부터는 대출을 신청하는 모든 기업에 대해서는 온실가스 순배출량 재료와 계획서를 제출해야지만 대출해주는 정책적 방향을 제시하기도 했습니다.

이러한 해외 각 국가의 정책이라든지 해외 금융권의 대응 방향들을 예의주시하면서 국내에서도 착실한 대응이 필요하다고 생각합니다. 해외 동향이라든지 국내 금융회사의 준비 상황 이런 부분들 잘 챙겨 가면서 기업들의 부담과 이런 부분들도 잘 소통해 가면서 탄소 중립을 위한 어떤 공식 기준 그리고 금융상의 대응체계를 갖춰 나가도록 노력을 하겠습니다.

임대웅 대표: 감사합니다. 다음으로 모실 분은 정태용 연세대학교 교수님이십니다. 금융감독 당국과도 많은 일을 하고 계십니다. 기후변화, 생물다양성 위기가 우리 사회 또 산업과 금융 시스템에 미치는 영향의 의미에 대한 교수님의 생각이 궁금합니다. 이 위기가 정말 우리 삶을 위협하고 있는지, 국가와 산업, 가계에도 재무적 유의미성이 있는지에 대해서도 여쭤보고 싶습니다. 또 앞서 언급된 TCFD, TNFD 같은 이니셔티브들에 우리 정부와 국내 기관들이 대응하기 위한 해법은 무엇이라 생각하시는지 궁금합니다.

정태용 교수: 네, 감사합니다. 질문에 답하기 전에 제가 올해로 기후변화 관련 일을 한 30년쯤 하고 있는데요, 작년과 올해 한국 언론이 그 어느 때보다 기후변화 얘기를 많이 실어 준 것 같습니다. 아마도 IPCC 6차 보고서 때문이 아닌가 싶습니다. 그런데, 현실은 그 보고서를 작성하기 위한 정책, 기술, 금융 워킹그룹에 전 세계 약 300명 정도의 학자들이 참여를 했는데요, 약 5년 동안 작업을 했습니다. 그런데 여기에 한국인은

단 두 명 밖에 없었습니다. 이게 현실입니다. 안타까운 현실입니다.

보고서의 내용을 바탕으로 한국의 기후변화 대응관련 현실을 좀 더 살펴보면 첫번째 요점은 지금까지 해 온 대로라면 1.5도 달성은 어렵다는 것입니다. 1.5도 달성을 위해서는 2030년까지 탄소배출량을 43% 감축해야 하는데요. 이것은 굉장히 힘든 목표이지만 이렇게 된다고 해도 전 세계 평균에도 미치지 못하는 상황이라는 것이 국제사회 평가입니다.

두 번째 요점은 한국이 얼마나 기후 목표 달성을 위해 투자를 하고 있느냐 인데요. 탄소 감축을 위해 2019년~20년 전 세계에서 기후금융, 즉 녹색 펀드 등을 포함해서 전 세계에서 한 6,300억 달러 이상의 돈이 투입되었습니다. 그런데 한국은 이 중의 1%도 안될것입니다. 이것이 한국의 현 상황입니다. 그런데 1.5도 기후 목표 달성을 위해 탄소배출량을 43%를 줄이려면 지금보다 돈이 매년 6배 가량 더 들어야 됩니다. 즉, 매년 대략 5000조원 이상의 돈이 필요합니다.

그런데 보고서에서 강조한 더 중요한 메시지는 우리는 이것이 비싸다고 생각한다는 점입니다. IPCC 보고서에 따르면 한국이 추가적으로 줄여야 되는 43%의 반 정도는 톤당 20불 이내로 즉, 생각보다 훨씬 저렴한 비용으로 대비할 수 있는데도 한국은 과거 제 30년간의 경험에 비춰보면 외부나 내부에서 어떤 충격이 오면 보통 지극히 사후적으로 대응합니다. 사전에 준비해서 대응하기보다는 손실이 난 다음에 계산을 하고 그제서야 대응에 나섭니다. 한국 사회가 굉장히 사후적인 대응을 하다 보니 상대적으로 기후 목표 달성을 위해 더 큰 비용을 지불하게 되는 것입니다. 일례로 작년에 서울 강남에서 극한호우로 인해 자동차 피해만 8천억원이 넘었습니다. 그런데도 여전히 피해를 최소화하는 것에 중점을 두고 있으며 그러다보니 항상 적은 비용으로 조기에 대비할 수 있는 기회를 놓칩니다.

앞서 세 분의 기조 연설자 분들께서 강조하신 메시지는 현재 당면한 기후변화 문제가 단순히 문제일 뿐 아니라 더 발전할 수 있는 기회이고 이 기회를 놓쳐서는 안된다는 점이었는데요. 하지만 한국의 관행은 이러한 상황을 기회로 인식하지 못한다는데 문제가 있습니다. 왜 일까요? 우선, 항상 사후적인 대응을 하기 때문에 피해를 최소화하는 것에 저희 관점이 있기 때문이라고 봅니다. 저는 이것이 굉장히 중요하다고 생각합니다. 왜냐하면 피해를 최소화하는게 아니라 사전적인 대응을 하는 것은 예방적 차원으로 무언가를 한다는 것이고 예방적 차원으로 뭘 한다는 건 미래의 불확실성에 대응한다는 겁니다. 그리고 미래 불확실성에 대비해야만 금융의 역할이 생깁니다. 금융이라는 것은 예적금이든, 보험이든 비용을 들여서라도 사전적으로 대응을 하자는 것입니다. 사전적 대응입니다. 우리가 생각을 바꾸지 않으면 한국 사회의 기후변화 문제는 항상 비용으로 다가오지 기회로 다가오지 않을 것입니다.

한국이 경제구조상 수출 수입을 많이 하는 나라임에도 불구하고 생각이나 관행은 지극히 한국적입니다. 글로벌하지 않다는 뜻입니다. 특히 금융산업이 글로벌 하지 않다고 생각합니다. 그동안 한국 정부가 너무나 잘해줘서 국내에서만도 너무 잘할 수 있어서 그런지 국내 금융기관들의 비즈니스가 지극히 국내에 국한되어 있다고 보여집니다. 금융 리스크나 환율 리스크 등 리스크를 적극적으로 활용하고 대응하기 위해 글로벌하게 활동하려고 하는 듯 하지 않습니다. 생각을 바꾸지 않으면 안 될 것입니다.

저는 한국이 기회를 자꾸 놓친다고 생각하는데, 여전히 기후변화 논의가 주류화 되어있지 않기 때문입니다. 사회적으로 중요한 의사결정을 하는 분들이 이 문제를 심각하게 생각하고 이 문제에 대해서 뭔가 의사결정을 해서 방향을 제시해 주려고 하지 않는다고 봅니다. 제가 기후변화 문제를 30년간 다뤘지만 한국사회에서는 여전히 우리들 만의 논의일 뿐입니다. 주류화가 돼 있지 않기 때문에 공시를 어떻게 한다 이것은 굉장히 중요한 시그널입니다. 한국이 앞서가느냐 혹은 늦게 가느냐는 중요하지 않습니다. 앞서 김병칠 부원장보님께서 하신 말씀에 전적으로 동의하는 바입니다. 저희가 룰을 앞서갈 필요는 없습니다. 룰보다 더 중요한 건 관행이고 실제로 이행하는 것입니다. 이것을 앞서가지 못하면 기회를 놓친다는 것입니다.

다만, 아직도 늦지 않았습니다. 앞서 언급한 바와 같이 탄소 감축 목표 달성을 위해 매년6천억 달러씩 투입을 한다고 해도 이는 화석연료 관련 비용 보다 몇 배 더 많기 때문입니다. 즉 아직도 한국뿐만 아니라 글로벌 사회는 화석연료 베이스 금융이 주라는 겁니다. 왜 그럴까요? 거기서 이득을 더 많이 얻기 때문입니다. 이제는 금융 산업이 제도의 변화를 추종만 할 것이 아니라, 앞서 언급된 도이치뱅크가 2026부터 탄소관련 대출을 집행하지 않겠다고 선언한 바와 같이 앞서 나갈 필요가 있습니다. 과연 한국의 상업은행이나 한국은행을 포함한 공공은행들이 과연 이러한 과감한 결정을 할 수 있을까요? 저는 아직은 조금 회의적입니다. 익숙하지 않기 때문입니다. 저희는 팔로워가 되는 것에 익숙하지 뭔가 앞서가는 거에 익숙하지 않기 때문입니다.

마지막으로 앞서 한국의 개인이나, 가계에서도 기후금융에 적극적으로 나서야 합니다. 화석연료, 전력, 회사, 산업, 정부가 알아서 할 일이지 내가 할 일은 아니라고 생각해서는 안됩니다. 전 세계적으로 3년 전 통계를 기준으로 볼 때에도 개인, 가계를 통한 기후 금융이 1년에 500억 달러가 넘었습니다. 한국은 전혀 안하고 있는 것입니다. 여러 의미에서 개인이든 기업이든 정부든 금융기관이든 왜 이렇게 뒤쳐져 있을까요? 다시 말씀드리지만 우리의 관행을 한번 돌아볼 필요가 있습니다. 그리고 저희가 이 분야에서 기회를 만들고 리더가 될 것이냐 아니면 우리가 익숙해 있는 팔로워로 남아있을 것이냐는 선택입니다. 마치겠습니다. 감사합니다.

임대웅 대표: 감사합니다. 기후문제는 곧 기회라는 점을 상기시켜 주셔서 대단히 감사합니다. 다음으로 모실 패널은 김종갑 교수님입니다. 교수님께서는 산업통상자원부 차관님, 한국전력공사 사장, 지멘스 회장 등 요직을 두루 역임하셨습니다. 이에 좀 더 깊이 있는 질문을 드려보고자 합니다. 우리나라는 에너지 빈국이면서 수출 지향적 산업구조를 가지고 있습니다. 그런데, 이 상황 속에서 기후변화와 생물 다양성을 고려해야 됩니다. 일례로 요즘 한전 적자 문제로 인해 전기요금을 현실화해야 한다는 주장이 나오고 있는데요 이런 논의 구조 틀 속에서 기후변화와 생물 다양성 논의가 어떤 의미가 있을지 여쭤보고 싶습니다. 특히 미국 같은 경우는 인플레 감축법(IRA)로 인해 재생에너지에 대해는 30% 투자세액공제가 가능하고, 이로 인해 재생에너지 가격이 떨어지게 되면서 일반 가계에 대해서도 1년에 한 500-1000불 가량의 에너지 비용에 대한 경감 효과가 있다는 평가가 있었습니다. 한국 상황은 어떻게 보시는지 궁금합니다.

김종갑 특훈교수: 한마디로 암담합니다. 우리 산업구조는 수출 지향형 대부분 에너지 소비형으로 되어있는데 EU 탄소국경조정제도로 인해 이미 오는 10월 1일부터 보고 의무가 생겼고 2026년에는 이 제도가 본격적으로 가동이 됩니다. 풍선효과로 인해 EU 외에 미국 등 다른 나라들도 비슷한 형태로 규제를 하게 되어있어서 시장 다각화는 해법이 될 수 없습니다. 규제 품목도 현재의 여섯 개로 절대로 끝나지 않고 더 늘어날 것입니다. 그런데 지금 우리 산업계는 '그때 되면 무슨 방법이 있겠지'하며 거의 준비가 안 돼 있는 상태이고 개별 기업별로 들여다봐도 비슷한 상황입니다. 굉장히 걱정스러운 일입니다.

앞서 정 교수님께서는 관행의 문제라고 지적하셨는데요, 이런 문제를 좀 시장 지향적으로 풀어볼 수 있는 길도 한 가지 있긴 합니다. 모두가 다 아는데 못하고 있습니다. 비유를 들자면 두부 장사가 콩을 80원에 사오고 두부 만드는데 20원이 드는데 두부 한 모에 65원만 받으려 하는 것입니다. 콩 원가도 안 될 뿐 더러 두부 장사가 20%의 부가가치를 창출하기 위해 하는 일련의 과정은 전혀 가격에 반영이 안 됩니다. 한전도 마찬가지 상황입니다. 그래서 결과는 어떻게 됐습니까? 소비자들이 지금 정규 요금을 원가 이하로 65%를 내니까 즐거워야 됩니까? 소비자들이 정말 알아야 하는 것은 그 동안 원가 이하의 전력 공급으로 인해 발생한 200조원이 넘는 채무 때문에 현재 국민 1인당 400만원씩 부채를 쥐고 있다는 것입니다. 올한해에만 국민 한 사람당 어린아이까지 포함해서 82,000원의 이자를 부담해야 합니다. 그런데 이자는 커녕 원금도 덜 내고 있기 때문에 결국은 이자에 이자가 붙고 해서 국민들의 부담이 늘어나고 있는 상황입니다.

오늘 우리가 ESG를 기업 거버넌스 관점에서 얘기하고 있는데요, 저는 이 문제의 해결은 국가 거버넌스가 요금을 정치화 하는 것을 포기하고 요금에 원가를 반영하는 데에서 시작해야한다고 봅니다. 그렇지 않으면 이 문제는 해결되지 않습니다. 결국은 모든 국민들이 이렇게 비싼 이자까지 나중에 내야 하는 상황이니 에너지 요금에 원가를 반영해야 한다는 점은 국민들에게 전달이 안 되고 원가 이하로 공급하면서 우선 생색내는 이런 식의 정치적 거버넌스에서 빨리 벗어나야 합니다. 단번에 시장 지향적으로 되기는 어렵다고 생각됩니다. 하지만 사실 지난 2년간 영국은 170% 전기요금을 올렸고 이탈리아는 700% 올렸습니다.

지금 한국은 영국보다 똑같은 GDP 1달러를 창출하기 위해 3.5배 전기를 쓰고 있습니다. 독일보다 2.8배의 전기를 쓰고 있습니다. 수요 측면에서도 효율성을 높여야 합니다. 즉, 싸게 공급하니 낭비를 하게 될 수 있는 구조적 문제를 개선해야 한다는 것입니다. 2050년 넷제로 달성을 위해서는 에너지 효율성을 높이는 것 또한 중요합니다. 오늘 대부분 공급 중심으로 논의를 했는데 효율성을 높이기 위한 수요관리도 중요합니다. 이를 위해서도 원가를 시장 지향적으로 반영하는 요금체제는 꼭 필요합니다.

에너지 취약계층에 대해서는 요금을 싸게 하면 취약계층도 낭비를 하기 때문에 요금을 깎아 주는게 아니고 재정적으로 지원을 합니다. 그런데 우리는 전통적으로 취약 농어민에 대해서는 원가 이하로 쭉 팔아 왔습니다. 다른 국민들이 대신 추가로 부담을 해 온 것이지요. 그래도 모든 국민들이 이해합니다. 그런데 작년에 농업용은 원가의 26%를 공급했습니다. 아시는지 모르겠는데 전국에 바나나 공장이 생겼습니다. 전기로 남방 해서 바나나를 만드는 공장이 생긴 건데, 이것은 순수 농촌의 농가 농업이 아닌 기업가들이 하는 일입니다. 그런데 이를 농업이라고 계속해서 원가의 26%로 공급해서 낭비되면 우리의 탄소 감축 목표와 IPCC에서 지적하는 40%의 효율성 달성은 도저히 불가능합니다.

그래서 다른 나라들도, 금융도 사실은 에너지 효율성 쪽에서 접근하는 것이 굉장히 많습니다. 왜냐하면 적정한 전기요금을 반영하기 때문에 예를 들어서 빌딩 리트로핏(building retrofit)을 하면 5년 내에 투자 회수가 이루어지기 때문입니다. 그런데, 우리나라는 12년 정도 걸립니다. 현재 서울시 탄소 배출원의 70%가 빌딩인데요, 그 부분을 리트로핏(retrofit)해서 에너지도 절감하고 충분히 탄소배출을 줄일 수 있는데, 원가 이하 전기료하에서는 이러한 메커니즘이 작동이 안 되는게 가장 큰 문제입니다. 모든 국민들도 이해를 해야한다고 생각합니다.

4인 가족의 경우 현재 이자 부담이 32만원인데 현 구조 대로라면 이자에 이자가 붙어 부담이 계속 늘어나게 됩니다. 이제 정부 당국이 이러한 현실에 대한 국민들의 이해도를 높이고 정책적인 부분에서 시장 지향적으로 바뀌어야 합니다. 단숨에는 안 되겠지만 그런 방향으로 나아가는 로드맵을 제시 했으면 좋겠습니다. 감사합니다.

임대웅 대표: 감사합니다. 국가 거버넌스에 대해 그리고 전기요금을 두부 가격에 비유해 말씀해 주셨는데요. 너무나 와 닿는 말씀이셨습니다.

이제 마지막으로는 하나금융 경영연구소의 정희수 실장님을 모시겠습니다. 우리 정부의 ESG 공시정책은 약간 숨 고르기 하는 것처럼 보이는데, 이런 분위기와 달리 글로벌 리더십 경쟁을 하고 있는 금융기관들은 굉장히 적극적으로 대응을 하고 있습니다. 특히 하나금융그룹은 올해 한국에서 개최된 유엔환경계획 금융이니셔티브(UNEP FI) 아태지역 라운드테이블에서도 리더십을 발휘해 주셨고 기후변화, 생물 다양성 관련해서도 많은 활동을 하고 계십니다. 국내 최초로 K-택소노미와 여신을 연결하기 위한 시스템 도입을 하기도 했습니다. ESG 금융 목표도 2030년까지 60조원인 것으로 알고 있습니다. 하나금융그룹의 이 같은 적극적 행보의 동인은 무엇인지요? 그리고 이밖에 어떠한 활동을 하고 계신지요?

정희수 실장: 우선, 저희 하나금융그룹은 탄소 배출 관련 정부 정책을 매우 적극적으로 수용하고 있습니다. ESG 경영이 오래 전부터 회자되어 왔지만 기업에게는 아직까지도 낯설고 어려운 주제이고, 특히 중소기업의 경우에는 경쟁에서 생존하기 위해 급급하다 보니까 이러한 ESG 경영을 생각조차도 못하고 있는 그런 상황입니다. 따라서 빨리 하는 것도 중요하지만 어쨌든 기업들이 대응할 수 있는 충분한 시간적 여유를 두고 그리고 제대로 정착할 수 있도록 도와주는 것이 정부의 역할이 아닐까 생각을 합니다. 금융회사들은 기업의 ESG 경영을 지원하고 모니터링하는 역할을 해야 되기 때문에 말씀하신대로 금융권에서는 여타 기업보다는

한발 앞서서 적극적으로 준비하고 있습니다.

이런 취지에서 저희 하나금융그룹도 ESG 경영과 관련해서 다양한 활동을 하고 있습니다. 하나금융그룹은 지속 가능 금융을 체계적으로 관리할 수 있도록 K-택소노미를 전산에 바로 적용하고 있고, 특히 그룹에서 보유한 여신 포트폴리오의 탄소 배출량을 분석하고 이를 기업가치 평가에 반영해서 기업의 리스크를 파악하고 있는 상황입니다. 그리고 저희 그룹은 그린워싱을 방지하기 위한 관리 체계 차원에서 PCAF(Partnership for Carbon Accounting Financials) 자산 분류 체계에 따라 탄소 배출량을 산정하고 7가지 자산 기준을 모두 적용하고 있습니다. 작년 2022년도에는 상장 주식과 회사채, 기업 대출과 비상장 주식, 프로젝트 금융에만 적용을 해봤는데 올해부터는 상업용 부동산, 모기지, 오토론, 국채까지 7가지 기준을 모두 다 적용 하고 있습니다. 이러한 광범위한 적용으로 그룹 보유자산의 배출량을 절반 이상 설명할 수 있게 된 점이 나름의 성과라고 보여집니다. 그리고 저희 그룹에서는 ESG 경영에 대처하기 어려운 중소기업을 대상으로 ESG 경영 컨설팅 서비스를 제공하고 있습니다. 올해 6개 기업이 혜택을 빝있습니다.

이제 화두를 바꿔서 생물 다양성에 대해서 말씀드리도록 하겠습니다. 제가 자료를 찾아봤더니 5월 22일이 생물 다양성의 날로 국제적으로 지정이 돼 있고 우리나라도 2012년도에 생물 다양성 보존법이라는 법률이 제정이 되었습니다. 그래서 본격적으로 생물 다양성에 대해서 논의를 하고 있었는데 최근에 와서는 사회적으로 조금 더 확산되는 움직임을 보이고 있고 저희도 이제 그룹 차원에서 적극적으로 참여를 하고 있는 상황입니다.

기후변화와 환경보호의 차원을 넘어 생물 다양성을 보존하는 것도 우리가 미래 세대에게 물려주어야 할 중요한 자산이라고 생각합니다. 그리고 우리가 잘 알지 못하는 희귀 동식물들이 미래 신약 개발에 중요한 단초가 될 수 있다는 것을 인식하게 되면 사실 이런 희귀 동식물에 대해서 함부로 훼손할 수는 없다는 생각이 듭니다. 그리고 울창한 숲과 잘 보존된 바다는 인간이 배출한 탄소를 정화하는 작용을 하기 때문에 다양한 생태계를 보존하는 것은 기후 위기를 대처하는 데에도 중요합니다. 이에 저희 그룹은 TNFD와 PBAF에 가입을 해서 이들과 함께 생물다양성에 대한 문제를 접근하는 방법론을 고민하고 해결 방안을 모색하고 있습니다.

하나금융그룹은 생물 다양성 사업을 추진할 때 단순한 자금공급의 금융적 지원뿐만 아니라 일자리 창출과 지역경제 활성화를 동시에 달성하기 위해 노력을 하고 있습니다. 예를 들어서 저희가 그룹 차원에서 발달장애인을 고용하고 있는 기업과 함께 하나비 컴백 농장이라는 꿀벌 농장을 조성을 했습니다. 지역 주민들을 대상으로 도시양봉 체험교육, 가족 주말 체험 농장을 운영하면서 사회적 가치를 창출하고 있습니다. 자연생태계를 유지하는데 중요한 역할을 하는 꿀벌이 최근에 사라지고 있는데 꿀벌을 되살리자는 생각으로 진행된 작은 프로젝트입니다. 작은 활동이지만 이러한 활동을 사회 전반적으로 확대한다면 사라진 꿀벌들이 다시 돌아올 수 있지 않을까 기대해봅니다.

최근 많은 금융회사들이 생물 다양성 문제를 중요하게 인식하고 자연 회복을 위한 기술이나 비즈니스에 투자를 많이 하고 있습니다. 글로벌 금융회사들이 이미 생물 다양성과 관련된 펀드를 20개 정도 출시를 했다고 합니다. 아직까지는 초기 단계이다 보니 그 수익성은 그렇게 높지 않은 상황입니다. 생물 다양성에 대한 솔루션 개발의 초기 단계이기 때문에 그런 현상이 나타난다고 보여집니다.

그럼에도 불구하고 금융회사들은 생물의 다양성 손실로 발생하는 리스크를 모니터링하고 생태계 보존을 위한 활동을 계속 시도해야 되다고 봅니다. 그런 차원에서 저희 그룹도 본격적으로 이러한 생물 다양성과 관련된 문제들에 대해서 접근을 하고 있습니다. 그리고 금융회사들은 생물 다양성 보존과 관련된 리스크 요소를 사전에 진단하고 기업이 미리 준비할 수 있는 리스크 관리 체계를 구축할 수 있도록 글로벌 규제에 대해서 적극 대응해야 된다고 생각을 합니다.

또한 기후목표 달성을 위한 개인들의 노력도 중요하다는 말씀이 있었는데요 생물 다양성과 관련된 금융상품을 은행 쪽에서 많이 출시를 하게 되면 개인들의 참여도 더욱 증진될 수 있을 것 같습니다. 금융상품을 다양하게 출시하고 손님 참여행사 등을 통해서 대중의 인식을 높이는 것이 중요하다고 생각합니다. 환경단체와 함께 대중의 실천 사항에 대해서 구체적으로 제시하는 등 금융기관이 개인의 참여를 독려할 수 있는 홍보활동에도 적극적인 역할을 할 수 있다고 봅니다. 금융회사가 소비자 접점에서 기후위기나 생물 다양성 보존과 관련된 사회 문제를 제기하고 대국민 인식 확산과 행동 변화를 유도하는 역할을 해야 된다고 봅니다. 이상입니다.

임대웅 대표: 감사합니다. 이렇게 네 분의 패널분들의 말씀을 들어봤습니다. 정책의 중요성 특히 금융감독과 관련된 논의도 했었고 또 문제를 기회로 인식해야 된다라는 지적도 있었습니다. 국가 거버넌스 특히 에너지 가격에 대한 말씀이 있었고, 금융기관 레벨에서의 기후 목표 달성을 위한 리더십에 대한 논의도 있었습니다. 이러한 노력을 더욱 효율적으로 만들기 위한 기술 관련 내용도 다뤘습니다.

이제 오늘 세션을 마무리하기 전에 이번 세션 주제인 '기후위기 대응과 생물 다양성 보존 회복을 위한 금융의 역할과 주요 정책'과 관련하여 핵심이 되는 해법을 연사분들 각자 한 문장으로 정리를 한다면 무엇인지 짧게 한 문장씩 부탁드리겠습니다.

정희수 실장: 제가 이 질문에 대해 아까도 말씀드렸지만 한 경제 주체가 이끌어 갈게 아니라 개인, 기업, 금융회사 그리고 정부가 힘을 합쳐 모두가 한 방향으로 진행하는 것이 바람직하다고 생각합니다.

정태용 교수: 기후 문제는 기회입니다. 우리는 이 기회를 빨리 잡아야 합니다.

김종갑 특훈교수: 시장 지향 접근에 해답이 있다고 생각합니다.

김병칠 부원장보: 기회라는 점을 강조하고 싶습니다. 특히 한국이 금융중심지를 꿈꾸는 나라로서 일반적 금융의 중심지로 가지는 못할 수 있겠지만 녹색 금융의 중심지가 되는 꿈을 한번 꿔보면 어떨까 싶습니다.

안드레아 컬리건 파트너: 앞서 언급된 모든 의견에 깊이 공감합니다. 저는 탈탄소화를 하나의 시스템으로 생각하고 혁신에 대한 거부감을 없애고 우리 앞에 놓인 재정적 기회를 활용하는 것이 매우 중요하다고 생각합니다.

임대웅 대표: 모두 감사합니다. 앞서 언급되었듯이 이제는 지구 온난화를 넘어서 지구가 끓고 있습니다. 마치기에 앞서 한 말씀 드리자면, 끓는 냄비 속 개구리에 대한 이야기가 생각납니다. 끓는 냄비 속 개구리는 냄비가 끓고 있다는 사실을 깨닫지 못합니다. 지금 우리도 온수가 아닌 열수를 경험하고 있습니다. 그러니 빨리 냄비를 벗어나야 합니다. 여러분들께서 언급해 주셨듯이 지금이 우리에게 기회이기 때문에 냄비를 벗어나 도약하는 것이 가능하다고 생각합니다. 오늘 이 세션 이후에도 더 많은 논의의 진전과 해법이 실현되기를 바랍니다. 그럼 여기서 세션을 마무리하겠습니다. 대단히 감사합니다.

영문 번역본

Contents

Foreword *193*

Program *195*

Opening Ceremony *197*

        [Opening Address]
        Jun Kwang-woo Chairman, Institute for Global Economics (IGE)

        [Congratulatory Address]
        Kim Joo-hyun Chairman, Financial Services Commission(FSC)
        Kim Tae-hyun Chairman & CEO, National Pension Service(NPS)

        [Conference Keynote Speech]
        Ban Ki-moon 8th Secretary-General, United Nations
        Joseph Stiglitz Nobel Laureate in Economics/Chair Prof., Columbia Univ./Fmr. Senior Vice President, World Bank

Session 1 | **Mercurial relations: US, China, and their geoeconomic implications** *221*

        [Moderator]
        Jun Kwang-woo Chairman, Institute for Global Economics (IGE)

        [Keynote Speakers]
        Eisuke Sakakibara Fmr. Japanese Vice Minister of Finance/President, Institute for Indian Economic Studies
        Kenneth Rogoff Chair Professor, Harvard University/Fmr. IMF Chief Economist

[Panelists]
Lee Jong-Wha Prof., Korea Univ./Fmr. President, Korea Economic Association
Robert Subbaraman Head of Global Macro Research, Nomura

Session 2 | The ESG Imperative: Enhancing sustainable growth, investment and management 247

[Moderator]
Henny Sender Managing Director, BlackRock/Fmr. Chief Correspondent, Financial Times (FT)

[Keynote Speakers]
Henry Fernandez Chairman & CEO, MSCI
Mark McCombe Vice Chairman, BlackRock

[Panelists]
Ben Meng Executive Vice President and Chairman of Asia Pacific, Executive Sponsor of Sustainability, Franklin Templeton
Chung Byung-suk Chairman of the Board of Directors/Chairperson, Samsung C&T ESG Committee
Won Sook-Yeon Prof., Ewha Womans Univ./Independent Director, Hana Financial Group(HFG)
Kim Dong-soo Director, Kim & Chang's ESG Research Institute
Rebecca Chua Founder & Managing Partner, Premia Partners

Luncheon Special Session 277

Kim Sang-hyup Chairperson, 2050 Presidential Commission on Carbon Neutrality and Green Growth

Session 3 | **Coming to terms with the AI revolution:
Reshaping our financial industries** *287*

[Moderator]
Yoo Jang-hee Prof. Emeritus, Ewha Womans Univ./Fmr. Chairman, KCCP

[Keynote Speakers]
Brian Brooks Partner, Valor Capital Group/Fmr. Acting U.S. Comptroller of the Currency/Fmr. CEO, Binance USA
Robert Hillard Consulting Leader, Deloitte Asia Pacific

[Panelists]
Jun Yoseop Director General, Financial & Corporate Restructuring Policy Bureau, Financial Services Commission(FSC)
Gordon Liao Chief economist, Circle/ Research Fellow, Cornell Fintech Initiative
Ray Chua Managing Director, Fortwest Capital
Kim Hyoung-joong Chairman, Korea Fintech Society/Distinguished Prof. Korea University
Ryu Changwon Executive Director, Hana Institute of Finance

Session 4 | **Before it's too late: Coping with the climate biodiversity crisis and the role of finance**... *321*

[Moderator]
Lim Dae-Woong Korea and ASEAN Advisor, UNEP FI

[Keynote Speakers]
Eric Usher Head, UNEP Finance Initiative
Yuki Yasui APAC Managing Director, Glasgow Financial Alliance for Net Zero(GFANZ)
Andrea Culligan Global Lead GreenSpace Tech, Deloitte

[Panelists]
Kim Byung Chil Deputy Governor of Strategic Supervision, Financial Supervisory Service(FSS)
Kim Jong-kap Distinguished Prof., Hanyang Univ./Fmr. CEO, KEPCO/Fmr. Vice Minister of Trade, Industry and Energy
Jung Tae-yong Prof., Graduate School of International Studies, Yonsei Univ./Director, WWF Korea
Jung Hee-soo Executive Director, Hana Institute of Finance

Foreword

The world is at a pivotal moment, confronting a combination of challenges that include the escalating climate crisis, rapid technological advancements like Generative AI, and persistent geopolitical tensions. The prolonged Russia-Ukraine war, coupled with economic disparities and macroeconomic uncertainties, has heightened geo-economic risks, making the global landscape more unpredictable. These converging crises emphasize the need for finance to take a leading role in driving sustainable growth and supporting the transition to a more resilient global economy.

In light of these challenges, the Institute for Global Economics (IGE) and Hana Financial Group (HFG) have co-hosted the 2023 Global ESG Summit under the theme "Big Step for Tomorrow." This summit has provided a platform for world-class leaders, experts, and policymakers to discuss critical issues such as the future of international order, the integration of ESG principles into business strategy, digital transformation in the financial sector, and the urgent need for effective climate action.

Through these discussions, the summit has sought to identify practical solutions that can turn current crises into opportunities for sustainable development. The insights gathered from this event aim to inform strategies that will help industries and economies alike navigate the complex global environment.

This report compiles the key speeches, presentations, and panel discussions from the summit, offering rich and timely content for those looking to understand and address the multifaceted challenges of today's world. We hope it will serve as an invaluable resource for leaders and decision-makers.

Lastly, I would like to express my deepest gratitude to all speakers and participants who contributed to the success of this event. Special thanks also go to the leadership of Hana Financial Group for their support in making this conference possible.

Thank you.

Jun Kwang-woo
Chairman & CEO, Institute for Global Economics (IGE)

IGE - Hana Financial Group(HFG) International Conference
2023 ESG Global Summit: Big Step for Tomorrow

Date November 2nd, 2023
Location Crystal Ballroom, 2nd Fl., Hotel Lotte Seoul

			November 2nd, 2023
	Conference MC		**Hannah Jun** Prof, Graduate School of International Studies, Ewha Womans Univ.
09:00 - 10:00	Opening Address		**Jun Kwang-woo** Chairman, Institute for Global Economics (IGE)
	Congratulatory Address		**Kim Joo-hyun** Chairman, Financial Services Commission (FSC) **Kim Tae-hyun** Chairman & CEO, National Pension Service (NPS)
	Conference Keynote Speech		**Ban Ki-moon** 8th Secretary-General, United Nations **Joseph Stiglitz** Nobel Laureate in Economics/Chair Prof., Columbia Univ./Fmr. Senior Vice President, World Bank
10:10 - 11:20	**Session 1** Mercurial relations: US, China, and their geoeconomic implications	Moderator Keynote Speakers Panelists	**Jun Kwang-woo** Chairman, Institute for Global Economics (IGE) **Eisuke Sakakibara** Fmr. Japanese Vice Minister of Finance/President, Institute for Indian Economic Studies **Kenneth Rogoff** Chair Professor, Harvard University/Fmr. IMF Chief Economist **Lee Jong-Wha** Prof., Korea Univ./Fmr. President, Korea Economic Association **Robert Subbaraman** Head of Global Macro Research, Nomura
11:30 - 12:50	**Session 2** The ESG Imperative: Enhancing sustainable growth, investment and management	Moderator Keynote Speakers Panelists	**Henny Sender** BlackRock/Fmr. Chief Correspondent, Financial Times (FT) **Henry Fernandez** Chairman & CEO, MSCI **Mark McCombe** Vice Chairman, BlackRock **Ben Meng** Executive Vice President and Chairman of Asia Pacific, Executive Sponsor of Sustainability, Franklin Templeton **Chung Byung-suk** Chairman of the Board of Directors/Chairperson, Samsung C&T ESG Committee **Won Sook-Yeon** Prof., Ewha Womans Univ./Independent Director, Hana Financial Group(HFG) **Kim Dong-soo** Director, Kim & Chang's ESG Research Institute **Rebecca Chua** Founder & Managing Partner, Premia Partners
12:50 - 14:00	Luncheon Special Address		**Kim Sang-hyup** Chairperson, 2050 Presidential Commission on Carbon Neutrality and Green Growth
14:10 - 15:30	**Session 3** Coming to terms with the AI revolution: Reshaping our financial industries	Moderator Keynote Speakers Panelists	**Yoo Jang-hee** Prof. Emeritus, Ewha Womans Univ./Fmr. Chairman, KCCP **Brian Brooks** Partner, Valor Capital Group/Fmr. Acting U.S. Comptroller of the Currency/Fmr. CEO, Binance USA **Robert Hillard** Consulting Leader, Deloitte Asia Pacific **Jun Yoseop** Director General, Financial & Corporate Restructuring Policy Bureau, Financial Services Commission (FSC) **Gordon Liao** Chief economist, Circle/ Research Fellow, Cornell Fintech Initiative **Ray Chua** Managing Director, Fortwest Capital **Kim Hyoung-joong** Chairman, Korea Fintech Society/Distinguished Prof. Korea University **Ryu Changwon** Executive Director, Hana Institute of Finance
15:40 - 17:00	**Session 4** Before it's too late: Coping with the climate biodiversity crisis and the role of finance	Moderator Keynote Speakers Panelists	**Lim Dae-Woong** Korea and ASEAN Advisor, UNEP FI **Eric Usher** Head, UNEP Finance Initiative **Yuki Yasui** APAC Managing Director, Glasgow Financial Alliance for Net Zero (GFANZ) **Andrea Culligan** Global Lead, GreenSpace Tech by Deloitte **Kim Byung Chil** Deputy Governor of Strategic Supervision, Financial Supervisory Service (FSS) **Kim Jong-kap** Distinguished Prof., Hanyang Univ./Fmr. CEO, KEPCO/Fmr. Vice Minister of Trade, Industry and Energy **Jung Tae-yong** Prof., Graduate School of International Studies, Yonsei Univ./Director, WWF Korea **Jung Hee-soo** Executive Director, Hana Institute of Finance

Opening Ceremony

Opening Address
Jun Kwang-woo Chairman, Institute for Global Economics (IGE)

Congratulatory Address
Kim Joo-hyun Chairman, POSCO Group
Kim Tae-hyun Chairman & CEO, National Pension Service(NPS)

Conference Keynote Speech
Ban Ki-moon 8th Secretary-General, United Nations
Joseph Stiglitz Nobel Laureate in Economics/Chair Prof., Columbia Univ.
/Fmr. Senior Vice President, World Bank

Opening Address

Jun Kwang-woo

Good morning, ladies and gentlemen and distinguished guests.

It is a great pleasure and privilege for me to open the IGE-HFG International Conference on behalf of the organizers and supporting institutions. I would like to extend my warmest welcome to each and every one of you.

Today, we confront devastating headwinds from rising geopolitical conflicts and economic challenges, along with the impact of extreme weather events that are exacerbating climate change, biodiversity, and the industrial ecosystem. Furthermore, the global economy is under serious threats, with persistent inflation, high-interest rates, and supply chain disruptions, making the world more volatile and vulnerable. These challenges highlight the urgent need to step up our collaborative efforts to alleviate economic uncertainties and achieve carbon-neutral goals simultaneously. Now is indeed the high time to move beyond the impending crisis to secure greater socio-economic sustainability and resilience for future generations by embracing the ESG management principles with a more active role for finance.

Against this backdrop, the conference will explore a broad range of interrelated issues pertaining to the post-pandemic new era, including coping with the challenges of a changing global economic landscape and strengthening ESG as both a central corporate management strategy and investment.

Ladies and gentlemen, I am grateful that we are joined by more than 30 of the world's leading scholars, prominent business leaders, as well as senior public officials in Korea. Although I cannot recognize all the outstanding participants individually due to time constraints, please allow me to extend deep appreciation to His Excellency, Mr. Ban Ki-moon, the 8th Secretary-General of the United Nations, for his keynote speech; the Honorable Mr. Kim Joo-hyun, Chairman of the Financial Services Commission, and Mr. Kim Tae-hyun, Chairman & CEO of the National Pension Service of Korea, for their congratulatory addresses; and Mr. Kim Sang-hyup, Chairperson of the 2050 Presidential Commission on Carbon Neutrality and Green Growth, for his luncheon special address.

In addition, I would like to thank our distinguished speakers, especially Mr. Sakakibara Eisuke, former Vice Minister of Finance of Japan, widely known as Mr. Yen, who is with us in person this morning; Nobel Laureate Prof. Joseph Stiglitz of Columbia University and former Senior Vice President of the World Bank; Prof. Kenneth Rogoff of Harvard University and former Chief Economist of the IMF; Mr. Henry Fernandez, Chairman and CEO of MSCI, the leading provider of indexes and ESG ratings; and Dr. Henny Sender, best known as a former Chief Correspondent at the Financial Times, for joining us today to represent BlackRock, along with Vice Chairman Mark McCombe's speech.

Special thanks must go to Dr. SaKong Il, the Chairman Emeritus, and Founder of IGE, which celebrates its 30th anniversary this year. Thanks also to Mr. Sung Ki-hak, Chairman & CEO of Young-one Group, for his exceptional patronage of IGE activities, and last but not least, Chairman Ham Young-joo of Hana Financial Group for his strong support that made this excellent gathering possible.

I sincerely hope that all speakers and participants will join us in making our conference a highly productive and successful event, contributing to a better tomorrow for Korea and the world.

I wish you all the best, and thank you very much.

Congratulatory Address

Kim Joo-hyun

Good morning, everyone. I am the Chairman of the Financial Services Commission. I am delighted to be here at the IGE-HFG International Conference, and I would like to congratulate the opening of the conference. I extend my sincere thanks to Chairman Jun Kwang-woo of IGE and Chairman Ham Young-joo of Hana Financial Group for organizing this important event. Furthermore, I express my gratitude to the CEO of NPS, Mr. Kim Tae-hyun, and Mr. Ban Ki-moon, former UN secretary-general, along with all the academics and professors who have taken the time out of their busy schedules to participate in this event.

The interest rate has been rising recently, lowering asset values, and market volatility has been increasing as well. However, I believe that the recent phenomenon is primarily caused by structural issues. Since the 1990s, the global community has enjoyed a peaceful global trade order and global trade, which has contributed to peace and stability in the global economy. Nevertheless, more recently, geopolitical tensions have been reshaping the global order, an aging society has slowed down economic growth in major economies, AI has been transforming the world, and climate change has escalated into a climate crisis. Consequently, all these megatrends are altering the economic paradigm and the overall geopolitical situation.

Amidst this backdrop of high inflation, high-interest rates, and high volatility, these three challenges that we are facing will likely persist for the time being. So, in this period of economic transition, we need to go beyond merely responding to one-off market shocks. We must develop organizations and systems capable of addressing these structural issues.

As the biologist Charles Darwin once stated, it is not the strongest or most intelligent species that prevails; it is the species that works together and cooperates to adapt to the changing environment that survives. The global economic conditions that Korea is facing are very challenging at the moment, but by working together, the government, corporations, and investors can respond to this new paradigm. This collective effort will enable Korea's economy and the finance sector to overcome low growth and advance to the next level.

I am confident that today's conference will delve into topics such as the new global economy, the evolving global order, addressing climate change, digitalization, and the AI Revolution. I believe we will be able to develop common solutions for all. Thank you.

Congratulatory Address

Kim Tae-hyun

Good morning. As introduced, I am Tae-hyun Kim from the National Pension Service. I would like to sincerely congratulate the hosting of the IGE-HFG 2023 Global Summit and extend my sincere appreciation to Dr. Jun Kwang-woo and Chairman Ham Young-joo. I would also like to thank Kim Joo-hyun for the congratulatory address. Additionally, I appreciate the upcoming keynote speech at the conference, to be given by Ban Ki-moon, the former Secretary-General of the United Nations, and I am honored by the presence of distinguished speakers like Professor Joseph Stiglitz.

Amidst global changes, the 4th Industrial Revolution and immunization are upon us. In these new times, a shifting paradigm is reshaping our world, affecting the overall circumstances and lifestyles of people. Natural disasters and climate changes are impacting tangible assets, and effective climate change responses require policies that require significant changes. Industrial risks are also materializing.

Under such a complex crisis for the sustainable growth of financial institutions, ESG has become an imperative in business management, and responsible investment is gaining increasing importance. The National Pension Service (NPS) is actively working towards responsible investment, upholding fiduciary responsibilities for investors, and has established related standards since 2017 in stock investments. We are considering the implementation of responsibility-related standards from investors twice a year to establish the right ESG standards. This approach allows us to review and incorporate them into investment decisions, ensuring comprehensive ESG management and the operation of the fund.

In 2021, ESG-related measures were introduced for domestic stocks and direct investments. Environmental protection and ESG contribution-related metrics were incorporated into ESG ratings and reviews of corporations last year. For the coming year, we plan to extend these measures to foreign stocks, as well as bonds and direct investments.

For the traded stocks, we have established various plans and operational standards based on ESG criteria. We are in the process of integrating responsibility-related measures into our operations. By mandating companies to submit responsibility-related and ESG standard-related disclosure reports, we aim to motivate them to integrate and adhere to ESG standards more rigorously. Additionally, we encourage the utilization of ESG-related reports and disclosures as a catalyst for embracing ESG imperatives.

To enhance our standards, the NPS has engaged with international organizations to broaden our cooperation and global presence. To support the diversification of our investments, we are also planning to implement and stabilize next-generation responsibility-related schemes and systems.

Distinguished guests, we find ourselves in the midst of global changes, including shifts in the world order and geopolitical tensions. As long-term custodians of the people's fund, the NPS is actively adapting to these changes to mitigate risks. With the summit's subtitle 'Big Step for Tomorrow,' I hope today becomes an invaluable opportunity. Thank you.

Conference Keynote Speech

Ban Ki-moon

Ladies and gentlemen, I extend a warm welcome to you all. Congratulations on organizing the IGE-HFG conference. My sincere appreciation goes to Dr. Jun Kwang-woo, Chairman of IGE, and Mr. Ham Young-joo, Chairman of HFG, along with all the esteemed experts and academics contributing to today's discussions. Special thanks to Mr. Kim Joo-hyun, Chairman of the FSC, Mr. Kim Tae-hyun, CEO of the NPS, and all participants for dedicating their valuable time to this conference.

In the face of escalating uncertainty and unpredictability, today's theme, "Big Step for a Sustainable Tomorrow," stands out as particularly timely. I am confident that this topic has the potential to foster consensus among the participants.

Ladies and gentlemen, humanity is currently grappling with the challenges posed by the global public health crisis triggered by COVID-19. The illegal invasion of Ukraine by Russia has resulted in widespread disruptions to the global supply chain, particularly in the realms of energy and food. Over the past two years, conflicts between Israel and Hamas have escalated across the Middle East, contributing to heightened tensions in the region. These developments may introduce uncertainties in global oil markets, potentially leading to an energy crisis worldwide this winter.

Observing the conflict between Israel and Hamas brings to mind my experiences as the Secretary-General of the United Nations. In early January

2009, amidst a similar crisis, I promptly visited the region. Commencing with a meeting with Prime Minister Netanyahu of Israel, I proceeded to Palestine to engage with President Abbas. Subsequently, I traveled to Jordan for discussions with King Abdullah and Lebanon to meet the Lebanese Prime Minister. The journey covering four countries in one day, was driven by the conviction that we needed to expedite the resolution of the situation.

In reality, that midnight, Prime Minister Netanyahu declared a ceasefire. However, for the ceasefire to take effect, Hamas needed to agree. The next day, I went to Syria and met with the Syrian President. I urged him to talk to Hamas and secure their agreement. Despite the Syrian President's claim of having no control over Hamas, I insisted that he did and needed to make them agree to the ceasefire. Subsequently, I flew to Egypt. At that time, many European leaders were at the Egyptian venue. The UK Prime Minister, Chancellor Merkel of Germany, and President Sarkozy of France were all in Egypt, engaging in heated discussions. Those discussions resulted in Hamas agreeing to the ceasefire. The agreement was very dramatic news at the time, and no further discussions were needed afterward.

Why does this geopolitical tension persist today? I believe it stems from political disharmony in the region. President Biden flew to the area, yet it proved insufficient to resolve the current tension issue. Moreover, attacks continued. Of course, Hamas should be criticized. However, the brutal counterattack by Israel is also something we need to consider, as it adds tension not only in the region but also globally.

The U.S.-China conflict is a significant concern as it tends to create divisions across the world based on values and national interests, rather than fostering unity within the global community. Fortunately, at the pinnacle of this conflict, Presidents Biden and Xi Jinping of China engaged in discussions to explore a more peaceful future for the world, recognizing the potential ramifications on the global economy and each individual.

As the former UN Secretary-General, I actively strive to contribute to global peace. In June, prior to the Israel-Hamas conflict, my presence in the region was driven by personal reasons. Unfortunately, I couldn't arrange a meeting with the Prime Minister, but I did engage with President Abbas. Despite these efforts, the conflict unfolded, highlighting the complexity of the geopolitical landscape. This situation underscores the multi-layered challenges faced by the global community, where complex crises emerge on a daily basis.

The global economy is undeniably influenced by geopolitical factors, and both the OECD and IMF have presented their outlook for the upcoming year. Unfortunately, these institutions are consistently revising the economic projections downward. Korea's growth outlook is now less than half of the global average growth rate. The global supply chain, especially concerning food and energy, is contributing to the inflationary pressures. With the U.S. maintaining a high-interest rate policy for an extended period, governments worldwide are compelled to sustain contractionary monetary policies and adopt stringent fiscal measures. Korea, grappling with a total household debt of 1,800 trillion won, is confronted with a formidable economic challenge in this context.

For the global economy to rebound from the pandemic and embark on a robust growth trajectory, achieving geopolitical stability is imperative. Simultaneously, reinforcing the foundational elements of the global economy and reinstating a well-functioning global trade order are equally crucial. In the case of Korea, there is a pressing need to undertake structural and regulatory reforms aimed at enhancing productivity and addressing core economic fundamentals.

Ladies and gentlemen, COVID-19 has ushered in a profound transformation in our world. It laid bare the vulnerabilities within our society that were previously unnoticed. The global response to this crisis has showcased unprecedented international collaboration. Concurrently, we've gleaned a crucial lesson in the importance of heeding expert opinions and scientific guidance. Neglecting the input of corporations, dismissing the advice of scientists and experts by political leaders, and failing to adhere to the recommendations of government quarantine agencies can lead to significant losses, both in terms of human lives and the economy.

If you recall, back in 2013 in West Africa, Ebola was spreading throughout society. The death rate of Ebola is 45%, and we have scientists and medical experts here with us today. The COVID-19 death rate is less than 2%, making Ebola 25 times more fatal than COVID-19. The Ebola crisis was swiftly addressed; the UN intervened promptly. I perceived Ebola as a potential serious global security threat, warranting the UNMEER (United Nations Mission for Ebola Emergency Response). The mission formed rapidly, and I dispatched soldiers from the military—7000 from the US, 500 from the UK, and 500 from France—to Liberia, Republic of Guinea, and Sierra Leone. In just one day, the General Assembly decided that Ebola posed a serious threat to global peace and stability. This unfolded within two days. Now, let's consider COVID-19. Originating in Wuhan, China, President Trump pointed fingers at China, labeling it the Wuhan crisis. This damaged China's standing in the global community. With numerous lives lost, the UN had to acknowledge the serious impacts on global security and peace. However, it took 49 days for the UN Security Council to initiate resolutions or actions. President Trump's withdrawal from the WHO, attributing it to the Wuhan crisis and Wuhan virus, significantly affected the organization. Despite being a research institution, the loss of the US, contributing about 35% of the budget, caused a ripple effect in the WHO.

And I think we need to have a sense of urgency regarding the global crisis because actions of this kind can undermine global community investment. Already, humanity has established mechanisms for international cooperation that incorporate expertise from experts, academics, and corporations in the field. If we do not heed the advice of experts, severe ripple effects can occur in countries that disregard their recommendations, leading to the loss of many human lives and causing economic damages. I believe this is a crucial lesson we learned from the COVID-19 pandemic.

COVID-19 also exposed vulnerabilities in the global public health system. Conversely, it spurred the development of contactless technology, introducing video conferences and virtual meetings. In this sense, the COVID-19 virus dramatically changed daily lives and promoted digital transformation. Drawing on the lessons from the pandemic and the shift to digitalization, we need to devise new methods to ensure the elements contributing to a sustainable tomorrow. As the possibility of another pandemic looms, preparedness for future incidents is imperative.

Ladies and gentlemen, I believe that the first big step for a sustainable tomorrow that 8.1 billion people on the planet need to take would be by far climate action. Climate change is not some big fear. It is grounded in scientific facts. It is based on scientific evidence and it is an existential crisis for Humanity.

We often say, 'Seeing is believing.' It's a reminder that witnessing something first hand is a powerful way to understand and acknowledge the truth. Although I am not a scientist or an expert in the field of climate crisis, I strongly feel the need to set an example. To do so, I have embarked on four journeys to both the Arctic and Antarctic. The Aral Sea was once a place abundant with water, but now I have witnessed its transformation into vast desert landscapes. The ships are stranded on the dried-up sea, serving as silent witnesses to the impacts of climate change. I had the opportunity to witness such scenes firsthand while traveling in places like Uzbekistan.

Next is Lake Chad. Lake Chad is like a sea; it's so large that the lake appears to be an ocean. The lake is enormous, yet the lakebed is visible during a 40-minute helicopter ride. The bottoms of other lakes have also been exposed. Following that, there is a very small island in the Pacific called Kiribati. If you go there, cars cannot pass without splashing water. Every time you cross the road, the water on the cement road ripples. The land is sinking. Consequently, Kiribati has purchased land in Fiji because the country is sinking, and they are attempting to relocate the nation.

If you were to visit Jakarta, Indonesia, you'd witness the city grappling with submersion, a consequence of rising sea levels that has led them to relocate their capital to Kalimantan. This scenario serves as a warning for Korea, as without substantial climate action by 2100, the sea level could surge by 60 cm to 2.5 meters. In the event of such a rise in Incheon's sea level, iconic structures like the Lotte Tower and the 63 Building might lose their functionality. This is not a distant threat; it's a stark reality for us all. The current state of climate change is already alarming, but acknowledging it as the worst-case scenario falls short, as it has the potential to escalate even further.

It is evident that humanity is confronted with an unparalleled climate change scenario. During my tenure as the Secretary-General of the UN, 'global warming' was the prevailing term, but now the situation is described as 'global boiling.' This vivid metaphor underscores the urgency and crisis at hand, akin to the consequences of boiling water. The shift in terminology reflects the pressing need for immediate action. Governments globally have pledged to achieve carbon neutrality by 2050, with Korea, under the Moon Jae-in administration, making a commitment to this goal. However, reaching net zero by 2050 demands substantial efforts and dedication.

By 2030, the National Determined Contribution (NDC) target is being implemented, with only 40% announced during the Moon administration. At that time, businesses and corporations expressed skepticism, stating that achieving a 40% reduction in emissions by 2030 was unattainable. Despite these concerns, it's a global pledge that the Korean government has already committed to, and thus, we must uphold this promise. Climate change is intricately linked to our survival, human rights, and all facets of our society. Presently, serious concerns are emerging regarding climate-related human rights issues. The climate crisis does not discriminate; it affects everyone, from presidents and prime ministers to CEOs of major corporations.

Thus, every individual faces the identical risk, as climate change extends its influence beyond personal spheres to encompass national security and the very survival of nations. The Pacific Island, as highlighted earlier, exemplifies this global challenge. Its relocation to Fiji, necessitated by the adverse effects of climate change, underscores the profound implications resonating across the entire globe.

Global change poses a crisis that transcends borders. No single entity, no matter how powerful or resourceful, can tackle this issue in isolation. It's a collective challenge that necessitates global collaboration. We must come together, united on the same front. This is a message I consistently underscore – a call to action that demands serious consideration. It's imperative for politicians and societal leaders to approach this matter with the gravity it deserves.

Climate change is the result of humanity's self-inflicted wounds through the unlimited use of fossil fuels. To address this issue, civil society, governments, academia, and all stakeholders must come together to build collaborative partnerships. In these efforts, I believe the most crucial element is political dedication. Now is the time for political leaders to demonstrate unwavering commitment to addressing climate change. They must not waver in their resolve. Additionally, the decisions of leaders who wield significant influence over most economic activities are of utmost importance.

Ladies and gentlemen, drawing on my decade-long commitment to the global community as the former UN secretary-general, one of the milestones that fills me with pride is the successful realization of the Paris Climate Change Accord. My passion for this accord was unwavering during my tenure, culminating in its signing shortly before my departure. The journey to its fruition spanned ten years, with the accord officially becoming an international treaty on November 4, 2016, just 60 days before my term concluded. However, my optimism was met with disappointment as, a mere 80 days later, on January 20, 2017, the United States, under President Trump's leadership, made the regrettable decision to withdraw from the Paris Accord. While I hold great respect for the United States, I believe this withdrawal was an irresponsible move that warrants criticism of political decisions.

Fortunately, President Biden, in a globally televised moment, reaffirmed the United States' commitment to the Paris Accord by signing the treaty. Thanks to his decisive action, the U.S. rejoined the international effort. Yet, the urgency remains: If we fail to limit global warming to within 2.5 degrees by 2050, the repercussions will be felt worldwide. There is no fallback plan, no alternative planet—only Plan A. The target of 1.5 degrees, acknowledged by the World Meteorological Organization, has already seen a global temperature increase of 1.5 degrees. With only 0.35 degrees of leeway in the coming years, the question persists: Can we truly achieve this? The collective efforts of humanity are essential in meeting this critical goal.

Amidst global floods and natural disasters, the rising sea level is a stark reality, reaching the brink of our very existence. Complacency is a luxury we cannot afford. Achieving carbon neutrality by 2050 and meeting the 2030 Nationally Determined Contributions (NDCs) is imperative, regardless of the sacrifices involved. The crucial role of governments and politicians cannot be overstated. Personally, engaging with industry leaders, I visited POSCO to discuss the urgency of the matter. Korea's annual emission of 650 million tons sees POSCO contributing 12% to this total. As a key player, POSCO has committed to lead by introducing hydrogenation and investing eight trillion won to cut emissions by 2050. Similar discussions with Hyundai leadership resulted in a pledge to transition entirely to electric vehicles by 2035, aligning with Europe's 100% carbon tax on cars by that year.

For a hopeful future, progress in climate finance and technology is paramount. The climate tech and finance market, estimated to reach a staggering 50 trillion US Dollars by 2050 according to BCG, reflects the growing momentum in this area. Encouragingly, global companies are voluntarily committing to carbon reduction plans, bolstering their activities in Environmental, Social, and Governance (ESG) initiatives and aligning with international efforts. While Korea's plan for an ESG disclosure mandate by 2025 has been delayed to 2026, emphasizing a focus on quality over speed, it's crucial that corporations do not misinterpret this as permission to postpone ESG business management implementation. On a positive note, the addition of Dr. Lee Hoe Sung Lee, a seven-year leader of the IPCC, as President of the Carbon Federation Alliance provides an opportunity to leverage the RE100 and CFE, paving the way for a global standard model to effectively reduce carbon emissions.

In the realm of AI, where rapid technological evolution is evident, it is imperative to harness the positive aspects while mitigating the negatives, such as the proliferation of fake news and threats to democratization. Recognizing this, recent legislative actions in the US and the UK underline the need for control and regulation in this domain. Leaving AI unattended poses risks, given its potential for widespread negative impact if misused by entities akin to Stalin and Hitler. Proposing an international treaty similar to the IAEA, focused on strengthening regulations, becomes crucial. As humanity strives to tackle the climate crisis and foster economic development, the incorporation of Environmental, Social, and Governance (ESG) principles is deemed indispensable, as exemplified by today's discourse.

The collective efforts of each individual are crucial in propelling us toward a sustainable future, and our community is enriched with academics and experts dedicated to this cause. Envisioning an eco-friendly and climate-flexible future, we must harmonize human systems and ecosystems for the benefit of all. With optimism, I anticipate that this conference will be a source of productivity and inspiration for everyone involved. Thank you.

Conference Keynote Speech

Joseph Stiglitz

Thank you for inviting me to address you on these very important topics. I wish I could be there in person to share my views.

As you all know, we are in the midst of what someone calls policrisis. Climate crisis, inequality crisis, crisis of trust in our institutions, a democratic crisis. There is polarization within and between countries. Let me say up front, I believe very strongly in democracy and market economies. But, a market economy that works for all the citizens, and that means a market economy in which governments, non-governmental institutions, and a rich ecology of institutions play an important role. I refer to this kind of broader sense of capitalism as progressive capitalism, very different from the neoliberal capitalism that has dominated for the last 40 years.

I also believe that if we are to sustain our democracies, we must rebuild the trust that has been lost. All the studies and all the survey show that in fact there has been a significant loss of trust in our major institutions. But to rebuild trust, I believe we need to reduce the inequalities, which have grown so markedly over the last 25 years, and especially over the last 3 years. Moreover, we have to do all of this in the context of a world facing environmental boundaries. I think it's not fully appreciated the way we pushed against our planetary boundaries in just the last 70 years during my own lifetime. Global GDP in the last seven years has increased 15-fold while the global population has increased threefold. What we could do in 1950, we cannot do today. Climate change is an existential crisis, but it's not the only critical environmental vulnerability.

Addressing these climate change and other environmental issues will require global cooperation. And this is where the current polarization is so evident and is not very helpful. I think it's critical that we frame our relationships based on healthy and strong competition. But competition in some areas does not preclude cooperation in other areas. And what we need, obviously, the need is cooperation in global health issues like Pandemic, and cooperation in the existential issues of the day, climate change. This ability to compete in some areas and cooperate in others is going to be the critical geopolitical challenge in the coming decades.

Of course, it should be in the interest of all that these crises be addressed and quickly. But economics has taught us about the so-called free-rider problem. Everybody wants others to do the heavy lifting and wants others to cut back sharply. They agree that something should be done, but they think it would have been better if others had done it. This mentality I think is doubly wrong. First if everyone thinks that way, then we are doomed, and we should know that. But there's another reason this way of thinking I think is wrong. I think that growth and strong climate action can be complementary. That is to say, countries that take stronger climate action may actually find that it is better for their economy.

Nicholas Stern and I have recently written a paper explaining why that is so. Let me just give you one aspect of the nature of this complementarity. Taking strong climate action early gives one an advantage because of what economists referred to as learning by doing. When one goes to renewables, as opposed to fossil fuels, there's a lot of learning to be done. And it's quite striking how successful we've been in bringing down the cost of renewables in just a short span of time with remarkably little government impetus come down something like 75-90%. More generally, taking this and other actions of renewables, green buildings, green transportation systems, puts one further ahead in this learning process.

Korea learned this lesson decades ago when it began its development process after the Korean War. It leapfrogged and started, for instance, producing ships. It went down the learning curve, and it's now very hard for others to compete. Korea became a leading producer in many other areas, and now, from my understanding, is trying to do this in green hydrogen.

Ideally, one might imagine the government putting into place regulations and other policies addressing all these crises. For instance, we could imagine having a carbon price, strong climate regulations, investments, and other policies to protect the environment. We can imagine strong competition laws, minimum wages, labor while strengthening union and workers' bargaining power to combat the inequality crises. We could imagine strong laws against fraud and other consumer protection legislation, transparency laws, or laws governing mis and disinformation to help restore trust.

But we're far from that ideal. And we all know some of the reasons why governments haven't been able to achieve this. The political processes in democracy are complicated, and there are vested interests that don't want action in these areas—fossil-fuel companies they don't want to move faster towards the ecological transition. Because we don't have this perfect governmental structure, firms and households have to do their part to address these crises. They have to think of the regulations as the bare minimum of what they should do.

Firms that pay minimum wages should ask, is that a livable wage? What would life be living with that wage? Firms that are emitting greenhouse gas but still within the law need to ask, how do they feel about themselves as they contribute to an environmental disaster? As shareholders, we should want our money going to firms that act, to put it simply, in the right way and in the moral way. But we can't ascertain that without firms disclosing what they are doing. Disclosures is the sine qua non.

That's where ESG comes in: environmental, social, and governing standards that all firms should pursue. Corporations are an important part of the market economies' institutional framework. Thus, if there is not good governance of corporations with transparency for all corporations to all stakeholders, there won't be trust in market economies, and there won't be trust in our democracy.

Milton Friedman, often regarded as the high priest of neoliberal capitalism, prevailed from the middle of the last century until recently, he and other conservatives, led the world down, I think, they destructed path, claiming that firms only pay attention to shareholders—what's called shareholder value maximization. They should ignore the environment, workers, and the communities in which they work. All they needed to do was do what they had to do to stay out of prison, to stay within the law. They should do the bare minimum that the law requires. Whatever they can get away with, whatever is legal that increases the value of shares, should be done.

Let me make it clear. There were actually very weak intellectual underpinnings for Friedman's assertion. He wanted to say that if firms maximize shareholder value, societal well-being would be maximized—a little bit along the lines of a twentieth-century reinterpretation of Adam Smith. However, Adam Smith had made it very clear that markets, on their own, do not lead to societal well-being. He described the pursuit of self-interest as an important force. But he also explained that whenever firms they could get together, they would collude to raise prices and drive down wages. He argued that there needed to be strong regulations in many areas. Moreover, he believed individuals and companies ought to go beyond what was required.

Sanford Grossman and I wrote a series of papers showing that shareholder value maximization did not lead to societal well-being. We were actually writing these papers at the same time that Milton Friedman was arguing for shareholder value maximization. We published our articles in the quarterly Journal of Economics and Journal of Finance, peer-reviewed journals. And arguments we put forward fifty years later still stand haven't been undermined.

However, Milton Friedman published his ideas in the New York Times magazine. He had great rhetoric, and his ideas had an enormous amount of influence. In fact, he went so far as to argue that it was immoral not to maximize shareholder value. He won the day, but our society has paid a high price. Now, 50 years later, we've seen the error of this particular approach. Even in the United States, the last bastion of shareholder capitalism, the idea is beginning to be questioned. This shift is noticeable even in the Business Roundtable, which brings together our largest firms.

Let me spend a few minutes talking about each of the elements of ESG. I'll begin with the 'G,' the last part. Good governance is crucial because only with it can the other objectives be achieved. 'S' stands for social, which refers to the broader social obligations that corporations have, including training workers decently and not exploiting them, even if it is possible to do so to enhance profits. I think this is really important if we are to restore confidence in our democratic market economies. Finally, and importantly, 'E' is for the environment, which I've already dwelled on.

I want to return to the point that as citizens, we want to invest our money in firms that have a good ESG record. That means there must be disclosure, and it must be required and standardized. Efforts to do this are now underway in the United States. Accounting frameworks are inherently imperfect, but there are simple indicators that could be employed to provide a good picture of how well firms are doing in achieving these broader ESG goals. We should not let the perfect be the enemy of the good. We know that our standard accounting frameworks, the conventional parts, and profits are imperfect and can be manipulated. This is true for the ESG metrics as well, but hopefully, the combination of a free press and diligent analysts will cover instances of gross deviations between the truth and what is reported in the matrix.

I return to the beginning of my talk. In the themes of this conference, the multiple crises we face can only be addressed if all of us in all of our countries do our part. ESG is an important instrument to facilitate corporations in doing their part to create a sustainable and equitable future.

Thank you for having me, and I look forward to the proceedings of the conference.

SESSION 1
Mercurial relations: US, China, and their geoeconomic implications

Moderator
Jun Kwang-woo Chairman, Institute for Global Economics (IGE)

Keynote Speakers
Eisuke Sakakibara Fmr. Japanese Vice Minister of Finance
/President, Institute for Indian Economic Studies
Kenneth Rogoff Chair Professor, Harvard University/Fmr. IMF Chief Economist

Panelists
Lee Jong-Wha Prof., Korea Univ./Fmr. President, Korea Economic Association
Robert Subbaraman Head of Global Macro Research, Nomura

Jun Kwang-woo

Good morning. Welcome to the first session of our conference, where we will explore global economic prospects and the evolving geopolitical dynamics shaping our world today. Our aim is to draw valuable lessons, assess key implications, and consider the policies we should pursue in response to these changes.

We are honored to have four distinguished speakers with us for this session. Seated to my immediate left is the esteemed Mr. Eisuke Sakakibara from Japan. Mr. Sakakibara, a former Vice Minister of Finance for Japan, is best known for his influential role during the 1990s, when he earned the moniker "Mr. Yen." He currently serves as the President of the Institute for Indian Economic Studies.

Next, we are privileged to have Professor Kenneth Rogoff from Harvard University, a globally recognized economist and acclaimed co-author of the best-selling book "This Time is Different". Professor Rogoff has also served as Chief Economist of the International Monetary Fund (IMF). Given that Professor Rogoff is joining us from Boston, where it is currently late, we will begin the session with his presentation. After his remarks, we will open the floor for a few questions, and then continue with presentations from Mr. Sakakibara, Professor Lee, and Dr. Subbaraman. This will be the structure for today's session. Following all the presentations, I will pose additional questions to our speakers and facilitate a broader discussion.

With that, I would like to invite Professor Rogoff to begin. Professor Rogoff, the floor is yours.

Kenneth Rogoff

Yes, thank you very much. Thank you for the honor of speaking at this conference. I want to start out by saying the US-China relationship, though a cliché, is the most important relationship in the world. It is really hard to imagine how we're going to solve problems like the environment, peace, and many other issues without cooperation between the United States and China. Certainly, I have many concerns about this at the moment. I'm going to talk primarily about China, but then I'll turn to the United States at the end of this.

I think we're really at a turning point in the Chinese economy. It's really for many reasons. After decades of spectacular growth, constantly doing better than anyone could imagine, and I think almost always getting the experts like me wrong, China is probably entering a period of much slower growth going forward. I hesitate to say recession, because even 1 or 2% growth in China feels like a recession, but I think over the next decade, if China were to achieve growth of 3%, it would be doing very well, weather the headwinds.

Well, first of all, demographics is starting to bite in China. There's stalling globalization, and I'll talk about that in a second. Fracturing of the global economy. I don't think there's any question that at least we, Western economists, feel that there's becoming an over-centralization of power in China, which may have its purposes, but economic efficiency and rapid growth are not one of them.

What I want to especially highlight is something I've been writing about for several years, which is that China has been very good at building things: roads, bridges, high-speed railways, houses, office buildings and many of us have seen the incredible achievements that have come from this. But probably, China is coming to the end of the road on this as strategy for achieving growth. Probably, they're running into diminishing returns, as we economists say you get less gain from additional investment, and it was true of the Soviet Union, it was famously true in Japan, and in much of Asia.

In fact, if you look at Europe in the last twenty or twenty-five years, it has also slowed down quite a bit, again running out of steam from the catch-up with the United States that happened after World War II. This is particularly difficult for China to handle because the real estate and infrastructure sector of the economy, directly and indirectly, is more than 30% of the economy, counting the downstream and upstream effects. Trying to move this into something else is very difficult.

This problem of real estate overbuilding and diminishing returns may not be so obvious to you if you have only visited the so-called tier-one cities - the Marquis cities like Beijing, Shanghai, Shenzhen, and Guangzhou. But if you go out to the poorer and smaller cities - they're still big - the so-called tier-three cities and below, that's really where the heart of the problem lies. That's where the overbuilding has been most severe. In fact, tier-3 cities now account for 80% of the physical housing stock, and by value, still 50%. The tier-three cities are important; they account for more than half of China's output, and this is where the problem really lies.

I think the Chinese authorities sensibly, and in many ways, were trying to prevent the over-concentration of their population into their biggest cities, but the problem is that the jobs just haven't come as much to these smaller poor cities. People have been leaving in probably, by almost any measure, prices have been falling. When you're reading about all the real estate bankruptcies, after Evergrande, China Gardern, the tier-three cities are at the core of this.

This is not a problem which can just be solved by adjusting credit, by some action that the central government can take to solve the problem. The problem is overbuilding, and what do I mean by that? Well, one measure is that China has as many square meters per capita of housing as Germany, France, the United Kingdom - much richer economies - and the quality is not comfortable everywhere, but most of it has been built since 2000. Back in 1992, China had 5 square meters per person; it is ten times that almost today, and that's really where the heart of the problem is. There needs to be this readjustment.

Now, real estate problems often presage a financial crisis, and that's certainly a question that everyone asks. That's hard to say because in a very centralized Chinese system, they're able to handle financial bankruptcies, debt problems, perhaps more quickly and efficiently. But nevertheless, the size of the credit problem, which you particularly see in local governments and you see in small regional banks, which, again, are not that small, is pretty acute, and the bailout pretty extreme.

I point out that the fact that the problems are localized particularly into tier-3 cities also some tier-2 shouldn't give you too much relief that this is an easy problem.

If you look in the United States when we had our real estate crash in 2008/2009, it actually was just five States. Almost all of it - Arizona, Nevada, Florida, Texas, California. California is almost 20% of our economy, so they're not small, and Florida is very big. But this is really a problem. And I have to say, reading about all the almost bans that China has put on having anyone say anything bad about the real estate sector reinforces my conviction that the problems are really very deep.

I learned recently that one of the suggestions that many of us have had for China to solve its local government debt problem is to allow property taxes, which don't exist. It's not popular, but you have to fund local government somehow. That's what most countries in the world do. Evidently, you're not allowed to talk about that in China, not even in an academic discussion. And I think that gives a flavor of the difficulties.

Let me turn a little more to the United States, and then I'll come back to China and the United States. The United States has been surprisingly resilient. I don't think many people can say that they knew that if interest rates would go up this much, that we wouldn't have a recession. It's really quite unusual; it's quite surprising. I have been writing about why I thought this for quite some time - that long-term inflation-adjusted interest rates would probably end up quite a bit higher eventually than we saw after the financial crisis.

If one looks at the long history of real interest rates, one can see that events like the financial crisis and the falling interest rates have happened before; it's lasted for a while until it doesn't. And I think that's also part of what we're seeing now.

It's a major event in the whole world - this adjustment in real interest rates. It's being felt in many places. One of them in the United States is commercial real estate, where it already was in trouble after the pandemic, and now with interest rates so high, it's even in more trouble.

Let me come back to the China-US relationship. The tariff war that was started by the United States, that the Trump Administration put on China, has been disappointingly popular in the United States. But the idea that this is going to bring back jobs - that also forced them to apply tariffs on many products from Korea - this has not brought jobs back to the United States. It's an added cost for Americans as a tax, but the manufacturing sector in the United States is never going to produce a lot of jobs again. Our farming used to account for 80% of the people working when we had the American Revolution. Now, it's well under 2%. Manufacturing was more than 30%, I think even 35% of all jobs in the 1930s. Now it's 8%. Manufacturing may come back some, but it's going to be machines. It's going to be automation, and I certainly understand the idea of trying to protect critical infrastructure, be sure that you have medical supplies in the pandemic, the idea that you need a tariff on washing machines to protect the US economy, because I think is very unfortunate and counterproductive.

Just a few other things. I think one thing China must be rethinking is its peg to the dollar. Technocrats within China have been arguing for years that the authorities should consider having a more flexible exchange rate. There have been good reasons that it hasn't done it - for one, the Asian supply chain; another is it needed the exchange rate as an inflation factor. But as we look at this unfortunate fracturing between China and the United States, and China has to be looking at the financial sanctions that the United States has placed on Russia, one has to think that this policy may not last indefinitely.

And then just one final comment if I may: China has played a very important role in financing emerging markets over the last 15 years especially, and of course, it's running into problems particularly in some of the smaller developing countries, where the pandemic emerged, interest rates emerged, slow growth in the advanced economies have heard and a great many developing countries are now in crisis. China has owed a lot of money; the West has owed a lot of money, and this has to be sorted out in some sort of cooperative way.

I think a good starting point would be to have China take a greater share in the IMF, the International Monetary Fund. The managing director of the International Monetary Fund, Kristalina Georgieva, has proposed this. I think it's a very good idea. There are many Americans who say they don't want to give China a bigger voice, they don't want to give China a bigger role, but there's just no alternative to having China be more part of the system, instead of trying to have this fraction. So, maybe this is wishful thinking, but I don't see another way forward besides finding a way to re-establish cooperation. Thank you very much.

Jun Kwang-woo

Thank you very much, Ken, for your in-depth analysis of China's economy, especially the issue of tier-3 cities. They're often overlooked, but I appreciate your clear explanation of the challenges they face. It's clear that China must address these issues in order to achieve a more sustainable growth path, which is crucial for their future.

You also touched upon the international financial architecture, including China's share in institutions like the IMF, which is another important topic for discussion.

Before we move on, I'd like to open the floor to any questions for Ken. Does anyone have a question before we let him go? Okay, Dr. Subbaraman, the Chief Economist at Nomura, has a question.

Robert Subbaraman

Hello Professor Rogoff. It was interesting to hear you talk about China's exchange rates. You seem to suggest that maybe they need to move to a bit of a more flexible regime. I was interested if you had any thoughts around the Hong Kong dollar peg to the US dollar. That's one economy in the world that's still completely fixed to the US dollar, and yet the economy seems to be moving more and more in sync with China and given the US China relations. What's your outlook for the Hong Kong dollar peg?

Kenneth Rogoff

Well interestingly, I think the reason above everything else that the Hong Kong dollar peg has lasted as long as it has is, of course, because Hong Kong has a very good legal system with many strengths. The reserves are sufficient to last for a long time. I once asked a very famous Speculator, 'How does an attack on the Hong Kong dollar work?' and he replied, "Yes, perhaps, but the first several waves of attackers would be slaughtered." I believe this describes why nothing's ever happened.

However, it's also pretty clear that if Hong Kong were to lose its dollar peg, it wouldn't happen gradually. Instead, it would likely end up adopting the RMB. I don't think that's in China's interest. It's not in Hong Kong's interest, and, in an odd way, the fact that it would shift so far to another currency is probably one of the reasons that underpins it.

Certainly, if you believe in globalization, as I do, and think that China should continue to be integrated into the rest of the world, it should strive very hard to maintain the current structure in Hong Kong, because breaking away from the dollar symbolizes a departure from Hong Kong's commitment to being a financial center. That is, of course, a more common challenge now, given that Hong Kong has lost some of its legal autonomy. However, I don't think they should be in any rush to make such a change. That said, I don't believe it will be possible to sustain its dollar peg indefinitely.

Jun Kwang-woo

Thank you, Ken. Before you go, I have a question for you regarding the term "higher for longer." Everyone is talking about this in relation to interest rates set by the Federal Reserve, indicating that they will remain elevated for an extended period. While it's always challenging to predict the exact timing of changes in interest rates, could you tell us how long you think the Fed will maintain this "higher for longer" stance? Additionally, when do you expect we will see the peak of the base rate? Would it be sometime next year or later, and do you anticipate it starting to decline, even marginally, from that point? I would appreciate hearing your insights on this.

Kenneth Rogoff

Not to dodge the question, but let me start by focusing on the long-term interest rate, which I think is the aspect that has truly surprised people. The fact that the 10-year Treasuries are almost 5%, and actually, the inflation-indexed Treasury, which had fallen to -1 percent around when Larry Summers gave his famous secular stagnation speech 10 years ago, is now 3.5% higher than it was. It's a very significant move.

However, on the other hand, interest rates fell by that much after the financial crisis, and it has always been my view that this should have been thought of as mostly transitory. We should have expected interest rates to rise quite a bit. The idea that they had always been zero, which the younger generation has gotten used to, I think was very naive. Interest rates had been fluctuating, but starting to rise, and I think we would have seen that much sooner if it hadn't been for the pandemic.

Now, certainly, the Fed funds rate is higher than neutral. Whatever neutral is, it's higher than neutral, but I don't think it's going to come down below 3.5%, maybe even 4%, until there's a big recession. Ben Bernanke, the Fed chair right after he stepped down, famously said that we would never have 4% interest rates again. I think now it's just a matter of going in the other direction, and it'll be a while. But I think the exact timing, I would guess, you know, by the middle of next year at the latest, they would be lowering interest rates.

However, the point I would strongly emphasize is that they're not going to go down to one or 2% until there's a deep recession, and even if there's a recession, they probably won't come down to zero again for a while. There's a lot of inflationary pressures built up in the system.

Jun Kwang-woo

Alright, thank you very much. It's great. I will let you go now.

Kenneth Rogoff

Thank you so much.

Jun Kwang-woo

Now, let's move on to Mr. Sakakibara for his presentation on the global economic outlook and beyond.

Eisuke Sakakibara

Well, it seems that we have entered a really difficult period with a general slowdown in various economies around the world. The International Monetary Fund issues an economic outlook every quarter, and the latest outlook was in October of this year. The International Monetary Fund predicts that some weakening of the world economy will take place this year. According to the WTO, the growth rate for 2023 for the world economy as a whole is projected to be 3%. In 2024, this growth rate is expected to decrease slightly to 2.9%. The WTO issues reports four times a year, in January, April, July, and October.

In the last July report, the WTO predicted 3.0% for 2023 and 3.0% for 2024, indicating a slight weakening of economic growth in 2024. Both the United States and Europe have significantly reduced their growth rates. Japan, among the developed countries, is probably the only country that has maintained a negatively sound growth rate. However, 2023 and 2024 are expected to be challenging years for the world economy.

While fiscal and monetary policies have been extensively utilized in many countries, fiscal spending cannot continue indefinitely. Some form of fiscal discipline must be observed, leading to a slowdown in fiscal spending. Monetary policy has been accommodative in many countries; in Japan, aggressive easing of monetary policy has been implemented since 2013, and this trend continues into this year. Thus, monetary easing remains a key policy in many developed countries.

Consequently, I would say that 2023 and 2024 will be challenging years for many countries due to the economic slowdown. As I mentioned, fiscal spending to support the economy cannot continue indefinitely, so a prudent growth strategy needs to be formulated by many countries and particularly by many developed countries.

Jun Kwang-woo

Thank you very much for the introductory presentation. Are there any follow-up questions from the panel at this time? If not, I would like to begin by asking some questions related to your area of expertise, particularly regarding exchange rate developments. Since you are widely known as **"Mr. Yen,"** I believe everyone here is interested in your outlook on the future course of the yen against the US dollar. The yen has weakened significantly recently, and I believe it reached 150 yen per dollar yesterday.

How do you expect this movement to evolve in the coming months and into next year? I understand that any specific figures you provide for foreign exchange positions are subject to a wide margin of error, so feel free to mention numbers as indicative of trends rather than precise predictions. With the year nearing its end, but looking ahead to next year, how do you foresee the yen moving—either up or down—and by how much?

Eisuke Sakakibara

By the way, I have never been shy. Anyway, it depends on the economic conditions of the United States and Japan. As I observe the monetary policies of the two countries, so far, while the US has somewhat tightened its monetary policy, Japan has continued to ease its monetary policy. That was the reason for the weak Yen, which reached 150 Yen per dollar. However, it depends on the future course of the US economy and the Japanese economy. What I see is that the US may enter a period of slow growth. It may not be a recession, but slow growth in the United States is expected at this moment.

On the other hand, the Japanese growth rate is expected to be quite strong. It is anticipated that the Japanese growth rate in 2024 would be 2%, which is quite high by Japanese standards. The average so far has been 1%, so the Japanese economy would be quite strong in 2024. Given the economic conditions of the United States and Japan, I would say that the Yen would appreciate, and probably toward the end of this year and into the summer of 2024, it will likely go up to something close to 130. Well, this is just an estimate; I could be wrong.

Jun Kwang-woo

Clearly, as Mr. Sakakibara has said, an important determinant for the exchange rate is obviously the relative strength of the underlying economy in both countries. The third-quarter U.S. growth figure, as Ken mentioned earlier, was kind of surprising. The annualized rate of 4.9% was exceptionally high, but I don't believe it is sustainable, meaning that the pace of the U.S. economy is likely to slow in the future.

I largely agree with Mr. Sakakibara on this point. In contrast, Japan, after emerging from the stagnation of the past three decades, is beginning to show signs of strength in various areas, which could contribute to the future strengthening of the yen, possibly driven by an inflow of foreign investment. Recently, we've observed an active trend among portfolio investors, as well as an increase in foreign direct investment (FDI) into Japan.

While I don't take full responsibility for forecasting, I am in agreement with Mr. Sakakibara's prediction that the yen could strengthen to around 130 per dollar by next summer.

Eisuke Sakakibara

I don't think that the last 30 years were lost. I think it is just a result of the maturity of the Japanese economy. We had a negatively high growth period, and after the year 2000, we transitioned to the stage of maturity, resulting in a growth rate that has come down to around 1%.

Jun Kwang-woo

Thank you very much. I appreciate your insights and perspectives. Now, let's move on to Professor Lee Jong-Wha. In addition to being a professor at Korea University, he is a highly renowned economist, not only in Korea but globally. He has an impressive background, having served as the Chief Economist at the Asian Development Bank (ADB). He also held a key role in the Korean government during the Lee Myung-bak administration, where he served as a special advisor to the president. Furthermore, he is a former president of the Korea Economic Association.

Lee Jong-Wha

Thank you, and good morning, ladies and gentlemen. It is my honor to speak here today. Two distinguished speakers have already evaluated the recent developments in the global economy and identified risk factors, especially in China and the financial markets. First, I want to express my agreement with most of their views. I need to buy some Japanese Yen after this conference, and I will wait for the Japanese Yen to appreciate over the years. I hope it happens soon.

So, I have prepared my own presentation, focusing on geopolitical risk and geo-economic fragmentation in the global economy. As we all know, the world economy has been struggling with high inflation and economic slumps over the past years. While we see some signs of a so-called soft landing, it is crucial to acknowledge that the global economy faces multiple risks at this moment that could bring about the Perfect Storm. The downside risks, of course, include the many factors I have listed here. Currently, we are concerned about energy supply disruption, energy price shocks, real estate crises, and the slowing of the Chinese economy.

We also find ourselves confronted with heightened geopolitical risks, including escalating tensions between the United States and China, the ongoing war between Russia and Ukraine, as well as the recent terror and war in the Middle East. I want to focus on the implications of these geopolitical risks on the global economy, as well as the Korean economy.

To go back to recent history, we observed that the post-war liberal international economic order, championed by the United States, is now facing challenges due to strengthening nationalism worldwide. The former Trump administration implemented numerous protectionist measures, backed by the public perception that trade and immigrants destroy jobs. As long as the public supports anti-globalization and protectionism, politicians will continue to strengthen such measures.

Unfortunately, the U.S., as well as Europe and many advanced countries, are moving toward protectionism and economic nationalism. This raises questions and concerns about geo-economic fragmentation. What does geo-economic fragmentation mean? It is basically driven by the use of economic tools by global powers to advance geopolitical objectives. Nowadays, economic sanctions are often used, and sometimes economic tools are used to promote political objectives.

So, these geo-economic fragmentations have consequently led to the so-called friend-shoring and a change in cross-border trade and financial flows. I have summarized some data here. Due to the promotion of protectionist trade measures and the so-called de-risking by the United States, trade between the U.S. and China, particularly in strategic sectors, has experienced a rapid decline. As you can see in the left-hand side chart, there is a significant decline, especially in China's trade. By contrast, as shown in this chart, other Asian countries that may be more friendly to the United States are gaining some benefits. This is indicative of an ongoing fragmentation.

FDI is another important tool being allocated. The U.S. and EU implemented a policy of directing and strengthening domestic production and reducing vulnerabilities from unaligned foreign supplies, specifically from China and China-friendly countries. Recent data shows, on the right-hand side, the relocation of U.S. outbound FDI and capital flows, primarily moving out of China. So, what is China's response? This is also something we need to look at. Of course, this trade and hegemonic conflict between the U.S. and China will undoubtedly have a negative impact on China's economy and technological development, but it cannot destroy the continuous rise of China's economy.

China may not derail the U.S.'s current position as the ruling power, so China is taking a very cautious approach. The Chinese government is, of course, working to revive the economy and develop its own technology. China already understands high levels of science and technology and is rapidly developing cutting-edge technologies such as big data, artificial intelligence, electric vehicles, and batteries. China is also increasing investment in other countries, especially in ASEAN. So indirectly, because the U.S. is increasing its trade with Asian countries, China is also moving its factories to ASEAN countries. Indirectly, the U.S. is still relying on China. This is a more complicated supply chain reallocation, but we cannot deny that China's influence in the global supply chains will remain significant for a while.

It would also take a long time for China to move away from the U.S. dollar-centric financial system. I don't think the RMB will replace the United States, at least over the generations, but China is continuing to promote RMB internationalization. Whether China or the U.S. will emerge as the hegemonic power is not a real concern for other countries. The most important thing is that this ongoing trade and technological war between the world's two largest economies could have significant repercussions on the global economy as well as the global financial system. This also applies to individual economies, especially countries like South Korea, which is heavily dependent on China and the U.S. for trade and FDI.

So, this is a very complicated slide, but people are now looking at what would happen if many countries are involved in the so-called friend-shoring, primarily with countries that share the same values. What are the same values? It's complicated, but one quantitative measure is looking at the U.S. voting record. If countries consistently vote together in the same direction, we can say that they share the same values in certain agendas. So if they always vote together, we will get a score of one, and minus one if they always vote against each other.

If you look at the left-hand side chart, dark blue represents a score of one, and dark red represents a score of minus one. You cannot read all the countries, but based on relations with the U.S., many countries, including China, Russia, India, South Asian, and Latin American countries, are not aligned with the U.S. On the other hand, many European countries, as well as Japan and South Korea, are more aligned with the U.S. This may lead to more polarized relationships eventually.

The IMF recently conducted a scenario analysis called the fragmentation scenario, which essentially divides countries into three blocks: U.S.-centered blocks, China-centered blocks, and more neutral or non-aligned blocks. This is a very disastrous outcome because, in their simulations, each block imposes trade barriers on the other countries. All countries in the world may lose, with non-aligned countries suffering, at least for the time being. Eventually, the global economy will slow down, and there will be a lot of uncertainties. Unfortunately, every nation can be a loser in this scenario.

So, in Asia, what is going on? Korea's case is particularly complicated because Korea is very aligned with the U.S. in all political positions but economically more dependent on China. One interesting voting example is not a UN voting but in the UN Human Rights Council voting on China's Xinjiang autonomous region last year on October sixth. As you can see in the last column, the U.S. voted 'YEA,' and so did Korea and Japan. But China voted 'no,' and if you look at other Asian countries, Indonesia voted 'no,' Malaysia was absent, India was absent, and Pakistan voted 'no.' Even within Asia, there are very diverse views.

So let me conclude. What should we do? I mean, what steps should we take in an uncertain and fragmented global economic environment? I completely agree with Ken Rogoff's view. Now, we should work on how to build a new global governance system. We need to, especially, discover power, including the U.S. and China, working together because they give significant benefits to the global community. One step is to avoid global fragmentation by starting together on certain agendas, such as the IMF quarter reform and other agendas. I hope these countries could eventually work together to solve all the global problems. It will take time, but we don't know what will happen over the next year because the U.S. election is also coming. Many unexpected outcomes could happen.

So, I think at this moment, national governments, including South Korea, should try to diversify markets, secure stable supply chains, and also undertake domestic structural reforms to strengthen domestic sources of economic growth. Thank you very much.

Jun Kwang-woo

Thank you, Dr. Lee, for your excellent overview of the changing global economic landscape, particularly with a focus on China's role. While recent data clearly suggests that China's growth rate is slowing and the property sector is weakening, signaling the end of its rapid growth period, Ken Rogoff has projected an average growth rate of about three percent per year over the next decade, indicating that a significant slowdown is inevitable.

However, I appreciate Dr. Lee's slightly different perspective, which suggests that while China's growth may be slowing, this does not diminish its influence or its strong relationships with many countries, especially in Asia. Therefore, we must be cautious about adopting a one-sided approach and instead aim for a more diversified, balanced strategy in formulating our low-risk policies. It would not be wise to entirely dismiss China's role, as it remains significant. Thank you very much.

Given the time constraint, let's move on to Dr. Subbaraman for his final presentation, and if time permits, we will open the floor for cross-questions.

Robert Subbaraman

Hi ladies and gentlemen. It's an honor to be here at the IGE-HFG conference for the second time. Great to be back. Let me touch on some of the points that have been raised and share Nomura's views.

Firstly, we remain concerned about China, and there is a real risk of a triple-dip in the economy's growth. During the golden week holidays, we observed a surge in revenge demand. However, in the last 2-3 weeks, we've seen a slowdown. This week, the official PMI data fell back below 50, indicating a potential decline in activity. It seems like the pent-up demand in China, spent during the golden week holidays, is waning.

I would say China faces three main challenges. Ken Rogoff talked about the first one, similar to what Japan faced in the late '80s and early '90s—a property bubble bursting with a lot of debt that is now deleveraging. In addition to that, China is grappling with two structural challenges. One is demographics: the population is shrinking. In the early '90s, Japan's population wasn't shrinking just yet. The second challenge is geopolitical, and it seems more extreme than what Japan faced.

The third part of the headwinds for China is trust. It began with the handling of COVID and the extreme lockdowns, exacerbated by Chinese people borrowing money for homes that were not built or delivered. This has led to a loss of trust and confidence in policy-making in China. All these factors contribute to the current structural slowdown.

China has advantages over Japan, having learned from Japan's experience. It recognizes the need for a significant fiscal stimulus to avoid a debt deflation spiral. Encouragingly, the government announced an extra 1 trillion RMB central government bond issuance late in the year. Overall, I agree with Ken Rogoff; China's new normal is growth, perhaps a bit stronger than Ken suggested. We are thinking three to four percent growth, still decent for the world's second-largest economy compared to the US, where potential growth is estimated to be around two, maybe a bit higher.

The new home sales in tier one, the largest cities, are back to positive growth. However, in tier three and tier four cities, it's down 55%. There's a significant difference opening up, and we believe the relaxing of some property restrictions is cannibalizing demand, moving it from small cities to bigger ones.

Regarding geopolitics, more than any time since WWII, geopolitics is driving economics. This is seen through rising inflation and slowing growth, leading to stagflation. There's a slowdown in productivity due to wasteful investment in defense and the fragmentation of supply chains. Geopolitical challenges are raising government debt worldwide, which is not good for the global economy.

Relevant to this conference, geopolitical tensions are reducing global coordination, risking the goal of slowing global warming. This, in turn, could lead to more weather disasters, resulting in higher inflation, higher interest rates, and slowing growth. All these aspects are interconnected.

The US-China Chip War is very serious, especially considering the challenges imposed by US ship controls. This makes it difficult for countries like South Korea, heavily reliant on setting up factories for high-end memory chips in China. While the US has provided an exemption for Korea to produce high-memory chips in China, there's a risk that Korea won't upgrade to higher memory chips in the future, crucial for staying competitive.

In a couple of years, Korea may need to find new places for chip production. Specifically for Korea, a year ago, when I spoke at this conference, we were more cautious about the economy. We were wrong in forecasting a mild recession in Korea this year, mainly due to incorrect predictions about exports. Exports have turned around, growing around 5% year-on-year in October, linked partly to the tech recovery and AI.

However, Korea's domestic consumption looks weak due to high household debt. It's a bit polarized; while exports and manufacturing are recovering, domestic consumption is still quite weak. We are forecasting 1.9% GDP growth for Korea next year, which is quite good.

Korea faces two medium-term challenges: demographics and geopolitics. There's a need to diversify given the US-China attention. Should it diversify more to the US with subsidies through a chip act? Should it diversify toward Southeast Asia, India, which are geographically closer? Or should it bring more memory chip production back home, potentially helping the domestic economy?

Diversifying to friend-shoring in ASEAN or India poses a challenge. Taking the case of Mexico, where 80% of its exports go to the US, imports from China have risen from 15% to 20%. Companies are nimble in finding ways to get around controls, and the risk is that the US may impose controls in ASEAN and

India if China can export through third parties.

Finally, for the Fed and the ECB (central banks), getting inflation down in the last mile could be the hardest. I agree with the high for a long story. The recent increase in long-term bond yields is doing some of the work for central banks. They are likely on hold, and there's still some way before they start cutting rates.

Japan could be the most interesting central bank to watch in the next six to 12 months. This week, there was a small tweak to its yield curve control policy, stating that the 1% JGB yield for 10-year JGBs is no longer a hard ceiling but a reference rate. This means that the 10-year JGB yield can potentially go above 1%. More importantly, looking at the Bank of Japan's inflation forecasts, they have been raised significantly. For FY24, the core CPI inflation forecast was raised from 1.9% to 2.8%, and for FY25, it was raised from 1.6% to 1.7%. Japan is getting closer to the 2% target.

The big risk is getting more upside inflation surprises because real interest rates in Japan are deeply negative, and the Bank of Japan has one of the largest balance sheets in the world. Excess reserves held by banks are significant, leading to more risk-taking in their lending. The base case is YCC is abolished in late next year, and negative interest rates a little bit after that. However, the real risk is that it comes earlier, with our risk scenario being YCC abolished in the first quarter of 2024 and negative interest rates abolished in the second quarter.

I agree with Professor Sakakibara. It's intriguing that Nomura predicts the dollar-yen exchange rate to reach 130 by the fourth quarter of next year. Our perspectives align closely, and I find the potential implications quite fascinating. If the Japan rate starts to go up and the US rate starts to go down later next year, we could see a significant repatriation of Japanese overseas assets, which is very large, about 10 trillion US dollars. So that is something to watch. Thanks very much.

Jun Kwang-woo

Dr. Subbaraman is the Chief Economist and Head of Global Macro Research at Nomura. Prior to his current role, he also served as Chief Economist at Lehman Brothers. It's quite interesting that Mr. Sakakibara's views closely align with those of Nomura, a prominent Japanese investment bank.

Before we conclude, even though we are running short on time, there is one more question I'd like to pose. While it extends beyond the primary topic of this session, as you mentioned earlier, geopolitics plays a significant role in shaping the economy, which is very true. One of the major geopolitical issues we are currently facing, although it is still unfolding, is the conflict between Israel and Hamas. How this situation will evolve and its potential consequences could be quite substantial, even devastating. For a country like Korea, which imports most of its oil, an escalation of the Israel-Hamas war would likely put immense pressure on oil prices and negatively impact growth prospects.

So, Dr. Subbaraman, could you share your thoughts on the ongoing conflict in the Middle East? While it's still too early to fully understand its impact, do you have any sense of the potential repercussions we might expect from the Israel-Hamas war?

Robert Subbaraman

So firstly, my heartfelt feelings go out to all the civilian casualties in this conflict so far. It's been terrible.

I think you nailed it when you mentioned that the main impact and the thing to watch is the oil price. Up to now, the Hamas-Israel war has been quite concentrated on Palestine and Israel. The real concern is that it spreads with Hezbollah or starts to involve Iran and its proxies, potentially escalating even further across the Middle East. I believe that's what the US is actively trying to prevent.

But you know, what are the concerns? One concern to me is that the number of Palestinian deaths now appears to be over five times the number of Israeli deaths. The worry around the Arab world regarding this and the risk of Arab repercussions—whether it's terrorist attacks or increased dissatisfaction with Israel spreading in the Arab world—is significant.

The second concern is the oil price. If the conflict expands and the oil price rises, some predict it could go as high as $150 if it becomes a full-blown Middle East crisis. That would undoubtedly hurt some economies more than others. While the Middle East is the primary producer, the effects are widespread. Interestingly, the US is likely to be more resilient, given its status as a net exporter of oil. I would say that the vulnerabilities lie more in Asia—a very large importer of oil—and probably Europe.

If energy prices overall start to rise, it could mean that the dollar remains strong for some time. However, currently, it's challenging for the markets to focus on two things simultaneously. They have US rates and geopolitics to consider. I think they are presently prioritizing US rates and hoping that the Middle East situation does not worsen. However, I believe the markets might be overly optimistic. If the conflict does escalate, there's a risk we'll see a much stronger market reaction that isn't currently reflected in the prices.

Jun Kwang-woo

Okay thank you very much for your comment. We are behind the time so let me conclude this session here. I would like to extend my sincere gratitude to our esteemed speakers for their thoughtful contributions. And, of course, a special thanks to our audience and I hope today's discussions have provided you with valuable takeaways. Thank you all, and I look forward to continuing these important conversations in future sessions.

SESSION 2

The ESG Imperative: Enhancing sustainable growth, investment and management

Moderator
Henny Sender BlackRock/Fmr. Chief Correspondent, Financial Times (FT)

Keynote Speakers
Henry Fernandez Chairman & CEO, MSCI
Mark McCombe Vice Chairman, BlackRock

Panelists
Ben Meng Executive Vice President and Chairman of Asia Pacific, Executive Sponsor of Sustainability, Franklin Templeton
Chung Byung-suk Chairman of the Board of Directors/ Chairperson, Samsung C&T ESG Committee
Won Sook-Yeon Prof., Ewha Womans Univ./ Independent Director, Hana Financial Group(HFG)
Kim Dong-soo Director, Kim & Chang's ESG Research Institute
Rebecca Chua Founder & Managing Partner, Premia Partners

Henny Sender

First, I would like to extend my gratitude to Dr. Jun Kwang-Woo, Chairman of the Institute for Global Economics and Hana Financial Group for their support in making today's gathering possible.

In the wave of de-globalization, the context of discussions surrounding ESG is also changing. One thing is certain: we may have been overly optimistic about the adoption and investment in ESG management. In today's session, we will broadly discuss the most critical issues, challenges, and strategies needed to strengthen ESG management and investment moving forward.

To start, we will watch a keynote address by Henry Fernandez, Chairman of MSCI, who unfortunately couldn't attend in person this year, and by my BlackRock colleague and Group Head of ESG, Vice Chairman Mark McCombe.

Afterward, during the panel discussion, we will first view a very interesting presentation by Ben Meng, Chairman of Franklin Templeton Asia, one of today's panelists, followed by a discussion with the panelists present here today.

I believe that Korea is in a position to make a significant impact on the planet's future and to demonstrate true leadership within Asia. At the end of today's session, I will briefly share a few reasons why I believe this to be true. Now, let's begin with the video.

Henry Fernandez

Good day, everyone. I would like to thank Dr. Jun for inviting me again and also express my gratitude to Ham Young-Joo, Chairman of Hana Financial Group, for supporting this marvelous event. Additionally, I want to thank all of you for coming out to participate. I am a great admirer of Dr. Jun and IGE. Now, more than ever, the world needs organizations like IGE to provide detailed research, compelling insights, and a forum for the discussion of our most significant global challenges.

One of those challenges, of course, is man-made climate change. When I spoke to this conference a year ago in person in Seoul, I was on the verge of departing for COP 27 in Sharm el Sheikh, Egypt. Now, I find myself gearing up for COP 28 in Dubai. Over the past 12 months, the world has made significant progress in expanding low-carbon technologies. Indeed, the International Energy Agency projects that global renewable energy capacity will set a new growth record this year. On the other hand, atmospheric carbon dioxide continues to establish new records as well. Scientists believe annual CO_2 emissions will reach another all-time high in 2023. Clearly, the world needs to do much more and much faster if we hope to achieve net-zero emissions by 2050.

In my remarks today, I would like to explore two climate realities with special importance in the Asia-Pacific region. First, when considering physical risk and greenhouse gas emissions for net-zero solutions, APAC is central to the global climate challenge. Second, to assist this region in decarbonizing while adapting to a warming planet, the finance and investment industries must dramatically increase access to climate-related data and tools, including those for the Voluntary Carbon Market.

Let me start with climate risk. Many APAC countries, especially those in South and Southeast Asia, are uniquely vulnerable to the physical impacts of rising global temperatures. In fact, people in APAC are six times more likely to be affected by a natural disaster than those outside the region, according to the United Nations. In 2023 alone, we have witnessed record-breaking heat waves across the region, with the highest temperatures ever recorded in

China, Vietnam, Thailand, and Laos. In Korea, heat-related deaths from mid-May through July more than tripled compared to the same period in 2022. The past two years have also seen record-breaking rainfall and flooding in Korea, Pakistan, and other APAC countries, along with record-breaking drought conditions in China. To put this elevated risk in perspective, consider the heatwave that swept through South Asia last April.

Scientists with the World Weather Attribution Initiative calculate that the risk of such a heatwave in India and Bangladesh has increased by at least a factor of 30 compared to pre-industrial times. All of this underscores the physical and human consequences of climate change, especially in APAC. The potential economic and financial consequences are staggering as well. For example, the Swiss Re Institute projects that a temperature rise of 2.6 degrees Celsius by 2050 could reduce Asia's total economic output by more than 20%, including a 29% loss in Southeast Asia. In this scenario, Southeast Asia would suffer more economic damage than any other region on Earth. If we look at Asia's largest economy, even with just a 2-degree rise, more than a quarter of China would face medium to high or high risk from physical climate impacts, according to research from my own company, MSCI.

Of course, China also accounts for a disproportionate share of global greenhouse gas emissions. For that matter, the APAC region as a whole account for 55% of global emissions. Simply put, we will never reach net-zero emissions without faster progress in this region. At the same time, APAC can play an outsized role in developing net-zero solutions. No fewer than 48 APAC governments, including Korea, have committed to achieving carbon neutrality by 2040, 2050, or 2060. To help get there, countries such as Korea, China, and Japan have become global leaders in low-carbon energy—not only renewables but also nuclear energy.

As you know, Korea is now one of the five biggest nuclear power-generating countries in the world, behind the US, China, France, and Russia. The current government has pledged that nuclear power will become an even more significant part of Korea's energy mix. Indeed, it aims to increase the share of nuclear power to nearly 35 percent of total power generation, up from 27 percent in 2021, while increasing the share of renewables from less than 8% to almost 31%.

Overseas, Korea is assisting the United Arab Emirates in building its first-ever nuclear power plant as part of a USD 20 billion project. Once completed, the UAE nuclear plant will supply close to a quarter of the country's electricity. Energy is one of three pillars that underpin all large-scale climate solutions. The others are capital and technology. To maximize the role of capital in driving decarbonization, the finance and investment industries must radically expand access to climate-related data and tools. After all, limiting global temperature rise to 1.5 degrees Celsius or even two degrees Celsius will require a historic reallocation of capital and repricing of assets. How much? Well, to put the world on a 1.5-degree pathway, investments in energy transition technologies must increase to more than USD 5 trillion per year through 2050, up from USD 1.3 trillion in 2022, according to the International Renewable Energy Agency.

McKinsey has also calculated that total climate-related investments could exceed USD 12 trillion per year by 2030. High-quality climate data and tools can help us measure the likely effectiveness of various investments. They can assist us in determining how individual companies align with different temperature pathways, setting better baselines for emissions targets, and developing more comprehensive transition plans. In short, they can promote clarity, action, and accountability. All of this can help accelerate global climate progress.

In particular, it can strengthen the Voluntary Carbon Market, which has a key role to play in the net-zero journey and could grow to USD 40 billion a year by 2030, according to the Boston Consulting Group. As you know well, markets thrive on reliable information, consistent standards, and robust transparency. Right now, the Voluntary Carbon Market is lacking in each of these areas. Many carbon credit buyers and potential buyers are frustrated with the lack of monitoring, reporting, and verification. People just cannot be sure that the credits they have purchased represent genuine carbon reductions.

This is where data-driven solutions come in. Integrating advanced data sets and analytics into climate investment tools can give companies and investors the confidence they need to navigate the Voluntary Carbon Market. With that in mind, MSCI recently announced our acquisition of Trove Research, a world-renowned provider of intelligence on carbon credits.

Critics often argue that if companies are allowed to buy credits, they will not decarbonize. However, Trove researchers surveyed the emissions of more than 4,000 companies worldwide and found that those who use carbon credits most aggressively are actually decarbonizing twice as fast as those who do not use credits. In other words, a well-functioning Voluntary Carbon Market can help investors and companies achieve their climate goals, contributing to the world's journey toward net-zero emissions.

As global leaders prepare for COP 28 in Dubai, we must remember that collective problems demand collective solutions. Nobody should expect national governments, multilateral organizations, banks, investment firms, or corporations alone to find a silver bullet for climate change. The most meaningful climate initiatives all require some form of cross-sector collaboration.

IGE has done tremendous work to advance such collaboration, and MSCI is committed to doing the same. With that, I would like to thank you again for having me and wish you good luck with the rest of the conference.

Mark McCombe

Good morning, Korea from San Francisco. It's such an honor for me on behalf of BlackRock to address such an influential group today. I also want to extend my heartfelt gratitude to Dr. Jun Kwang-woo, the Institute for Global Economics, and Hana financial group for organizing the auspicious forum. Having seen so much transition over the last half decade, I thought perhaps it's only appropriate to talk about the transitioning economy more broadly on my remarks today or through the lens of BlackRock as a fiduciary, where our principal job is to assess risk and generate returns for our clients.

Now as we reflect on the recent era of advanced globalization and cross-border connectivity and collaboration, 2022 and 2023 have presented a unique transition as we moved from a period of stability into a period of uncertainty. The geopolitical transition was evident and the world is now more aware of geopolitical connections and the potential for conflict after benefiting from a more than 30-year peace dividend. Specifically, the low-carbon transition has accelerated with a focus on energy supply security. Economically, we've seen interest rate decisions leading headlines as we saw movement from deflation to inflation. And in 2022, central banks have had the most aggressive rate hike cycle since the 1980s.

Meanwhile, the political landscape continues to evolve globally as economic and social concerns contributed to leadership transitions around the world, from the UK to Italy and Brazil, as well as right here in the United States. Finally, capital markets endured sharp volatility, and Wall Street closed 2022 with deep negative returns for both global stocks and bonds, down 18% and 16%, respectively. It's a rare joint sell-off that has only happened twice in the last 30 years.

Now, this backdrop was the world emerging from 3 years of the COVID-19 epidemic, with individuals, businesses, and governments quickly trying to re-establish how we live and work. As we look forward, while much of the macro recalibration is behind us, we now find ourselves navigating a new economy of fragmentation. Rising geopolitical tensions have led to more protectionism and cross-border restrictions. These repeated shocks have dramatically reshaped supply chains, and companies and countries are increasingly wanting to sort essential goods closer to home, even if it means higher prices. In parallel, with experienced governments playing a larger role in where products can be sourced and where capital should be allocated.

All the while, the low-carbon transition has continued to unfold at different speeds. While our estimates suggest low-carbon economy sources will make up more than half of the total global energy demand by 2050, the pathway to get there looks very different across different sectors of markets. Sectors such as power, automotive, and buildings are expected to decarbonize sooner. We call this the fast lane. This is where we expect tipping points in the near term to lead to large-scale decarbonization by the middle of the century. On the other hand, those in the slower, less certain lines of industries, such as shipping, aviation, and certain sectors within emerging markets, are expected to transition more slowly. This is largely due to the scale and cost of decarbonization technologies, along with other key drivers such as government policies and consumer preferences. This transition will be complex with lots of volatility as new profit pools emerge, and existing ones shift between sectors, players, and regions.

Nowhere are the dynamics of the energy transition more critical, and the opportunities more striking, than right here in the Asia-Pacific region. Asia contributes over 50% of global emissions. So, of course, if it doesn't get the transition right, then the whole world doesn't get the transition right. This requires leadership in Asia, and in places like Korea, we are seeing that at the forefront of the transition. This transition requires connecting sources of capital to investable transition opportunities, many of which are right here in the region. Asia is already a leader in global transition-related investments, especially in renewable energy. But also, across the themes of hydrogen, sustainable materials, and electric vehicles.

Here in South Korea, for example, we see tremendous traction in renewable energy. Just three years ago, the Korean government announced the 2050 carbon-neutral strategy, outlining plans to reduce reliance on coal while increasing the use of renewables. According to the International Energy Agency, renewable energies are expected to rise from only 7% currently to almost 22% of Korea's electricity generation by 2030. This is a real testament to the success. Our recent investments are part of the story. We, at BlackRock, have invested in KREDO, one of South Korea's largest renewable developers, with over 2 GW of power generation capacity from offshore wind and other renewable assets. In the same year, we also invested in Bright Energy Partners, a solar energy operator.

BlackRock, we believe passionately in an orderly transition to net zero by 2050, which we feel would benefit the global economy in aggregate. As we pursue these ambitious goals, governments and companies must ensure people continue to have access to reliable and affordable energy sources. A close-knit cooperation between the public and private sectors as well as global investors will be vital. And the energy transition must be just. It must be fair for ordinary families who are sensitive to the price of energy. It must be fair to communities and workers whose livelihoods are threatened by the stranding of dirty acids; our plan cannot be to simply divest from hydrocarbons, and we have to accelerate investment in decarbonization technology. We must be conscientious and make sure that we are not pursuing a path where energy costs rise, leaving communities behind. Unless we do, the topic of the energy transition will only add to the political polarization and indeed will be restored by it.

In conclusion, I'm optimistic that the technologies needed to build a low-carbon energy system are feasible, even if they are not all yet commercial. And even if it takes decades to complete their deployment worldwide. After a year of transitions, it's more important than ever that we restore hope and call for close cooperation globally. Fundamentally, investing is an active, positive hope — the hope that the future will be better than the present, and that your children's lives will be better than your own.

Fortunately, forums such as these are critical in convening leaders to promote global and synchronized development towards sustainable initiatives. The solution will require global efforts, involving capital investment across public and private sources, fueled by the strongest thought leadership pursuing creative solutions to a critical initiative. With that, on behalf of myself from San Francisco and BlackRock, I'd like to thank the audience, IGE, and Hana Financial Group for your time and attention. It's been a pleasure to speak with you in this group, and I look forward to the program ahead.

Ben Meng

Hello, ladies and gentlemen. I would like to apologize that you must see my face on a giant screen rather than in person. I hope it's an acceptable size. Thank you for understanding.

My name is Ben Meng, and I am Franklin Templeton's Chairman of Asia-Pacific and the executive sponsor of sustainability. Additionally, I serve as the CIO of Franklin Templeton Global Private Equity. While these roles may seem disparate, I hope you will see the value in their intersection over the next few minutes.

In fact, it is a fitting topic for today's session: the ESG imperative, enhancing sustainable growth, investment, and management. So today, I assert the following: Although, in the past, markets needed 'I's, which stand for information and incentives, to respond to the growing demand for sustainable investing, and more specifically, climate solutions, progress on both fronts in recent years has moved us quite encouragingly forward. In terms of meeting climate goals, for Earth to secure the necessary amount of capital to achieve carbon neutrality, approximately 7 trillion dollars a year, we need a partnership between the Invisible Hand of the market and the visible hand of public policy. We cannot rely on the public sector alone to close the gap between the demand for and supply of capital. As I just mentioned, there have been two critical missing pieces preventing these: Information, such as climate risk data, for example, and incentives, like carbon pricing.

Progress on both fronts reflects increased awareness of the urgency of the climate crisis by regulators, policymakers, investors, companies, and the public. The important point of climate investment is indeed upon us, and there's a return premium to be had in this intersection. So, what is this progress, and how does it help markets to find capital for global climate solutions? In terms of the first missing 'I,' information, climate risk, and return data have been growing. Climate data disclosure is not mandated in many parts of the world, and there are no single international standards yet. This means a lot of added work, and none of us has the extra time. What is the full impact of this lack of decision used for climate data? It provides all of the following.

Of course, investors make strong allocation decisions, consumers express preferences and drive changes, regulators monitor systemic climate risk and implement crucial climate policies, companies manage risk, and seize opportunities emerging from the transition to a low-carbon economy. The public holds companies accountable for their actions, whether as employees, shareholders, or customers. The second missing 'I' is in skewed incentives—legacy government subsidies to high-carbon energy sectors or the lack of pricing of externalities, which often burdens vulnerable communities. Now, let me highlight the progress. Last year, the US Securities and Exchange Commission proposed mandating climate data disclosure and recommended the framework developed by the Task Force on Climate-related Financial Disclosure or TCFD.

Shortly after, the China Securities Regulation Commission made similar policy moves, mandating climate data disclosure for certain industries and, equally importantly, adopting TCFD as the data standard. This year, we have witnessed even further progress. The International Financial Reporting Standards Foundation's ISSB branch issued its first proposal for reporting. Similarly, in alignment with the TCSD framework and followed by 144 markets worldwide, the new S1 managers for general sustainability reporting and the S2 specifics on climate risk have had a widespread influence. In the home state of California, we recently issued our own requirements for climate risk reporting, applicable to both public and private companies doing business in the state, at least if they are over a certain threshold of revenue. We are the world's fourth-largest economy, so the least we can do is push for information flow among companies, even before the ICC finalizes its proposals.

These reporting measures are supported by regional initiatives, such as the European 2030 climate target plan, which requires member states to reduce emissions by 55% by 2030 and report on progress. They are intended to propel private finance and businesses into action, alongside the EU's commitment to spending 30% of the budget on climate resilience. With the largest economic blocs and greenhouse gas emitters, such as China, the US, and EU, adopting these measures, we have the critical mass to produce reliable, comprehensive, timely, and consistent climate data, accelerating the development of global climate data disclosure standards.

I would also like to highlight important initiatives in private markets, which are particularly critical to the transition. Economically, these encompass broader-scaled property markets, playing a vital role in the transition. In addition to long-standing initiatives like GRESB, a reporting platform that tracks various sustainability data points, there are newcomers, such as Nevada and the Institutional Limited Partner Association, both of which have developed new reporting platforms for private equity investors, including greenhouse gas emissions alongside other sustainability measures. With these decisions used for climate data, investors will be able to make sound assessments from the climate risk-return analysis. Having investment-grade climate data enables capital markets to develop climate risk-return analytics, or climate mean optimization. But that alone is not enough. As I mentioned, capital markets also need the right economic incentives. Carbon pricing is one. With the right price on carbon emissions, capital markets will be incentivized to invest in solutions that reduce emissions.

For economic incentives to work effectively and to address carbon leakage, however, we need a global carbon market with one unified pricing scheme. Currently, only about 25% of global emissions are covered by some form of regional carbon pricing schemes. This is not ideal. We anticipate progress through the European Parliament's adoption of the common package. The carbon border adjustment mechanism is essentially a common border tax. Although it only applies to Europe, given the region's economic integration with the rest of the world, we believe it should have a ripple effect on carbon pricing globally. In addition to carbon pricing as an explicit form of a return premium from investing in climate solutions, an important development I would also like to highlight is the awakening of the capital markets to other sources of written premium that can be earned by providing capital to climate solutions. What I would like to call the Greenium (derived from the word 'premium').

Currently, most of these demonstrate certain individual deal accounting levels, with a key emphasis on the Greenium, starting on private markets' longer runways. As we are in the very early stages of utilizing this potential, it raises several intriguing questions for the research agenda on climate finance, with multiple layers of the potential Greenium that can entice capital markets to provide capital solutions to climate change. Please stay tuned for our forthcoming paper on this. To close, let's virtually shake hands, as a handshake is necessary between the wishful hand of the government in creating the market structure and providing the initial funding for innovation and the invisible hand of capitalism in directing capital to climate solutions. With development departments in the past year that have filled in the gaps of the two missing critical pieces: information and incentives.

We believe that we have now entered the next era of carbon investing, offering enhanced returns. Stated another way, not considering both climate risk and the investment opportunities created by the energy transition, which is in its early stages, creates significant investment risk. I hope this is something that the market and the investors can agree upon. Thank you.

Henny Sender

Thank you very much. Before we start having remarks from the panelists, I just want to talk about the context for a few minutes. I mentioned that we were all more optimistic a year ago, and I thought that was almost euphemistic. I was reading my former employees' papers last week, and there was a column that said ESG is beyond redemption and deserves to rest in peace. Why is it that we have seen such a backlash? What are we doing wrong? I think that in the past, our thinking may have been too simplistic.

One of the illuminating moments for me last year was when Rebecca talked about trade-offs. There are conflicting objectives and priorities, and Rebecca gave a very interesting example of that. In this beautiful hotel, upon arrival, they inform you that if you want the linen changed every day, put this card on your bed. However, all of us say, "No, we don't need linen changed every day or even every two days." But there's a cost there. While we are thinking about how environmentally responsible, we are, what about the maids who clean the rooms? If everyone doesn't need their bed changed, there will be less employment for younger, unskilled workers. These are the kinds of trade-offs we need to consider. Unless it's more inclusive, and we think about the trade-offs, who are the beneficiaries, and who are the victims, we will not come up with a realistic and inclusive program.

I'm going to start now, and I'll begin with you on my right. I hope that you all will consider how we can be granular. What has been our experience that worked and didn't work? What have we learned in the last year against the backdrop of a world that is deglobalizing at a more rapid pace? Thank you.

Chung Byung-suk

Thank you for inviting me as a speaker to such a prestigious event. I would like to express my gratitude to Dr. Jun for hosting this Summit. Many are currently discussing the importance of ESG, and both governments and companies are being called upon to play an active role. Today, I am here to share how Samsung C&T is approaching ESG and implementing ESG mandates within the company. I will provide a brief overview, covering progress, tasks ahead, and our future plans. The slide contains a lot of content, also available in English, so please refer to it later for your reference.

As you can see, the content is quite packed, indicating that Samsung C&T is very aggressive in its ESG initiatives and efforts. Allow me to briefly highlight the key points today. Unfortunately, I cannot read the text on the slide at the moment due to its small size, but I appreciate your understanding. Samsung C&T has been actively involved in ESG since 2015, and over this significant period, we have established an ESG operating system with updates every three years, currently in Phase 3. I apologize for the small font on the slides. In Phase 1 (2015-2017), we formed an organization dedicated to ESG and established an ESG management system. Under our board of directors, we created a committee on ESG to enhance shareholder value and fulfill social responsibility, including the establishment of a governance and CSR committee.

In Phase 2, from 2018 to 2020, we established mid and long-term strategies and objectives. As outlined in our mid and long-term strategies, you can see a strong emphasis on governance at the moment. For instance, we focused on the segregation of the Chair of the BoD, appointment of independent directors, and appointing the independent director as chairman, among other efforts. We integrated governance and the CSR Committee in 2020. In October 2020, as the first among non-financial companies, we declared the coal phase-out. This involved announcing our withdrawal from coal-related investment construction and trading business, with a renewed focus on renewable energy such as solar power and wind power.

Phase 3 covers 2021 to 2023, during which we are actively pursuing ESG initiatives centered around a committee. The board of directors receives regular updates on our ESG initiatives, and we conduct thorough monitoring. By 2050, to achieve net-zero, we have established respective plans and are taking action accordingly. Next, I would like to discuss our midterm strategic direction and tasks. We have set up KPIs for each area in ESG, aiming to encourage fulfillment by establishing specific KPIs. To realize a circular economy, we have outlined a net-zero roadmap with 16 KPIs related to ESG, subject to thorough monitoring.

In order to achieve carbon neutrality, we manage greenhouse gas emissions, emissions per revenue, and the utilization rate of renewable energy. Additionally, Samsung C&T engages in various businesses such as construction, trading, fashion, resorts, and more. To improve resource efficiency in line with the characteristics of these businesses, we have implemented operational measures based on indicators such as water reuse and waste recycling.

For better social responsibility, we are pursuing the direction of respecting basic rights and spreading a corporate culture of mutual cooperation. We aim to achieve zero serious accidents through the prevention of non-compliance with safety regulations and the establishment of Human Rights Management for operational sites and partner companies. Moving on to governance, as I mentioned before, we have a board-centered responsibility-based management. We aim to enhance the independence, expertise, and diversity of the Board of Directors, actively managing KPIs related to ESG. Looking at our major strategic KPIs, to establish a net-zero roadmap and drive the circular economy, we have identified numerous GHG emission reduction projects.

We have already discussed various issues related to our main strategic objectives. We are actively implementing the Net Zero Roadmap and Circular Economy to enhance our greenhouse gas management capabilities. In the construction sector, which is critical for us, we are developing new methods and technologies for carbon reduction. This includes introducing innovative construction methods and implementing self-restraint measures. Additionally, we are focusing on replacing high-efficiency facilities and adopting renewable energy sources, utilizing waste heat from incinerators, and exploring biofuels. Respecting fundamental rights, we prioritize safety issues. In this regard, at Samsung C&T, we have established Chief Sustainability Officers (CSOs) for the construction, trading, fashion, and resort sectors. These CSOs are empowered with full authority to secure personnel and budgets, taking responsibility for building and managing safety insurance processes.

We're also monitoring the health and safety management plan. Regarding governance, we are enhancing independence, expertise, and diversity. The Samsung C&T Board of Directors operates with these values. Since 2020, our external directors have included the Chairman of the Board, and our Board also comprises experts in finance, accounting, and corporate management. We have non-Korean board members and females serving as independent directors. ESG management is independently pursued by our ESG committee as part of the board. If you look at the implementation structure on the right-hand side of our organizational chart, you will see the Board of Directors, ESG committee, and each business unit (ENC, TNI, fashion, and Resort). The CFO oversees the status of all these business units.

If we take a closer look at the ESG committee, we have five external directors appointed, alongside four internal directors. The ESG committee is composed of five independent outside directors, and I am the chair of the ESG committee at Samsung C&T. Our committee focuses on enhancing shareholder value, monitoring ESG-related risks and strategies, and overseeing intercompany audits and transactions. As an example, you can see the agenda that was discussed in our ESG Committee from 2020 to 2023.

Now, moving on to our future plans, as mentioned earlier, centered around ESG, we aim to pursue a board-centric ESG management system, streamline operations in different sectors, strengthen monitoring of implementation, and enhance stakeholder engagement. The implementation of the NetZero roadmap, ensuring a safe work environment, and producing ESG-related reports are among our key initiatives. Additionally, we need to establish a process for disclosing non-financial information supported by ESG data and implement an ESG management system. Our key performance indicators (KPIs) are highlighted on the slide. Thank you for listening.

Henny Sender

I'm sorry, but before I turn to the next panel, I have one final question for you after your very thorough and enlightening presentation. When you talk about shareholder value, is there a trade-off between your environmental measures, such as your emphasis on recycling waste in water and using renewable energy? Does it imply lower profits in the short to medium-term or not? Thank you.

Chung Byung-suk

In response to your question, ESG-related activities, of course, come with significant costs. From a company's perspective, increasing investment in ESG or strengthening ESG-related regulations is no easy task. Despite these challenges, ESG is an imperative that all global companies are pursuing.

Through ESG management, the goal and direction are aimed at increasing corporate value. I firmly believe that this ultimately contributes to the increase in shareholder value. We need to manage it well to ensure that significant trade-offs don't occur. Our committee is working to strengthen ESG management, increase investment, while simultaneously safeguarding shareholder value and our profits, striking the right balance. So, we're truly focused on achieving this balance.

Henny Sender

Thank you so much. Now, I'd like to turn to you Dr. Won.

Won Sook-Yeon

Hello. I am Won Sook-Yeon, an external director of Hana Financial Group and a professor at Ewha Womans University. As we have limited time, I'll briefly share our efforts at Hana Financial Group to incorporate ESG into our business strategy with the goal of moving away from greed-based capitalism toward sustainable capitalism. We are focusing on three key features to achieve this transition.

The first point is, as mentioned by the moderator earlier, actively challenging the notion that ESG practices could bring about any losses to a company or that there might be trade-off relationships. In other words, we are advocating a shift in perspective, believing that through ESG practices, a multitude of opportunities can be created. We hold the perception that not only can these practices lead to various opportunities, but they are also financially viable on a business level.

The second point is, as you are well aware, addressing inappropriate forms such as ESG washing or greenwashing. In other words, we recognize that when

ESG is approached more from a CSR perspective for reputation management, rather than being an integral part of the business strategy, integrity tends to be compromised. Hana Financial Group takes a stance of conducting ourselves with authenticity and sincerity in this regard.

Through the current slide, we have three clear goals related to the "E." The first goal is to support sustainable finance, also known as ESG finance or green finance, with a total of 60 trillion KRW by 2030. As of the third quarter of 2023, approximately 23 trillion KRW has already been allocated, and we are hopeful that we can achieve our target even earlier.

The second goal is our zero strategy, encompassing aspects related to Scope 1 and Scope 2 emissions. Our business facilities themselves are green and sustainable, and we are making efforts to achieve carbon neutrality by 2050 in indirect emissions such as electricity. In situations where achieving these goals might be challenging, we actively take measures such as purchasing green premiums or transitioning to electric vehicles for our fleet to make a proactive contribution.

The third aspect pertains to portfolio greenhouse gas reduction efforts, particularly focusing on Scope 3 emissions, as you are aware. According to SDA criteria, we are actively working to reduce high-carbon elements, financial activities that contradict ESG principles, and aspects related to the supply chain. Despite recent economic challenges, currency fluctuations, and other uncontrollable factors, we remain committed to making proactive efforts in line with SDA standards for "E" – sustainable green finance.

As a financial institution, we engage in a significant amount of project financing, particularly for large-scale projects exceeding $10 million. I want to emphasize that for such big project financing, we actively and rigorously apply green and

ESG-related criteria. As mentioned earlier, our efforts extend beyond the "E" aspect; we are also putting substantial effort into the "S" aspect. As you are well aware, financial institutions in Korea have unique characteristics, often carrying a sense of public responsibility. Consequently, due to concerns such as rising interest rates and inflation, there is framing related to issues like so-called predatory finance.

However, we are actively addressing various consumer issues and providing financial services for socially vulnerable groups to contribute to maintaining a sustainable society. As a pioneering move in the financial sector, we established the Consumer Risk Committee to minimize discomfort and losses experienced by consumers, particularly the elderly, due to unsafe sales practices or difficulties in understanding financial terms. As you can see, initiatives such as "Hana Power On Challenge," "Hana Power On Care," and "Hana Power On Community" are aimed at addressing issues related to employment, care, especially for single mothers and other socially vulnerable groups, and building a sense of community. We are making efforts to create a supportive environment and contribute to the development of communities.

Furthermore, South Korea is currently facing the challenge of a birth rate below 0.73. Despite being a financial institution, we actively participate in promoting work-life balance, parenting, and addressing the difficulties associated with low birth rates. Soon, we will establish 100 childcare centers, named "Hana 100 Childcare Centers," nationwide. Our commitment reflects our effort to foster sustainable finance, emphasizing a departure from exploitative or greedy capitalism toward genuinely sustainable financial practices.

Lastly, I would like to touch on the topic of gender equality. In addition to having female external directors, Hana Bank has a significant presence of highly competent women. Our approach to gender equality goes beyond definitions or regulatory compliance. We believe in the conviction and authenticity that having women play proper roles within the organization not only contributes to financial performance but also enables ethical and sustainable management.

Currently, regrettably, I am the sole female external director within Hana Financial Group. However, we are striving to increase the percentage of female external directors to 25% or higher by 2025. Additionally, we aim to have 15%, 30%, or even higher ratios of female executives by 2030 or earlier. Women are showcasing their abilities not only in creating a warm financial atmosphere but also aggressively in marketing and sales. We are making efforts to ensure that these initiatives can be fully realized and have a positive impact.

In conclusion, Hana Financial Group is actively and proactively integrating ESG principles with financial viability, demonstrating a genuine commitment to these efforts. Thank you.

Henny Sender

Thank you so much for your wonderful presentation. Now, we will move on to our last panelist, Mr. Kim Dong-soo.

Kim Dong-soo

To assist with your paneling, I would love to answer your initial questions regarding my opinion on the two keynote speakers. I pretty much agree with Henry Fernandez and Mark McCombe, except for the solution part. I do agree that East and Southeast Asian countries need to address carbon emissions in their regions. That's for sure. It's not just those Asian countries; it's a concern for any part of the globe. But what if we push too hard? What I see is that we may regionalize in the APEC region in terms of carbon emissions. We might witness another APEC, maybe in South America, maybe in Africa or the Middle East countries.

So, we need to come up with a cleverer solution. Maybe we need to engage investment communities to invest in innovative technologies and clean energy solutions. Perhaps we need to build the ecosystem rather than regulate these markets with carbon board test adjustment systems and other mechanisms. That's one thing. To answer your question regarding interest conflict and tradeoff, I do see a tradeoff, but this tradeoff doesn't confirm between shareholder versus stakeholder. I think the tradeoff is short-term versus long-term.

And I don't think achieving carbon neutrality will damage financial returns, at least in the long term. So, in the long term, we should have a common goal between the shareholders and stakeholders. If we don't see data that matches this argument, then clearly, we are doing something wrong in terms of calculation. We need more accurate data and a better framework to analyze it. So in line with that, I do agree with Mr. Henry Fernandez and Mark McCombe. And I do have one more comment on this. We discussed why we need to neutralize carbon emission in Asia-Pacific regions, by when, and how critical this is due to the physical risk.

But we need to think about two more things. I mean, Southeast Asian countries are now a global manufacturing area, like an arena. I mean, we cannot avoid this situation. In order to solve this problem, we are dealing with multinational companies. How do they need to deal with their carbon emissions? Otherwise, we cannot completely solve this problem. So, this is not an issue about APEC countries. This is an issue about advanced countries as well.

Number two, I would love to see more discussion about how we can accelerate the development of innovative products, new ideas, and new technologies. Maybe clean technologies and new energy solutions, even beyond nuclear power plants. Perhaps fusion energy or whatever we need to discuss. Without this discussion, I don't think we'll ever get to the point where we want to be. And I also, personally, urge everyone's attention to build social consensus on this great transition agenda. Thank you.

Henny Sender

Those were such thoughtful remarks, and I wanted to ask you one question. In a world where we talk about deglobalization and protectionism, one of the interesting things for me, coming from the US, is that in the US, everyone thinks the Inflation Reduction Act is a great thing. Do you worry that government subsidies are really a form of protectionism? Many people I talked to in Asia, for example, look at what's going on in the US and say it's actually very counterproductive. Companies can rely so much on the subsidies that they have less incentive to innovate. Do you share those concerns?

Kim Dong-soo

You're putting me in a very difficult situation. This is not easy to answer. Personally, I do share the same opinion with respect. There's an interesting phrase among ESG experts, not just in Korea but also in other parts of the globe. It's written as an inflation reduction act, but we read it as protectionism. It's a very common phrase among ESG experts. We do see it that way, but there are also growing concerns about current relationships among different regions, due to Ukraine, Israel, and Gaza. However, the global economy has become more and more characterized by regional protectionism. So, we have been pushed to decide whether to participate in this or the other team. That's a very difficult situation, and this actually decreases the motivation for innovation. That's true.

Henny Sender

Thank you so much for the thoughtful observation. Rebecca, I'm going to return to you.

Rebecca Chua

I actually don't have a prepared remark, but based on our earlier discussion, we are an ETF manager. Therefore, our strategies are heavily data-driven and rule-based. Regarding investment opportunities in China and globally, the focus has primarily been on two areas. Firstly, there's a shift in the energy mix from a thermal base in the past to a more renewable energy base. This transition has been explicitly outlined not only in the recent fourteen five-year plans for China but also in the earlier thirteen five-year plans for the country.

And that has driven China in the past two years to increase, for example, the use of hydropower from 2% in 2010 (12 years ago) to 15% of electricity generation in China last year, making China the country with the largest hydropower capacity in the world, accounting for around 28% of the world's capacity. Solar and wind are areas that many people are increasingly interested in investing in. They actually generate around 13% of China's electricity. So, all of that presents a very interesting and exciting investment opportunity. Another aspect, less talked about but also emerging as a very interesting investment area, is looking at improving productivity under the ESG lens. In China, there is a saying that, in addition to reducing waste or cutting costs, it is actually more effective to open avenues and improve productivity. In Korea, there has been a lot of interest in carbon capture and improving productivity in that sense as well.

In China, a significant amount of investment in recent years has been directed towards building infrastructure for smart cities and urbanization. One example is the expectation that, by 2030, 75% of the cities in China will be urbanized. This implies that many people won't necessarily need to migrate to coastal areas for job and commercial opportunities. In connection with this trend, the government has made substantial investments in the high-speed train system, a topic I know you love, Henny. By 2030, 90% of cities in China with a population exceeding half a million will be accessible by high-speed trains. This means that you and I can quickly travel to Xinjiang and Tibet, which could significantly enhance the quality of life for people in tier-3, tier-4, and tier-5 cities. Furthermore, the advancements in technology and the efficient logistics system facilitated by it provide better opportunities, especially for those residing in remote and traditionally underserved areas. This transformation promises to improve the accessibility of opportunities and contribute to the overall well-being of people in various regions.

Now, finally, our speakers, such as Henry, Mark, and Ben, have emphasized the importance of accountability because we are only as good as how we are measured and tracked. So, much of that has also influenced the pricing of ESG-related courses in terms of our activities. Currently, I believe that many activities in developed markets are not fully accounting for the complete cost and, in many ways, are taking advantage of developing economies. As our speaker just shared, a lot of manufacturing activities in these economies naturally result in higher carbon emissions.

However, with the ISSB issuing the recent standard in June and fostering more transparency through global collaboration, we expect that there will be improvement. Additionally, having a more transparent and accessible carbon trading system, especially for the participation of Asian stakeholders, would facilitate better pricing. I'd like to quickly conclude with a comment on wage reduction. Many people are familiar with the fact that, for example, in Asia, especially in Thailand, there has been a global challenge regarding waste treatment that has increasingly become problematic. This is because it's not properly priced in, and what we perceive as low-cost processes are, in reality, not low cost; it's just that the true costs are not accounted for.

I believe that governments, decision-makers, and business leaders need to consider these factors when deciding where to allocate resources and where to invest our marginal dollars for asset allocation. Such decisions require thoughtful processes and global collaboration.

Henny Sender

Rebecca, I have one final question for you, and it pertains to technology and China. We've witnessed a considerable amount of bearish sentiment about China, especially pre-COVID, when we all believed that technology would be disinflationary in a positive sense. To some extent, I believe this remains true today. Take sectors in China, such as electric vehicles, where we observe both exceptional quality and economically competitive pricing. Considering that China is at the forefront of leading-edge technology, particularly in EVs, how much do you think the pessimism is overdone? And in your view, what are the investment opportunities in these Chinese sectors?

Rebecca Chua

I believe that for all innovations and changing paradigms, there will always be a significant amount of trial and error, as well as calibration and recalibration to find the right path. For example, as you mentioned a few years ago, we discussed the sharing economy, which ideally, at a high level, would be a very deflationary and positive initiative. However, due to its increased accessibility, it could lead to a lot of overconsumptions. This phenomenon is not exclusive to China but could also occur in sectors like renewable energy, new energy, and new material development. Suddenly, with a surge in investor interest, there is a risk of creating overcapacity and overinvestment in certain areas. In some ways, this might be inevitable. It's reminiscent of the internet era, where we witnessed the birth of various experiments by different exciting companies, some of which may not even exist today. Nevertheless, they contributed to the technology and the development of the global landscape that we see today.

Henny Sender

I have one minute left, and I'm going to use it to express why I'm always delighted to be in Korea. I believe there are compelling reasons why Korea can lead in APEC and the world. This is attributed to the remarkably efficient decision-making in corporate Korea today, in contrast to the bureaucratic and slow decision-making prevalent elsewhere. Moreover, Korean companies excel in internationalizing when they venture abroad, giving me hope for the future. I want to conclude on an optimistic note and express my gratitude to HFG, Dr. Jun, and the IGE for providing this fantastic panel. I only wish we had more time. Thank you.

Luncheon Special Session

Kim Sang-hyup
Chairperson, 2050 Presidential Commission on Carbon Neutrality and Green Growth

Luncheon Special Address

Kim Sang-hyup

Good afternoon, everyone. My name is Kim Sang-hyup, Co-Chair of the Presidential Commission on Carbon Neutrality and Green Growth. I was asked by Chairman Dr. Jun Kwang-woo of the Institute for Global Economics to deliver my speech in the most widely spoken language, which is broken English. I will do my best, and I understand that delivering a speech at lunchtime is a bit risky, but we all know we're hungry. Please enjoy your meal while I do my job.

So, I will briefly discuss Korea's strategy for carbon neutrality and green growth, with a focus on green finance and related areas. I am very thankful for having the opportunity to be here, especially expressing my deep gratitude to Dr. Jun Kwang-woo, the Chairperson of this vital Institute for Global Economics. Additionally, Professor Lee is present, someone who once worked with me at the presidential office – so glad to see you. I would also like to express my gratitude to Chairman Ham Young-joo of Hana Financial Group, who co-hosted this important International Conference.

So, we are facing another geopolitical conflict, this time in Gaza, and the war in Ukraine is still ongoing. I recently had a meeting with Daniel Yergin, whom I regard as one of the best experts in energy geopolitics. I met him at the Davos Forum last year, and I believe his advice remains valid. When we observe geopolitical conflicts, we witness the increasing instability and volatility of the energy market, especially in fossil fuel energy. What should be Korea's choice in this time of turbulence?

Well, Korea already made a choice in 2008 when President Lee Myung-bak proclaimed low-carbon green growth as the new national development paradigm. The strategy is straightforward: instead of following the Business as Usual (BAU) pathway, we opt for a different choice—the Business As Wanted pathway. Hence, during that time, Korea introduced the Basic Act for Low Carbon Green Growth, a very comprehensive act and the first of its kind in the world. France later followed suit, introducing the Energy Transition Law for Green Growth when Paris hosted the historic climate summit in 2015. Additionally, we implemented the emission trading scheme, a first in Asia, later followed by China. Our focus was on allocating our budget to the development of green technologies.

As you are well aware, climate change has a global dimension. Korea established the Global Green Growth Institute as a full-fledged international organization, boasting more than 40 member countries. The size of the GGGI, in terms of membership, exceeds that of the EU. Additionally, we host the headquarters of the Green Climate Fund (GCF), which is becoming increasingly important. We are talking about trillions of dollars for the Global Green Climate Fund. Our goal is not only to reduce greenhouse gas emissions but also to seize significant opportunities, as illustrated in this BCD Triangle. According to Bloomberg New Energy Finance, it is projected to reach about 200 trillion dollars by 2050. The scale is continuously expanding.

We experienced some political ups and downs on green growth, but green growth came back. President Yoon Suk Yeol launched the Presidential Commission on Carbon Neutrality and Green Growth last year in October. The mission given to our commission is very demanding and daunting. The previous administration pledged a 40% cut of Korea's emissions by 2030 compared to the level of 2018. So, no less than five years are left to achieve this reduction. As you can see in this slide, it shows the trajectory of Korea's greenhouse gas emissions. Achieving this drastic cut within eight years is not easy. Korea, simply put, is a country with a significant energy-intensive industrial structure. So, how do we achieve this?

We established three important guiding principles for our mission, representing what could be termed as R, O, I. 'R' stands for responsibility. It is easy to promise big numbers but implementing them is not simple. We should walk the talk, making responsible implementation in an achievable way our first step. Second, our transition to a low-carbon and even NetZero economy should follow an orderly path. It should be transparent, predictable, and even calculable. We also need to be mindful of safeguarding the weak during the transition. 'I' stands for, as you may guess, innovation. It is the most crucial element of Korea's green growth strategy.

We will continue to develop even more core green technologies and reduce greenhouse gas emissions through deep innovation. Last April, our commission accomplished a crucial task. While adhering to the pledge to cut emissions by 40%, we coordinated significant policy matters both between and within sectors. The reform focused on the energy mix, and it was a meaningful step. In simple terms, nuclear power plants, being a crucial low-carbon energy source, found their place again, and we aim to maximize our renewable capacity in a realistic and achievable way. Although there has been some policy coordination, due to time constraints, let me move on to another slide.

This is the record for Korea's greenhouse gas emissions last year. With a presidential election in March and the Yoon Suk Yeol administration commencing its mission in May, we bear some responsibility for last year's carbon emissions record. In simple terms, we have reduced national greenhouse gas emissions by about 3.5%. However, to achieve the 40% cut, more efforts are required. How is such a reduction possible? It's simple. We have increased our renewable and nuclear power generation. In the power sector, as you can see, emissions were reduced by more than 4%, and certain factors contributed to the greenhouse gas reduction in our industries. How can we enhance our ambition? How can we truly achieve the 40% cut? There could be many ways, but as I mentioned, prioritizing the development of green technology is one of our key strategies.

We have identified 100 key technologies for a green Korea. Similar to the approach in Korea for semiconductors and batteries, we will concentrate our efforts, much like this example. Bill Gates identified 5 breakthrough energy technologies. Korea aims to make a selection that could truly be world-class. This story was covered by Chosun Ilbo, one of the major newspapers in Korea, in both August and September.

The first story is about Korea advancing the full solid-state battery. The second story is about the most advanced electric autonomous vehicle. The third story covers many core elements of new types of batteries. The fourth story is about Korea leading in green shipbuilding. In addition, we are at the forefront of future generation nuclear power, often referred to as SMR (small modular reactor). Furthermore, we are building the world's largest circular economy businesses, aiming to convert waste into meaningful oil.

What I'm trying to convey is that we already have a competitive green industry. When I asked the editor of the newspaper if he was aware that all six of those new growth engines are related to green, he was not aware of it. Chosun Daily simply identified six key growing industries in Korea. I am somewhat encouraged by this story because such recognitions can enhance our ambition towards green growth.

This is the story covered by the Financial Times. While Korean companies are often discussed in terms of IRA and inflation reduction acts, according to the Financial Times, they are the biggest cleantech investors in America. The EU comes second, Japan third, and Canada fourth. Notably, Samsung is building a semiconductor factory in America, LG is constructing a battery factory, and Hanwha is developing the most advanced photovoltaic solar belt. This demonstrates the dynamism and competitiveness of Korean companies in green industries. Yes, we can do it.

Now, let me delve into the ESG policies of Korea. I extend my respect to all elements of ESG collectively. Korea will prioritize the 'E' first because environmental, especially climate change, is becoming a compliance matter that requires attention. By focusing on the 'E,' particularly climate change-related factors, we can enhance our green competitiveness.

Last May, we hosted the International Conference with the Bank of Korea, and Governor Lee Chang-Yong expressed what I had in mind: 'Let the money flow into the green.' That is the core direction of Korea's green finance strategy—not only through green bonds but also through green loans. This is what we need to activate green finance. Dr. Georgieva, the Managing Director of the IMF, sent us a special message. To activate green finance, structural reform is also required. Frankly speaking, there could be winners and losers in this significant transition. Our goal is to have finance not merely support industries, businesses, and households, but to see Korean finance as a change agent, enabler, or shaper. Although it hasn't happened yet, that's what we need to achieve in terms of green finance.

One month later, we convened the fourth Commission General Assembly, and we decided to forge partnerships with the private sector, especially financial institutions and companies. A total of 145 trillion Korean won will be invested in climate tech industries, startups, and green industrial transformation, which is equivalent to more than 100 billion US dollars. I'm not sure if you can clearly see the slide. In addition to governmental budget allocations, we aim to expand the role of financial groups. Five major financial groups, including Hana Financial Group, have committed 135 trillion won for green finance.

Now, major initiatives for green finance are being undertaken by the Financial Services Commission, which will be confirmed early next year. Key directions are as follows: major companies are already exposed to global trends and are actively preparing for something new. What matters more are midsize and small businesses. Therefore, we are going to facilitate low-carbon transformation for small and medium-sized companies. Additionally, we will support renewable energy investment. Many Korean companies have joined the Renewable 100 Club, so there will be numerous renewable projects.

The Financial Services Commission should take action, considering we are exposed to the risk of the Carbon Border Adjustment Mechanism (CBAM) that is forthcoming. Accordingly, we plan to tailor our support for vulnerable industries, such as steel and cement. Another significant direction, from my perspective, is that we will establish evaluation criteria to assess green performance in the financial sector. Green loan management guidelines will be proposed in due course to align with the K-Green Taxonomy. To expand policy finance capacity, we are exploring the creation of special subsidiaries under the umbrella of the Development Bank, a decision for which will be made at the appropriate time.

To further facilitate Korea's Green Finance, we will kick off a green finance dialogue next Tuesday during the Green Big Bang Conference, which encompasses industry, technology, finance, and international corporations. Many important stakeholders will be participating in this dialogue. I also want to emphasize the crucial role of presidential leadership in pursuing national carbon neutrality and green growth. Some of you may be aware of the Washington Summit between Korea and the US. This summit was particularly meaningful as it expanded the alliance beyond military and security to a global comprehensive strategic level, with climate change being one of the core topics for the renewed and strengthened alliance.

So, Korea and the US will enhance strategic cooperation for a net-zero economy, focusing on clean energy and transportation. Semiconductors, electric vehicles, and batteries are key items for this kind of partnership. We have signed fifty MOUs, covering next-generation nuclear power, hydrogen, and CCUS. Several important MOUs were related to green initiatives. I would like to remind you of the recent historic summit meeting at Camp David. Although it was just a one-day intensive meeting, considering the geopolitics in this region, having leaders from Korea, Japan, and the US gathered together to discuss future strategic partnerships was quite meaningful.

One of the agreements was about climate change, where the three leaders recognized climate change as a common threat. They emphasized that global leadership and solutions should be provided through the trilateral partnership. When considering the size of the economies of the three countries, it amounts to more than 30% of the global economy. In terms of carbon emissions, roughly speaking, it's almost 20%. What I'm trying to convey is that the three countries possess the technology, financial resources, and human capital. If we collaborate effectively on green initiatives, we can make a significant impact on changing the world.

During the G20 Summit in India, President Yoon Suk Yeol stated that Korea would build a 'Green Ladder' for developing countries. To demonstrate this commitment, Korea decided to contribute an additional $300 million to the

Green Climate Fund, whose headquarters are located in Incheon. This brings the total contribution to the GCF to $600 million. Additionally, Korea plans to expand Green Official Development Assistance (ODA) and technology transfer. During a recent state visit to Saudi Arabia, the president mentioned that Korea aims to be a pioneer in developing future technologies to transform oil-dependent countries into green growth nations.

Last September, during the UN General Assembly in New York, President Yoon delivered an important speech in which he proposed a Carbon-Free Alliance. While renewable energy plays a crucial role in achieving carbon neutrality, it alone is not sufficient. We must embrace all meaningful low-carbon and zero-carbon energy options available, including nuclear, hydrogen, CCUS, and other important sources. This comprehensive approach aligns with the principles of green growth and the Carbon-Free Alliance. Together with like-minded countries, Korea aims to establish the Carbon-Free Alliance as an open platform to promote carbon-free energy on a global scale.

I also attended the UN-led special meeting for energy transition, where I explained President Yoon's idea of the Carbon-Free Alliance. I am pleased to report that the United States and the United Kingdom warmly welcomed the concept, and even the Chief Director of the IEA, Dr. Fatih Birol, expressed his support. Recognizing the importance of doing everything possible to achieve carbon neutrality, the UAE, set to host COP28 in Dubai later this year, will launch a special initiative known as the Net-Zero Renewable and Net-Zero Nuclear Initiative. While not yet formalized, I have been actively involved in the CJK (China, Japan, Korea) or KJC (Korea, Japan, China) cooperation dialogue for the past decade. During our recent meeting in Seoul, both China and Japan indicated their alignment with the goals of carbon neutrality. Japan expressed agreement exceeding 120% with the idea of a Carbon-Free Alliance, and Chinese experts emphasized the need to consider every meaningful item in our efforts.

Today's discussion is a significant topic and a major step for tomorrow. I strongly believe that we need substantial progress—a big step. We must especially scale up, speed up, and level up our green efforts, a concept I refer to as the Green Big Bang. I am planning to host a summit next year—join me. 'First Korea' is the slogan of our commission, and simply put, Korea aims to have a reliable partnership, indispensable capability, and a first-mover spirit. This commitment is not just for the interests of Korea; it is about serving the interests of the global community and the human race for our sustainable future. Thank you. That's all.

SESSION 3

Coming to terms with the AI revolution: Reshaping our financial industries

Moderator
Yoo Jang-hee Prof. Emeritus, Ewha Womans Univ./Fmr. Chairman, KCCP

Keynote Speakers
Brian Brooks Partner, Valor Capital Group/Fmr. Acting U.S. Comptroller of the Currency/Fmr. CEO, Binance USA
Robert Hillard Consulting Leader, Deloitte Asia Pacific

Panelists
Jun Yoseop Director General, Financial & Corporate Restructuring Policy Bureau, Financial Services Commiss ion(FSC)
Gordon Liao Chief economist, Circle/ Research Fellow, Cornell Fintech Initiative
Ray Chua Managing Director, Fortwest Capital
Kim Hyoung-joong Chairman, Korea Fintech Society/Distinguished Prof. Korea University
Ryu Changwon Executive Director, Hana Institute of Finance

Yoo Jang-hee

Good afternoon, ladies and gentlemen. My name is Yoo Jang-hee, Professor Emeritus at Ewha Womans University. Welcome to the third session of the IGE- HFG International Seminar. The title of this session is 'Coming to Terms with the AI Revolution: Reshaping Our Financial Industries.'

We are going to switch gears a little because, in the morning, Dr. Joseph Stiglitz indicated that we are all living in a world with multiple crises, including wars here and there, perhaps hegemony confrontations among major players, climate changes, and also financial instabilities. These are the kinds of crises that we are experiencing at the moment. But the world does have these phases, these kinds of crises. At the same time, we are also facing opportunities.

So, this third session is going to deal with some major opportunities that we can develop. Let me first introduce the keynote speakers and panelists; the two keynote speakers are going to be online in a minute. Another panelist will be online, but all the other four panelists are here in person. Let me introduce each of these speakers and panelists. May I ask you to hold your welcoming applause until I complete my introduction of these panelists?

The first speaker is Mr. Brian Brooks, who is a partner at Valor Capital Group, and also the former CEO of the United States Office of the Comptroller of the Currency. The second keynote speaker is Robert Hillard, the Consulting Leader of Deloitte in the Asia-Pacific. Then, we have four panelists here. On my left-hand side is Mr. Jun Yoseop, the Director-General of the Financial Services Commission of the Korean government. Next is Mr. Ray Chua, Managing Director of Fortwest Capital, followed by Mr. Kim Hyong-joong, Chairman of the Korean Fintech Society. The final panelist is Mr. Ryu Changwon, Executive Director of Hana Institute of Finance. The last one, who is not here but about to arrive soon, is Mr. Gordon Liao, Chief Economist of the Cornell Fintech Initiative. Please give them a big welcoming applause. Now, the first speaker is Brian Brooks.

Brian Brooks

Thank you very much. It's a real honor to be part of this program again for the second time in two years. I really appreciate the opportunity. And this is a very distinguished group of leading Bankers in Asia and elsewhere as well as economic figures. So, it's a privilege to be part of this organization.

I'm going to come at today's topic from the standpoint of a banker and a bank regulator. So, one aspect of my background that wasn't mentioned is that I was the primary regulator of the US national banking system and was a board member of the Federal Deposit Insurance Corporation in the United States. And so, a lot of what I say will come from the perspective of ways that artificial intelligence challenges aspects of the bank supervision paradigm and ways that it suggests the future might unfold once that paradigm is behind us.

So let me begin by talking about how that paradigm currently works in the United States and in most of the G20 countries. The core elements of financial supervision have tended to focus on the intentional or negligent behavior of people and institutions. We shorthand this idea by saying that regulators always need to know whose throat to choke in the event that a loan goes bad, a bank fails, or there's some aspect of mismanagement within an institution.

Artificial intelligence obviously challenges that because what AI does is algorithmically learn based on observations of large amounts of either language or data, in ways that are not necessarily envisioned by the programmers of the algorithm. As a result, there may not be a person who did anything wrong, and there may not be an institution that intentionally made a choice to do something risky or unlawful. This poses a challenge for bank supervisors.

There's also a subcomponent of the traditional financial supervision framework that is challenged by AI, and that is the idea that financial decisions are legitimate as long as the institution can provide reasons for the decision. So, if you think about the simplest thing that any financial institution does, it is to grant or deny credit. While banks engage in various activities, at their core, they are lending institutions. One-way financial supervision tends to work almost everywhere in the world is based on the idea that if a bank denies you credit or offers you credit on unfavorable terms, it has to tell you why.

And historically, the banker knew why. It knew that your debt-to-income ratio was off, or it knew that your cash reserves were lower than the amount the bank normally required. It could tell you that, and you could accept the decision as legitimate. However, in an AI environment, multiple factors are being considered in balance with lots of other variables, and it may not be due to any one reason. The institution deploying the AI algorithm may not be able to specify a particular reason why the outcome was as it was, even though they can affirm that the model is highly predictive.

So, these things are very challenging for people who regulate the banking system. Now, I'm going to argue today that, on balance, AI, as we've seen it thus far, has been a positive force for the financial system in many ways. I'll discuss that more specifically in a moment, but at the same time, there are real reasons to be concerned that the tools we currently have for banking regulation and supervision are not up to the task and won't be able to fully identify and manage constraint risk in the system, as they can when a fallible human being is making the decision.

Let me talk for a moment about what I see as the key areas of deployment of AI. In other words, where the biggest commercial uses are in financial services and why those are attractive. Then, I'm going to explore the key risks. Let's start with the positive story. You could focus on many different things, but I'm going to concentrate on three in particular as highly optimistic reasons for believing AI will be good for the system. The first is in the area of credit, which I mentioned just a moment ago.

The interesting and somewhat dirty secret about credit is that no credit model used by a financial institution can perfectly capture all the aspects predicting future loan repayment. In fact, some of the world's best credit predictive models only capture around 60 or 65% of actual credit performance. So, if we consider what that means in today's status quo, it implies that a significant portion of the time, the credit models we use either approve loans that will default or reject loans that wouldn't default and shouldn't have been declined.

And both of those represent deadweight losses in the economy. In a perfect world, every loan that would be repaid would be made, and every loan that would default would be denied. However, that's not the world we live in, even under the most sophisticated manually-built credit models used today. Enter AI.

The concept of AI is that if an algorithm can examine a large portfolio of loans, it will identify reasons why certain loans, initially thought to have performed well, didn't. Additionally, it will discern the opposite scenario and begin to correlate these findings, learning things that may not have been identified by the humans who built the original models for approving or denying those loans.

And eventually, you may reach a point where, instead of capturing only 65% of credit performance, we can achieve a 99% capture rate of credit performers.

This means that we will simultaneously be able to approve every loan that should be made, including those currently denied, and reject every loan that will fail, including those inadvertently approved today.

And one might think that this would be an obvious and unvarnished positive for the economy because all deadweight losses would be eliminated. However, as I will point out shortly, there are actually some unintended consequences in this kind of world. One common way of thinking about this is as follows: One of the things we care about in credit is that loans should be made solely on the basis of creditworthiness and not influenced by impermissible factors like race, gender, social network, background, and so on. However, it's very possible in a world that has both an unequal distribution of wealth and income and an AI-enabled highly predictive credit model.

It's quite possible that we could increase the absolute numbers of underserved people getting approved for loans by capturing racial minorities, gender minorities, or other groups that are currently excluded and include them by making the loans. However, at the same time, there's a risk of increasing the statistical disparities between these groups due to the underlying unequal distribution of wealth and income. So, how do we feel about that? I'll delve into that further in a moment, but the key point is that credit predictiveness is something the status quo handles poorly. Global credit markets constitute the largest segment of the global economy, and anything that eliminates deadweight losses and ensures credit is allocated based on future repayment has economic upsides and potential social dislocations. We need to carefully balance the positives and negatives.

Let me turn to a second key area of the deployment of AI, which I think also has the attention of regulators, particularly in the wake of some of the banking failures of the last 12 months. And this has to do with making macro predictions. So, if credit models and AI are about micro predictions, in other words, will this individual repay a loan or not? Dealing with the banking system itself is more about macro predictions, which is to say, what will the interest rate environment look like? What will the valuation of securities portfolios and other assets held on bank balance sheets look like and alike?

That's important because banks tend to not only manage individual credit performance but also have to manage their overall balance sheet. If you think about the most famous of the recent bank failures, the failure of Silicon Valley Bank six months ago, what you remember is that the bank failed not because its credits were bad. It failed because it inaccurately predicted the macro environment and held a lot of long-dated low-interest-rate assets on its balance sheet and had a lot of short-dated high-interest-rate deposits on the liability side of its balance sheet, which led to bankruptcy.

You can imagine a world where AI, learning from the historical interest rate environment, would do a better job of predicting what's going to happen in the bond markets and, more generally, in monetary policy than the individual managers of one midsize bank were able to predict. Thus, in the same way that it could help them avoid making risky individual loans, it could also help them manage a balance sheet that is highly affected by interest rate risk. This is another area of deployment where AI has the chance to really transform the way that we operate inside of a bank.

The third area, and again, I could list 15, but I'm trying to illustrate a point here. So, the third and final area that I will talk about has to do with fraud detection.

So, one of the most important things that happens in our financial system is the use of finance for things like money laundering and other fraud. It isn't an intentional part but is a predictable byproduct for anybody engaged in taking deposits, making loans, or engaging in payment processing. Today, the fraud detection system we have in the Global Financial system is highly manual and largely depends on individual financial institutions filing suspicious activity reports (SARs) when individual bank employees believe that some policy has been triggered. Then, depending on the government and law enforcement to either follow up or not follow up on those SARs.

What we know from various scandals over the last two or three years is that the manual suspicious activity report environment that we operate in is filled with false positives. The vast majority of SARs don't actually indicate fraud at all, but the volume of SARs is so large that it's almost impossible to detect real fraud, which represents a small handful of needles in a gigantic global haystack. That's a problem. AI offers the possibility, and there are a number of commercial AI providers who have built solutions to forget the haystack and only focus on the needles by conducting correlation analysis. One of my favorite startups that I have worked with in this space had an algorithm that could find bad actors not only by sorting through large amounts of transaction data and internal and external email and messaging data but also by looking at correlations and behavioral patterns in things like travel records or calendar entries.

And in one famous case, a particular AI-enabled fraud detection start-up was able to unravel the source of a fraud by identifying that there were two lunch dates made by two people inside a bank who had never had a calendar invite together ever before or after in their careers at the institution. But only on these two occasions did they schedule a lunch. That was thought of as suspicious, and it did turn out that those two people had conspired to essentially steal money from the institution. This is a pattern recognition prediction that would have been highly unlikely to be caught had we relied on manual tools.

So, you can see these three illustrations are just an example of how AI significantly transforms the way that financial operations exist, and financial compliance happens in ways that are likely to be very positive for the system. But at the same time, I want to turn just briefly to the risk factors involved in these kinds of deployments. Unfortunately, the list of risk areas that I was able to come up with, just in preparation for this talk, is a lot longer than the list of positives. So we need to take this all very seriously.

The first risk area has to do with model risk management. I think most people in this room know that banks depend very, very heavily on being able to use financial models not just for credit underwriting but for many other decisions inside the institution. And bank regulators require that if you're going to use a model, you must employ model risk management to ensure the model is well-fitted for the predictive risk it's attempting to measure, such as the future behavior of borrowers or others.

However, the rules around model risk management were crafted at a time when a committee of people led by a risk officer made individual judgments about the factors contributing to risk and how those risks would be managed. In an AI environment, both the benefit and detriment of AI are evident, as it learns from large amounts of unstructured data. And so, on the one hand, you could argue that the current AI model produces results that are more predictive than the previous manual model.

However, if you can't explain why and if you can't be confident that this model fit will persist into the future, then regulators will have a hard time believing that the risks the model is intended to manage are being appropriately handled. They want to know the reasons, not just the outcomes, and that is an inherent problem with any learning model, which is essentially what AI is all about. That's one risk area.

The second risk area is fairly obvious and concerns privacy. AI models work by being trained on a dataset, and this dataset consists of, depending on the type of AI we're discussing, large amounts of transaction data, potentially including your transaction data to which you may not have consented. It may include large language models, incorporating articles people have written that may be subject to copyright or emails that people may have written with an expectation of privacy, among other things. It is very difficult to obtain consent from every single person whose data is included in a model. Yet, when the AI algorithm is being trained on that model, the outputs will be heavily dependent on the input data, which affects all of us whose data was used for that purpose. Ensuring privacy is a major regulatory challenge, as is the third item on the list: data security.

Institutions are all subject to rules regarding the management of the security of data housed within their systems. However, when you unleash an AI algorithm on that dataset, the AI algorithm itself may not be as containable as the inert or unstructured data. Since the model is now used for decision-making, there is a concern that hacking into the model and its outputs could enable someone to reverse-engineer what went into that algorithm in the first place.

This brings me to the fourth risk issue: government. Almost everything I've talked about today is the reason why all companies, not just financial institutions, are expected to comply with various government standards. There needs to be a management team with clear lines of responsibility. Committees with charters describing their authorities must be established, along with delegation of authority policies, and a board of directors to protect against credible challenges. The problem is, none of those concepts carry the same weight in the world of automated decision-making by an AI bot. The question arises: if you truly have artificial intelligence making decisions based on predictively fit factors, without being determined by individuals or a body of individuals, what does the concept of governance even mean? Once again, we're facing a challenging paradox, not merely making mental changes to the way the world works.

And finally, the last risk issue that I wanted to address here has to do with compliance, especially consumer compliance. This delves into the issue I noted a moment ago, related to credit and lending, essentially asking the question: How do we feel about a situation where we are highly confident that the model is making the right decisions, yet those decisions reveal uncomfortable truths? For example, truths about discrimination or inequality. How do we feel about a model that we believe is making the right decisions, but we cannot articulate the reasons for those decisions, or the reasons for those decisions are predictive and yet uncomfortable?

A classic example here turns out to be that credit performance is heavily correlated with social networks. People who have a lot of friends that have defaulted on loans are much more likely to default on loans than people whose friends haven't defaulted on loans, all other things being equal, because one reason we pay our obligations is due to social stigma. So, if it turns out that social networks are highly predictive of credit performance, do we, as a society, believe that it is okay to consider that factor because it's predictive? Or would we rather have a less predictive model because it seems unfair or unjust to people who seek credit simply because their neighbors have defaulted on loans? These are difficult questions that have not yet been openly grappled with and are issues we will have to deal with as a society, as a community of bankers and regulators moving forward.

I'm going to close briefly by saying that the US has certainly not gotten this right yet, but the timing of this discussion is very apt since just this week, the Biden Administration released an executive order on artificial intelligence. That order covers too much territory for us to deal with comprehensively in this session. I would encourage people to look at the headlines of it because what you will see is a lot of it is designed to tease out the kind of social justice issues that I have identified here. Much of it states that we don't want to use AI if it produces discrimination, even if the AI is correct.

And so, it tends to suggest that if we had a very productive credit model that exacerbated racial disparities, we would rather use a less predictive credit model than a more predictive credit model. This may be the right choice that society can tolerate, but it's not an obvious outcome.

We've seen a similar situation with the Predictive Analytics rulemaking that the Consumer Financial Protection Bureau released a couple of months ago. The CFPB, one of our several financial regulators in this country, is of the view that even if you have a highly predictive AI model for credit, if you cannot identify the specific reason why the model denied credit in a given case, then you have to revert to a manual model. The overriding principle here is not just credit predictiveness but the ability to articulate reasons. In a free-market democracy, a sense of fairness demands that reasons can be given. One of the features of AI is that it learns from various sources, making it challenging to pinpoint a single reason for almost any decision.

So, I'm going to pause here and turn it over to my fellow keynote speakers and the panel. The point is, and I will close on this idea, that AI poses a challenge to the basic paradigm of financial regulation—it's not just an incremental change. Thinking through the trade-offs between economic outcomes on one hand and social policy on the other is something no government has yet grappled with in a comprehensive way. Thanks very much for having me; it has been a real pleasure to be here today.

Yoo Jang-hee

Thank you very much, Mr. Brooks. Your presentation is superb, summarizing some of the merits and demerits of AI in Banking and Finance. You presented various risks and uncertainties of AI, including data, modeling, security, governance, and compliance. I really appreciate it. Now, let me invite the next keynote speaker, Mr. Robert Hillard.

Robert Hillard

I am indeed thankful, and I appreciate it very much. Good afternoon, everybody. I apologize that I can't be there in person, but I do want to build on the excellent comments that Brian just provided on artificial intelligence. Hopefully, I can give us some insight into where the opportunity lies for us. Perhaps it's useful to start with three key points.

First of all, I'll pick up where Brian spent a lot of time talking about, which is that AI is an algorithm. In financial industries, from insurance to investment to banking, we are very familiar with algorithms, and we are rightly nervous about Black Box algorithms, as Brian has highlighted. AI is the ultimate Black Box algorithm.

The second thing is that technology is evolving fast. It's not static. What we're discussing today will be outdated three months from now, certainly six months from now. Regulators and the broader community are also learning very rapidly how to work with it.

And the third thing is that we aren't just talking about one tool. We are talking about a whole constellation of products and tools that are merging in the market quickly and increasingly specializing. Vendors are releasing products on a monthly basis with new applications and purposes. As they become narrower in their application, in many ways, it becomes easier for us to put parameters around the outside of those and establish the protections and goals that we want. However, it means that the regulations and rules we set now will probably be out of date in 1, 2, 3 months, let alone 1, 2, 3 years from now. And that's a challenge.

Deloitte recently conducted a study across the Asia-Pacific region on the economic impacts of AI by industry. On the horizontal axis, we examined the length of time for the impacts, with today on the far left and 5 years from now on the far right. On the vertical axis, we assessed the scale of impact, identifying where the impact would be largest. Interestingly, we observed that Financial Services, IT, and media are the three industries most immediately and substantially impacted, followed closely by my own sector, Professional Services. This observation shouldn't necessarily come as a surprise to us.

So, we use the shorthand of AI, but really, as we meet here today, we are discussing the latest generation of AI—generative AI. This term has exploded into our consciousness and the broader public, particularly in the last year since OpenAI released ChatGPT to the general market. Of course, the technology had been emerging for some time before that, but what changed was that we suddenly had a product available for general use and experimentation to a much larger population. Suddenly, people realized its potential. We recognized that we were transitioning from a world of AI where we were familiar with relatively simplistic chat boxes and customer relationship systems that provided the next best action, hints, or service suggestions.

We were accustomed to basic insights into data, as advanced as those advanced analytics had become. Then, we entered a world where AI can generate text and responses that are almost human-like. It can adapt to questions and answers, carrying on a conversation. Furthermore, it can assist as an assistant to a human in complex building tasks over time and can generate code, graphs, insights, and even design an organization for the future.

Now, when we look at what I described before— the short views, the Big Bang impacts— the way that we categorize it is in terms of three horizons. The first horizon is today, and that is what we are able to use generative AI on right now. We can accelerate activities that we already do with technology, activities that require a degree of sophistication and complexity. For instance, when generating code, we can use AI to assist us in the significant blocks of that code and logic. Tasks where we're generating insights, analysis, and presentation material can be accelerated. Additionally, tasks where we're answering a single question for a customer, which is complex but discreet and human-supervised, can have its activity accelerated by AI. However, if we miss the gate, the risks, as Brian highlighted earlier, are very pronounced.

On the next horizon, Horizon Two involves the automation of minor activities, but for financial services, those minor activities can have a major impact. I will use the example of mortgage origination. Banks around the world have been automating these processes for years, and yet today, about fifty percent of instances go all the way from end to end without any human impact. The minor automation of complex processes can actually smooth already nearly automated processes and have an exponential impact. However, addressing questions of accountability, providing better security, and preventing bad actors from entering the process are essential aspects that need to be tackled.

And then, over the horizon, we start to look at the really brave new world of digital humans sitting alongside real humans— all augmented workforces.

Digital FDAs, actually having machines do tasks, white-collar tasks that have traditionally been done entirely by humans. At that point, we really need to have a regulatory view that is strongly in place. We also need to have some social views in place. Around the world, we have lots of discussions about the social goals of work, potentially reducing working hours. In a number of countries, there are discussions around the four-day week as a potential goal.

But something that 50 years of IT and automation have taught us is that productivity and social benefit are both hard-earned when it comes to technology because, generally, we squander these gains and turn them into new features and functions. We aren't necessarily ensuring that the benefit flows to those we want. That's a place where regulators, government, and society need to focus. Do we deliberately want to take the benefit of automation and turn that into fewer working hours per person, or do we want to realize productivity in other ways? These are big and important questions.

When it comes to the financial industry, it should be no surprise that the benefits are immediately upon us if we can tackle the big questions we've been talking about. AI works particularly well in data-intensive industries, and there are no more data-intensive industries than finance. It also works well in places where we have an opportunity to have many different pathways to a product and service. AI enables us to achieve mass customization while maintaining mass standardization. That is a rich target area for financial services.

Generative AI enables us, if done well, to put customers at the center and transform businesses around them. To truly realize many of the goals of digital transformation, this can only happen if everybody plays by the same rules. This has been a significant week in AI regulation, with President Biden in the US issuing his executive order. However, looking across the Asia Pacific region, there has been a lot of activity in this area right across the board, but it has been remarkably inconsistent in the conversation.

We need to come together and recognize that while regulations and laws typically operate on five-year time horizons, we need to be working within five-month time horizons at the moment. We must be prepared to change things that we put in place now, based on the opportunities and learnings that emerge over the coming years. And where does this leave us? Perhaps, it's just a little bit of food for thought for all of us in the room—considering how radically different our organizations are going to look in five months and certainly five years from now.

Today, we strive to orchestrate a range of systems with the best experts in our businesses. These experts are typically adept at determining which system to use, which holds the data of record, and which provides the products and services needed for an individual customer or problem to be solved. In the future, these same experts will be supported by the integration of generative AI, which will become the expert in identifying where the data is, where the services are, and where the products are for the future. This transformation is going to require a complete shift in our approach. Thank you, and I'll turn you back to the panel.

Yoo Jang-hee

Thank you very much, Mr. Hillard. That was great. In the last part, you emphasized that as far as AI regulations are concerned, they should contain precision, effectiveness, and future adaptability. I absolutely agree with you, and thank you very much. Now, let's delve into the discussions of the other panelists. The first panelist is Mr. Jun Yoseop, the Director-General of the Financial Services Commission. Please proceed.

Jun Yoseop

I have listened attentively to the remarks of the keynote speakers. I am currently responsible for financial innovation at the Financial Services Commission. One of the most notable innovations in the financial sector these days is artificial intelligence (AI). I believe understanding how AI will impact the financial market and, based on that understanding, harnessing the power of AI is our core mission. Finance, being a field driven by numbers, is conducive to the adoption and utilization of AI, as many decisions are number-based, and regulatory decisions are made, making it easier for AI to be integrated.

AI is already widely used in various aspects of finance. Banks are utilizing AI in loan evaluations, and credit scoring systems for risk management. Similarly, AI is being employed in marketing, and insurance companies use it for underwriting and providing customized services to customers. Both banks and insurance companies use AI in their operations and extensively leverage it at customer touchpoints through tools like robo-advisors and chatbots. So, how will the widespread use of AI impact the entire financial market?

There are both positive and negative aspects to consider. Looking at the positive side, AI has the capability to process vast amounts of data, enhancing productivity and efficiency. Another positive aspect is related to customer interactions. AI can analyze big data to accurately understand individual customer preferences, enabling the provision of personalized services and expanding the range of choices available to customers.

However, there are also negative aspects to consider in the use of AI. Our research focuses on examining both macro and micro perspectives. From a micro perspective, individuals, financial institutions, or developers may face specific challenges. For instance, the reliability and security of data can be considered a negative aspect of AI. Given that AI relies on computers, security issues may arise.

From a reliability perspective, questions arise about whether the vast amount of data input into AI is truly trustworthy. Can we trust the data that comes out of the black box? How is the black box being handled? It is challenging to provide answers to these questions. Therefore, explainable AI becomes crucial. Micro-level risks such as these need consideration, along with macro-level issues, such as the potential impact of AI on the stability of the financial system.

Three characteristics of AI are highlighted: uniformity, interconnectedness of networks, and regulatory gaps. AI is advancing rapidly, but regulations and the overall institutional framework are struggling to keep up. It is pointed out that these issues, when combined, can pose risks to the financial system. Therefore, a perspective that comprehensively examines the entire financial system where AI is utilized is essential.

Continued efforts are needed, potentially through the establishment of specialized institutions, governmental agencies, or collaboration with experts to address these challenges. While I haven't been in this field for a long time, the financial sector has been using AI for quite some time. We have been preparing guidelines to address points of caution and areas that need support. In South Korea, there are three data-related laws collectively known as the Data 3.0 Laws, and the financial sector has the Credit Information Act. We have been consistently developing guidelines and manuals for utilizing AI in the financial sector since 2021.

In conclusion, the international community is discussing AI, but each country's situation seems different. Technologically advanced countries are leaning towards autonomous regulation, while less advanced countries are advocating for stronger regulations. There seem to be differences in the positions of each country. In the intersection of AI and the financial sector, the repercussions on the financial industry are significant. Therefore, serious and careful consideration is required regarding what regulations should be imposed. Necessary regulations must be introduced, but the decision on how to regulate AI requires careful consideration. Thank you.

Yoo Jang-hee

Thank you very much. The next panelist is Mr. Ray Chua.

Ray Chua

I'll try my best. Hello, everyone. First, I would like to thank you for inviting me to be a panelist and congratulate you on this successful event. Let me provide a bit of context about what I do. I am a venture capital investor. My last firm, Ribbit Capital, is a fintech-focused VC in Silicon Valley, and all we do is fintech globally. The firm was founded in 2012, which was a very interesting year because back then, smartphones were something very new. We had a thesis that we were going to invest in mobile-first fintech companies, meaning fintech companies that have a mobile app first before they have any PC app or anything else.

And that was quite a paradigm shift because over the past 10 years, we have seen the rising penetration of mobile apps and smartphones across all geographies. We had the privilege to be early backers of companies like Coinbase, Robinhood, Credit Karma, and Root Insurance—basically across all sorts of financial services in banking, securities, and insurance. It is a very interesting time again right now, with people suggesting that we may be entering the AI-first or AI-native era of technology.

So, we have been spending a lot of time thinking about what that looks like, very similar to how we saw the mobile-first fintech companies take off. I recently moved on from my last firm to build my own firm here with a more Asia focus. The thesis, and I would say I spent most of my time thinking about what the intersection of AI and fintech would look like. To kick it off, in my opinion, AI is not something new. This is something that people have been working on for decades, I would say.

What's new is that I think we have moved on from the age of protective AI, meaning we have a lot of input, we throw them into models, and it gives us an output. I would call it contextual AI. Some people call it generated AI, some people call it large language models, but essentially, what's happening is we suddenly have a killer application called ChatGPT. The essence of ChatGPT is that natural language has become a very new and common interface for people to talk to machines. It reaches 100 million monthly active users and way faster than any of the internet apps before.

And it changes massively how humans talk to machines, how machines talk with other machines, and how machines talk to humans. For example, people have been doing a lot of different things on the interface side with ChatGPT. They can say things like, 'Can you write me a letter to complain about the customer service at some shop?' And then the letter is generated. You can also say things like, 'Can you generate the code for routing the transaction through a few other companies?' And then you get a chunk of code.

So naturally, it's not just about how people interact with apps. It also accelerates the adoption of the process, with many more people using natural language to interact with this interface, resulting in a lot more data. The adoption and collection of data will be massively boosted in the next 10 years in that way. It also changes the way machines talk to machines. In the past, we had to do a lot of integrations through APIs, through on-premise solutions, and there were a lot of SaaS companies built to standardize and structure and help this process work. Contextual AI is breaking the barriers of all that. In the future, machines can actually understand your intent much better through natural language, turn it into codes, and interact with another set of codes to get the job done. This has the potential to disrupt many aspects of how software processes and architecture work today.

And finally, how machines talk to humans. And it's not just text-based. ChatGPT is already multi-modal, meaning you can incorporate pictures and videos. We have already seen early startups using this feature. You can easily input photos of certain merchandise, for example, a dress. It can automatically generate images of the dress being worn on a woman in different styles. Things like these.

So, I think, all in all, we're definitely stepping into an era that is going to play a much bigger role in terms of adoption. And it is very similar to 2011, 2012 when the smartphone was quite a new thing, and suddenly, everyone started to do everything on their phone. The second point I'm trying to make is, what's the intersection of AI and fintech? If you agree that AI is going to disrupt a lot of the biggest industries, like healthcare, education, logistics, transport, and so on, many of them have a lot of offline components. For AI to really close the digital loop, you will need the help of robots and more mechanical technology to be sophisticated.

But financial services itself is pretty much software. It's just bits and bytes of small things across different ledgers. So, actually, I think the role that AI can play in financial services is much, much bigger. Because it's very easy to close the digital loop for that, and from my experience, I see the way that people have been using AI in financial services in three stages. We are probably in the very early stages now. The first thing is that it is going to change financial services' productivity. I have developed the habit of asking what companies have been doing with AI in the past 12 months. And no matter if I talk to startups or established banks, pretty much most of the developers are using AI to code.

A very interesting example is that many front-end engineers actually lost their jobs because of that. Developers these days can already use natural language to design the interface of an app. They can say, 'I would like to have these three buttons here, and then I have a manual for something, and when I tap this, it will go there.' These things can already be done with ChatGPT, without a programmable interface. You can just use natural language to spin it up. So, actually, I think for many job sites, that will become obsolete. These people would become a lot more protective. There are also many tools being built with AI, both internally and externally, for things like fraud detection, credit underwriting, customer service. These things are already happening, and I would say they actually happened even before contextually.

People have been using many predictive AI techniques before machine learning, neural networks. The emergence of cadastral edges accelerated the pace at which these are happening. The second thing that I think will be more forward-looking is that AI is going to change financial service literacy. I think the mobile-first era has democratized access to financial services. However, these financial services are very much limited to standardized products. For example, do you want to buy a single stock? Do you want to buy a money market fund? These are very standardized things, which you can just distribute in Kakao Pay or Toss app. But financial services itself are essentially pretty complicated and holistic.

If you go into areas like insurance or wealth management, you need a lot more context when serving your customers. That's why you still have many human advisors, wealth managers, and private bankers. These individuals cannot be replaced by AI in the past 10 years, but I think things have started to change a little bit. If you think mobile is putting a bank in everyone's pocket, then I believe AI will put a banker in everyone's pocket. The impact of it can be very influential in terms of financial advice, quality, and access to deeper financial services that people can get. The third thing I think AI is going to change in financial services is about intelligence and the scalability of that intelligence.

Think about the case when you walk into a bank branch. Typically, you will have a relationship manager. However, if you tell the relationship manager that you want to get a mortgage, that person will probably tell you, 'I'm going to bring in one of my colleagues to help you.' If you want to do a personal loan and credit card, there will be another person. If you want to do something more complex, let's say your high net-worth and want to trade derivatives, there will be another person as well. That has been how the talent supply chain in financial services works, as financial services are very professional and require a lot of accuracy.

People are often trained in different product organizations. It's more difficult to train them to scale vertically, meaning adding a lot more people, or horizontally, meaning training people who know multiple products and can serve a single customer interface or a single contact point for the customers. But AI is going to massively change the vertical and horizontal scalability of financial services.

At the end of the day, I believe higher-quality advice will come from this place. When you have highly skilled machines that can learn insights across disciplinary ways over time and serve your customers at very low cost, that is where I think financial services will undergo a significant change. These are the areas that I believe will massively change for financial services. I believe I'm still well within the eight minutes right now, so I'll pass it on.

Yoo Jang-hee

Thank you. Your connection between fintech and AI has given us a lot of new ideas. I sincerely appreciate it. Next, I will invite Gordon Liao, Chief Economist of Cornell Fintech Initiative, is ready online.

Gordon Liao

Thank you very much for including me in the session. I am fortunate to serve as the Chief Economist of Circle Financials and also hold the position of a research fellow at Cornell. On the topic of AI, I will try to be brief due to time constraints. My discussion will be in two parts: challenges in AI and how it relates to blockchain and decentralization, specifically Stablecoin. The premise is that AI, especially generative AI, stands before us, poised to change the landscape of finance, and with that, come key challenges. As Brian highlighted earlier, I believe two challenges that are worth discussing more are: one, data - encompassing issues with data sharing and data security, and two, coordination or cooperation in AI.

Regarding the first part, data is what makes AI capable of tasks such as predicting credit risk or generating predictions for various purposes, from text generation to market forecasts. However, sharing data is not a simple matter. Sharing private data requires individuals to relinquish their privacy to some extent. I think there are important ways to limit the exposure of one's data while still being able to tap into AI services, which could use technologies like blockchain. This would facilitate both transparency and the sharing of outcomes. The fruits of the AI machines is having incentives in place that intensify people from sharing data.

The second part that is probably less discussed is on cooperation AI. So, most of the AI research and developments so far today have focused on either single-agent setting or adverse serial game-type setting. So, think of doing some game, like the game of goal, in which players are playing against each other. More and more so in society AI was to emulate humans; then cooperation has to be a part of it, and there is an optimum level of cooperation to achieve the level of optimal. In the finance context, lessening inflation on borrowers who build and use this data in the open banking context.

In a real-world setting, even technologies like self-driving cars need the ability to share data and communicate among different vehicles. However, excessive cooperation could potentially be harmful. For instance, AI systems have already led to price collusion in areas such as setting rental rates and, last time I checked, for airline pricing. Often, airlines offer fares within a few dollars of each other for the same fare class. To prevent excessive coordination that may result in price collusion, while maintaining a sufficient amount of cooperation, governance itself might not be enough. Too much centralization leads to a natural tendency to collude, in addition to issues with data security resulting from excessive centralization.

Now, I believe branching from the previous general technology is perfect not only for financial transactions but also for general contracting. The basic concept involves using blockchain to reduce information asymmetry. This reduction occurs in both obtaining information in average selection settings, facilitated by loan selection and monitoring, and in enforcing contracts by programming decisions—for instance, those of law enforcement—into smart contracts.

Additionally, I think blockchain is an ideal platform for solving security issues. Unlike having a single company internally check for security flaws, with blockchain, you have open-source systems with the entire ecosystem involving many developers searching for security flaws.

Therefore, I believe blockchains could also play a significant role in ensuring that data is shared securely. The implications for finance are immense, providing both transparent and shareable data while preserving privacy. Moreover, there are market-based resharing mechanisms, falling under the smart contracts side. We have already seen the development of decentralized exchanges and automated market makers, for instance, that can take information available on the chain and create new markets for sharing risk.

Perhaps, this is a way of reducing reliance on centralizing intermediaries and a means to tap into a broader amount of data along with AI. Now, the last point I want to make is regarding stablecoin. I think stablecoin could serve as a foundational layer for value transfer on the internet. Initially, stablecoin was established and used for digital asset trading. However, more recently, over the last five years, we have actually seen a 90% drop in crypto asset trading per dollar worth of stablecoin.

More and more, stablecoin is being used to facilitate payments. In the future, I see potential use cases for integrating stablecoin in the AI space. This could involve facilitating value transfers between machines, incentivizing behaviors, and making streaming payments possible. The company I work for, Circle, takes a regulatory-first approach to enable stablecoin use on a chain for broad value transfer. I believe this will be a core aspect that enables AI to grow, integrate with finance, and seamlessly integrate with the internet in a safe and secure manner.

For all these reasons, I firmly believe that blockchain and stablecoin have to go hand-in-hand with the development of AI to ensure that AI can be used for safe purposes, avoiding excessive centralization of power and data warehousing. Thanks so much.

Yoo Jang-hee

Thank you very much Mr. Liao. The next panelist is Mr. Kim Hyoung-joong, the chairman of Korea Fintech Society.

Kim Hyong-joong

I appreciate the detailed explanation on stable coins from the previous panelist, so I believe that part can be omitted in my presentation. In the keynote speech, Mr. Brian Brooks talked about the importance of explainable AI (XAI). AI must now be explainable, and research in this field has started relatively recently. Scientists are actively exploring this area, making explainable AI (XAI) a topic that requires separate consideration.

Whether explainable AI is necessary is a matter that needs reflection. However, to enhance the accuracy of explainable AI (XAI), the provided data must be accurate and rich. Moreover, careful consideration is required to advance AI technology and ensure reliable high-quality data. Traditionally, the financial industry heavily relied on cash-based analog processes, limiting the availability of usable data. With the transition to digital platforms like credit cards and Google Pay, a favorable environment for leveraging AI has been created.

Collecting and aggregating high-quality data may lead to challenges such as privacy protection and cybersecurity issues. Additionally, when dealing with vast amounts of aggregated data, questions may arise regarding the relationship with AI, especially how much data can be provided to AI-related systems. At this point, we need to consider not only the accuracy of AI but also how data is collected and input. In the current FinTech environment, FinTech unicorns focus on the introduction of digital payment methods and securing high-quality data through this transition.

As we examine FinTech unicorns more closely in the current era, we observe emerging trends such as "instant payment," "instant purchase," "deferred payment," "embedded finance," "super apps," and "challenger banks." In the future, more advanced embedded financial services and super apps, combining smart contracts and artificial intelligence, will likely lead the market.

This evolution may lead non-financial institutions to encroach on the territory of financial institutions, growing into entities that challenge traditional financial companies. Platform companies, being non-financial enterprises, will naturally introduce FinTech elements as they grow. These companies will integrate customer data and leverage AI to provide personalized financial services.

An interesting event occurred in Thailand last month, where a proposal was made to distribute 10,000 baht to adult citizens. However, I thought that if such an event were to take place in Thailand, could it be done in a more innovative way? For example, the Central Bank of Thailand could create a stable coin and distribute it to the entire population. People often talk about the difficulty of using wallets, but if they receive 10,000 baht as a gift, everyone would install a wallet.

Another experiment could involve implementing a smart contract that reduces the face value by 5% if no transactions are made with the stable coin for a month. This would accelerate the circulation of money and increase tax revenue. A similar experiment was conducted in a small city in Austria in 1934. The model was so successful that the local economy flourished. However, when the central bank intervened to mediate the services, the experiment was halted. Transparent public transaction records prevent money from being used inappropriately. With accumulated data, big data analysis that we desire becomes possible.

Drawing on this experience, if Thailand issues Central Bank Digital Currency (CBDC), it could develop more advanced projects in the future. Countries like the Bahamas, Nigeria, India, and China have already issued CBDC, but expanding the scale poses challenges. One of the main reasons for the difficulty of CBDC lies in the need to compete with credit cards and platforms like Google Play. Expanding CBDC also requires marketing costs.

Regarding the case of giving 10,000 baht to adult citizens in Thailand, it can be considered not just as an act of goodwill but also as a marketing cost. Similarly, when Korea successfully distributed emergency disaster relief vouchers to all households in the form of vouchers to overcome COVID-19, I think that if the Bank of Korea had proposed a digital currency distribution at that time, Korea could have been recognized as a leading pioneer.

Currently, the Korean government issues local currencies available for use within regions. Issued in the form of vouchers, these are considered exhausted once issued, limiting their economic impact. Local governments provide discounts through the issuance of gift certificates and cover the loss with taxes. Despite the implementation of such good policies, I believe that the potential of these systems is not fully utilized.

In today's session, we are discussing artificial intelligence. I believe that the success of artificial intelligence is fundamentally dependent on securing high-quality data. In the FinTech sector, accurate and sophisticated data models are essential for emerging business models. If this happens, artificial intelligence will become much more refined, enabling the provision of AI-based financial services. Thank you.

Yoo Jang-hee

Thank you very much, Mr. professor Kim, for your wonderful remarks. Now, Mr. Ryu Changwon has been waiting for a long time, and he is the executive director of Hana Institute of Finance. It's your turn.

Ryu Changwon

Good afternoon, everyone. My name is Ryu Changwon, and I am currently the Executive Director of the Hana Institute of Finance. I listened carefully to the presentations by Mr. Brian Brooks and Consulting Leader Robert Hillard, and I wholeheartedly agree with their points. Today, I would like to share how financial companies view and anticipate the use of AI, their concerns, and briefly discuss how we are currently addressing these issues.

Koreans have been quite friendly towards AI, with the iconic moment being the AlphaGo's Go match, which was both shocking and paradigm-shifting. However, since then, consumers haven't experienced tangible AI services, and models such as credit rating remained somewhat invisible. The emergence of ChatGPT earlier this year has brought a sense of change, as it involves interactions at customer touchpoints, making the impact more palpable. Our group and research institute have been actively exploring various studies and surveys.

In the realm of digital technologies, including blockchain, I particularly consider AI as an innovative technology that can be effectively applied by financial companies. As Korea faces an aging population, productivity becomes a crucial issue, and digital technologies, especially generative AI, are seen as fundamental in replacing human roles to enhance productivity. Specifically, in the financial industry, where vast amounts of data and numerous processes are involved, generative AI can play a significant role in expanding self-service and improving responsiveness to customers.

Chatbots have been around for about a decade, but the recent introduction of generative AI allows for more human-like conversations, potentially transforming interfaces in mobile banking and beyond. Smart machines and generative AI services, like AI bankers, can combine in bank branches, providing services beyond those offered by human agents. For the elderly population, integrating generative AI into kiosks may make these services more accessible.

However, as mentioned earlier, there are significant concerns and challenges. Unlike other technologies, AI requires continuous efforts to address not only its advantages but also potential drawbacks. One major concern is the rise of fake information, especially in the financial industry, where accurate information is crucial. Issues such as personal data leakage, copyright infringement, and the difficulty in data collection, considering consumer resistance, pose challenges that financial companies need to overcome.

Moreover, if AI becomes a core competency in the financial industry, there is a worry about the sector's capability compared to big tech companies. In the competition landscape, financial companies may find it challenging to match big tech firms armed with advanced AI technologies. As financial platforms offered by big tech companies already play a role in selling financial products, the fear is that their AI technology could diminish the role of financial institutions.

To address these challenges, substantial investments are required, but financial companies face complex issues such as maintaining reserve funds amid various financial crises. Financial institutions need to strategically respond to the situation, contemplating the purpose of adopting generative AI, aiming for positive customer and employee experiences. We are actively exploring use cases and have initiated a task force within our group to manage the overall process of how AI is utilized and introduced.

Additionally, we have established our own Hana Financial Convergence Technology Institute, an R&D organization. Here, many experts are working on developing a comprehensive language model for the financial sector and ultimately creating an AI-based financial assistant. In the near future, we plan to advance to the stage where internal employees can interact with a chatbot to search for information, much like having a conversation.

Lastly, it's essential to acknowledge that while AI makes decisions based on data, the world operates through extensive interactions. Overreliance on AI without human intervention might not be feasible. Financial crises often arise from data that did not exist previously and cannot be predicted by AI-based financial system models. Therefore, at some point, the issues of control and responsibility must be addressed by humans. Collaborative models, such as cooperative AI utilization, that enhance how people use financial services might be more desirable in the financial industry. Thank you.

Yoo Jang-hee

Thank you very much. It was excellent comments. Now it's time to conclude session three.

Just one comment as a moderator. In this session, I learned that the financial sector should be able to further develop by utilizing AI methods. By doing that, it will expand the scope of financial services, and the precision and efficiency of services would be enhanced. Also, the total volume of financial services will expand. But the real question is how to achieve this progress in reality. As for the financial sector, this progress would be possible within a short period. But what about the consumer case? Financial sectors do exist because consumers are there. Consumers are waiting for better services. But in order to adapt to the new AI system, consumers' intellectual levels have to be upgraded at the same speed as the progress of financial institutions. Therefore, we need more research, discussion, and seminars like this, as I think the IGE and HFG have done a very good job opening up this new division on financial progress. With the last comment, let me close the session. Thank you very much.

SESSION 4

Before it's too late: Coping with the climate biodiversity crisis and the role of finance

Moderator
Lim Dae-Woong Korea and ASEAN Advisor, UNEP FI

Keynote Speakers
Eric Usher Head, UNEP Finance Initiative
Yuki Yasui APAC Managing Director, Glasgow Financial Alliance for Net Zero(GFANZ)
Andrea Culligan Global Lead GreenSpace Tech, Deloitte

Panelists
Kim Byung Chil Deputy Governor of Strategic Supervision, Financial Supervisory Service(FSS)
Kim Jong-kap Distinguished Prof., Hanyang Univ./Fmr. CEO, KEPCO/
Fmr. Vice Minister of Trade, Industry and Energy
Jung Tae-yong Prof., Graduate School of International Studies, Yonsei Univ./
Director, WWF Korea
Jung Hee-soo Executive Director, Hana Institute of Finance

Lim Dae-Woong

Hello, this is Lim Dae-Woong from UNEP FI. Welcome to our session 4. In this today's final session, we will discuss the role of finance in responding to the climate crisis and conserving and restoring biodiversity, along with key policies. Today, we have three speakers and four panelists who are experts on this topic. The keynotes speakers will share their insights through video messages and live presentations, followed by a panel discussion. Now, let's start with video messages from three keynote speakers. First, we'll hear from Mr. Eric Usher, the Head of UNEP FI.

Eric Usher

Hello. I extend my sincere thanks for the invitation to speak with you all today on the occasion of the 2023 ESG Global Summit hosted by The Institute for Global Economics and Hana Financial Group.

The Asia Pacific region is at the forefront of economic growth and development. With this growth comes great responsibility. We must address the pressing environmental and social challenges we face, particularly in the context of climate change.

To accomplish this, we need a paradigm shift in our financial systems and practices. Sustainable finance holds the key to unlocking the potential of the region while ensuring a thriving planet for future generations. First and foremost, we must understand and remember that sustainable finance is about aligning financial flows with sustainability objectives. It involves integrating ESG factors into investment decisions, risk management, business strategies, and governance.

By doing so, we can direct capital towards projects and initiatives that promote clean energy, resource efficiency, environmental resilience, and social inclusivity. This is capital for new solutions. This is capital for industries in transition. The Asia Pacific has an incredible opportunity to lead the way in sustainable finance. The region's economic growth trajectory positions it as a critical player in shaping the global financial landscape. By embracing sustainable finance, setting ambitious precedents through actions, and leading the way, we can create a ripple effect, inspiring others to follow suit.

As UNEPFI, we are mandated to deliver on the UN Environment Program agenda, facilitating actions that support the Paris Climate Agreement and the UN Sustainable Development Goals. We contribute to initiatives like the Principles for Responsible Banking, the Principles for Sustainable Insurance, and the Net-Zero Alliances for banks, insurance, and asset owners. Today, we have more than 100 defined members in the region. In Korea, we have 12 PRB signatories, 9 PSI signatories, and 7 supporting institutions.

Korea is one of the fastest-growing memberships for us globally, demonstrating that sustainability considerations are really taking hold across the industry. Climate risk disclosure has become common practice for Korean financial institutions based on the TCFD framework of the Task Force on Climate-Related Financial Disclosures, and work is now progressing on the new framework for nature, the TNFD.

A number of leading banks, insurance, and investors have made specific commitments in areas such as climate mitigation and financial inclusion, including the Net-Zero Banking, Insurance, and Asset Owner Alliances. We can be a part of the wider GFANZ umbrella. We look forward to supporting these leadership initiatives to help deliver on their targets and objectives.

Now, one crucial aspect is the development of green finance frameworks and standards. Robust frameworks help ensure transparency, accountability, and credibility in sustainable finance endeavors. By adopting common definitions and reporting standards, we can promote consistency and comparability, allowing investors and stakeholders to make informed decisions, building from the TCFD, TNFD, and other disclosure standards.

We have high expectations that the newly created International Sustainability Standards Board (ISSB) will help drive the convergence and accelerated uptake of sustainability disclosure. Now, while the journey towards advancing sustainable finance in the Asia-Pacific and achieving our net-zero goals may seem rather daunting, the opportunities it presents are immense. By transitioning to a sustainable financial system, we can create new jobs, stimulate economic growth, enhance resilience to climate risk, and contribute to a healthier planet.

I had the great opportunity to witness the energy growth in space last May when we hosted our bi-annual Regional RoundTable for Sustainable Finance in Seoul. It was a superb moment to learn from the leaders and take stock of the progress made so far. For the past 10 years, UNEPFI has been supporting Korean financial institutions to implement sustainable finance more proactively.

However, recently, it has been observed that financial institutions in the Asia-Pacific region are showing interest in the experience of Korean financial institutions to better understand UNEP FI principles of sustainable finance. Already, some Korean UNEP FI members are working with us to support financial institutions and regulators at the central bank across the Asia-Pacific region.

We look forward to seeing more Korean financial institutions demonstrate their leadership by actively cooperating with UNEP FI across the Asia-Pacific.

In conclusion, let us recognize the urgency of the moment and seize the opportunity to advance sustainable financing in Korea.

By aligning our financial systems with our climate sustainability goals, we can achieve our net-zero aspirations and secure a prosperous and resilient future. Together, let us build a sustainable and inclusive financial ecosystem that leaves a lasting legacy for generations to come. UNEP FI is ready to work with the Korean financial community to realize this ambition. I wish you all an excellent conference. Thank you very much.

Lim Dae-woong

Mr. Usher mentioned climate financial disclosure TCFD and natural financial disclosure TCFD while discussing climate change and biodiversity. He also expressed expectations for South Korea's leadership in climate finance.

The second keynote speech is from Ms. Yuki Yasui, the APAC Managing Director of the Glasgow Financial Alliance for Net Zero (GFANZ). GFANZ was established two years ago during the climate change conference in Glasgow. Please welcome to the video message from Ms. Yuki Yasui.

Yuki Yasui

Good afternoon. It's a great honor to be invited to speak at the IGE – HFG International Conference. Thank you to the organizers for having me, and I hope I can join the next conference in person. I understand this session is titled 'Before it's too late: Coping with the Climate Biodiversity Crisis and the Role of Finance.'

In response to this theme, let me first take you on my personal 'bird's eye view' tour of how finance's relationship with environmental and social issues evolved over the last 20 years. I call this relationship 'sustainable finance.' I would say there are three main strands of sustainable finance. To use a forest analogy, there are three types of forests that support the sustainable finance ecosystem. In my very personal opinion, and this is not an official GFANZ position, the oldest forest is 'Corporate Social Responsibility (CSR).

Under CSR, financial institutions traditionally covered philanthropic activities as well as operational activities. These included things like how a financial institution was reducing its own paper consumption through digitalization. However, sustainable finance truly started when we began to understand finance as enablers of both the positive and negative conducts of real economy businesses. So, at the core of sustainable finance is how financial institutions incorporate environmental and social issues into their business decision-making processes.

In the early days of sustainable finance, we were mainly focused on banks' lending practices. The environmental and social issues were about ensuring finance did not enable businesses to engage in harmful activities to the environment (such as pollution) and to society (such as employing child labor). To put it very simplistically, the environmental and social risk for the bank was more of a reputational risk as the lender being associated with bad businesses. In the early years of this millennium, the sustainable finance agenda underwent a game-changing expansion. This marked the opening of the second forest: Portfolio ESG risk management. There are a few important characteristics that were different about this forest compared to the CSR forest.

First, the ESG risk was about how environmental and social issues (such as climate change) could negatively affect the profitability of real economy clients, and its knock-on effect on financial institutions. So, we are talking about the environmental and social impact on financial institutions. In the CSR forest, it was about mitigating the negative impact of financial institutions on the environment and society. Second, the environmental and social issues were no longer transaction-specific. They were structural and systemic, requiring sectoral and portfolio-wide risk management. Thirdly, the portfolio nature of environmental and social issues meant it was a concern not only for bank lending but also for investors.

The development of the portfolio ESG risk management forest from 2005 to today has shaped a large part of sustainable finance as we know it today. But the story behind the opening and the development of this second forest is actually a sad one. It's one thing for some businesses or big projects to have such a negative impact on the environment or the local community that it affects the reputation of its lender. Still, allowing industrialization to become so destructive, to put human civilization into an existential crisis, is on another level.

The second forest is, therefore, our realization that the response to save ourselves in the first forest was inadequate and that nature was biting back. In 2015, Mark Carney, my boss at GFANZ, but in 2015 as the Governor of the Bank of England, made his landmark speech at Lloyd's of London. He said: 'Climate change is the Tragedy of the Horizon that once climate change becomes a defining issue for financial stability, it may already be too late.

Now, climate change has become recognized as a source of economic and financial risk by financial regulators. This led to the NGFS (Central banks and financial regulators' network on greening the financial system) in 2017, where central bank governors and financial regulators around the world started to exchange information on the growing climate change risks. In parallel, environmental and social issues, especially climate change, are soon-to-become mandatory reporting requirements alongside financial reporting under the

ISSB, which was developed out of the voluntary TCFD reporting.

As ESG issues stepped up from voluntary to regulatory territory, ESG became not just a concern for ESG practitioners but has elevated to a CEO and board level agenda around the world. Lastly, Mark had pointed out the need for 'a smoother transition to a lower-carbon economy,' opening the third forest, which is 'portfolio alignment to environmental and social goals.' The growth of the second forest was fueled by the growing environmental and social crises, such as climate change and biodiversity collapse.

But as the crisis evolved, portfolio risk management was becoming an inadequate solution. Divesting from high-risk assets such as coal or coal-fired power plants was becoming a limited risk management strategy, especially when the whole economy was facing a growing concern for climate risk.

So big that good risk management entails us to actively participate in solving the problem. We can no longer isolate ourselves away from CC, so our best defense is to be part of the solution.

And the third forest is where we are now seeing green financing and transition financing elevate from a niche type of financing to a portfolio-level issue. The Paris Agreement states that aligning all financial flows to a low-carbon and climate-resilient economy is the solution, and this third forest is where GFANZ operates. It is clear we have no time to spare. We are rapidly depleting our remaining carbon budget to limit the temperature rise to 1.5°C. And the latest estimates are that we will exhaust it by the end of this decade. The stakes are high. Conservative estimates suggest that a 2.5°C warming could cause the equivalent of a decade of no economic growth. The energy transition is already underway.

Since around the 2015 Paris Agreement, we have seen an explosion in clean energy investment, bringing the energy transition to an inflection point. Today, the investment ratio between fossil fuel energy and clean energy is near parity at 0.9:1 – meaning for every $1 of investment going to fossil fuels, another 90 cents go to clean energy. The total investment surpassed $1 trillion in 2022. The IEA predicts we will be moving to 1.5:1 in 2023. However, Bloomberg NEF says we need to further ramp up our investment in clean energy if we want to achieve our 1.5-degree goal and reach a 4:1 investment ratio by 2030.

Allow me to introduce GFANZ, the Glasgow Financial Alliance for Net Zero. Established in 2021, GFANZ is a global coalition of leading financial institutions dedicated to supporting the decarbonization of the global economy. As a pan-financial sector initiative, GFANZ brings together eight net-zero finance sector alliances, including NZBA. The GFANZ Alliance boasts a membership of over 650 financial institutions across 50 jurisdictions, representing approximately 40% of global private finance in financial assets. These institutions have committed to aligning their portfolios with net-zero goals by 2050. In South Korea, there are 10 financial institutions that are part of the GFANZ community.

To facilitate an orderly and inclusive transition for the entire economy, there is a global need for common definitions of transition finance and transition planning. In response to this need, GFANZ has provided guidance for financial institutions and companies. In 2022, GFANZ identified four essential strategies for financing a comprehensive economy-wide transition to net zero, collectively referred to as 'Transition Finance.'

These are defined as financing or enabling climate solutions and supporting companies already aligned to a 1.5 degrees Celsius pathway. Additionally, they involve supporting the accelerated phaseout of high-emitting physical assets. The importance of financing the first two—climate solutions and green companies—is quite clear in GFANZ's strategy, which also emphasizes the need to finance emission reduction efforts and support real economy decarbonization.

GFANZ has created a Net Zero Transition Plan framework with broad applicability for both financial institutions and corporations. This framework can assist financial institutions across all sectors, as well as the companies they do business with, in implementing their own transition plans and measuring progress consistently. Transition plans are how one turns climate ambitions and targets into actionable plans for implementation.

For financial institutions, it involves planning actions to transform financed emission targets into financing flows that drive real economy decarbonization. The GFANZ transition plan isn't new; it builds upon many existing initiatives and work. It aligns with TCFD, CDP, Science-Based Targets, and more. The Net Zero Transition Plan framework is consistent with both regulatory and voluntary initiatives.

For example, the MAS's and the Hong Kong Monetary Authority's guidelines around transition plans are quite consistent with the GFANZ transition plan guide. The Net Zero Asset Managers initiatives and guidance on the investors' climate action plan are also in line with the GFANZ transition plan. Governments globally have begun promoting transition finance and the development of transition plans.

Every country and business, including financial institutions, needs a strategy for navigating the risks of climate change and seizing the economic opportunities from the net-zero transition. GFANZ also emphasizes the importance of real-economy transition plans. Financial institutions should assess their clients' and investee companies' net-zero commitments, along with low-carbon capex plans, to determine whether their financing is contributing to the companies' net-zero transition or merely supporting business as usual, where the transition may be delayed.

While green financing is well-established, we are still developing a consensus on what constitutes credible financing for brown companies transitioning to green and how to instill confidence that financing the early retirement of high-emitting assets will genuinely lead to emissions reductions in the real economy. At the GFANZ Asia Pacific Network, we have been collaborating with financial institutions and stakeholders to formulate a set of recommendations for financing a credible and meaningful phased-out of coal plants in the APAC region.

What we have learned from our work is that a managed phase-out of coal plants is part of the system-wide energy transition. Credibility relies not only on the reliability of the power plant but also on the credibility of the Net Zero Transition Plan (NZTP) of the power plant owner and the commitment and energy transition plan of the country. Ensuring the MPO is financially viable will likely depend on innovations in sustainable finance, such as blended finance and carbon credits.

Ensuring a just transition for the managed phase-out requires the involvement of municipal and national governments to prevent negative impacts on jobs and communities. It also ensures that the transition does not disrupt the accessibility and affordability of electricity for society.

I invite the South Korean government, financial institutions, and coal plant owners to engage with GFANZ on the Managed Phase-Out (MPO) of Coal Plants. This involves not only financing the early retirement of coal plants in

South Korea but also supporting the accelerated phase-out of coal plants across APAC. South Korea has a significant role to play in these efforts. In conclusion, the Earth's average temperature is already almost 1.2° Celsius above pre-industrial levels.

At 1.2 degrees warming, we are witnessing alarming levels of climate change. Extreme weather events are multiplying, the impacts on our planet's finely tuned ecosystems are escalating, and the economic costs are mounting. The net-zero transition will be the biggest undertaking of our generation, and it must involve the whole economy.

Financial institutions are only one piece of a bigger puzzle. Investors and the financial community will need to play a significant role, and it is in your very own interest to do so – as the old saying goes, we cannot eat money when the environment is destroyed. However, money, if used wisely, can help save it. Thank you for listening, and I hope you enjoy the rest of the session.

Lim Dae-Woong

Thank you very much for the keynote speech. She discussed the current temperature rise, highlighting that we have already reached 1.2 degrees Celsius. She also delved into the importance of transition plans and touched upon taxonomy. The flags of various countries illustrated on the slides were used to explain the different taxonomy schemes, emphasizing the need for alignment between technology and politics.

Our third speaker today has the great opportunity to hear from her in person. Please welcome Andrea Culligan, the Global Lead of Deloitte Greenspace Tech. A warm round of applause, please.

Andrea Culligan

Thank you. I'm really excited to speak with you today. I'll focus more on 'how' and explore some interesting technologies, as well as the complexity of the entire value chain. In my role as the national lead for innovation and climate in Australia, along with my position at Global Green Space Tech, I consistently observe and identify pathways for clients not only to decarbonize but also to capitalize on the growth opportunities within the Net Zero transition. Over the past 40 years, Korea's GDP has averaged around 6% growth per year, particularly noteworthy.

From its original roots as an agriculture-intensive region to its current position as a global leader in technical innovation, South Korea has experienced rapid growth and economic transformation. Presently, Korea stands as the fifth-largest producer of passenger cars, holding 5% of the global EV market. With the electric vehicle market growing at a compounded annual growth rate of 107% over the past five years, it is only just beginning to show its potential.

While Korea stands at the forefront of a new economic era, the choices made today will define the path to prosperity for tomorrow. Looking forward, a crucial question emerges: What lies ahead for Korea in the next 40 years, and what challenges may it face? With the auto sector contributing to 40% of global emissions and national targets aiming for a 40% reduction in greenhouse gas emissions and phasing out coal by 2050, the emphasis on low-emission development becomes paramount. However, this is not a narrative unique to Korea alone.

The reduction of emissions in manufacturing is critically important, particularly for industries like steel. This reduction will impact not only operations and emissions but also export capabilities. Currently, only about 40% of the available technologies have reached the prototype phases, presenting a significant challenge in understanding the required climate technology.

Focusing specifically on steel, as a foundational component in various sectors, including automotive, it becomes crucial to decarbonize. The required investment and technologies are essential to avoid it becoming a bottleneck for the growth opportunities we envision.

It's not as simple as choosing a vendor or just adopting investment approaches. Climate Tech represents one of the most dynamic and innovative environments of our time, and it's the most dynamic we've seen to date. Defining our actions today concerning pathways for current emission reduction and future goals is critically important. While investing in the necessary technologies to decarbonize today may cause temporary financial discomfort, these effective investments will pay off in the long run, especially as the demand for sustainable products and services increases.

With the forecasted projection of 93% of all energy sources being dominated by green hydrogen by 2050 in Korea alone and carbon capture accounting for significant reductions from 2030 and beyond, all heavy-emitting industries and companies need substantial investment in climate technology. Considering the growth in the auto industry, green steel will be critical, given its 7% emissions profile, posing a challenging problem to solve.

Understanding the complexity of these technologies is quite challenging, and this is why I wanted to share a bit of information, even just about carbon capture. We often discuss these technologies in broad, sweeping statements, but the challenge lies in the fact that each of these technologies entails upstream and downstream implications. For organizations to make the right choices for today and tomorrow, they need to understand the available types of technology, their locations, investment profiles, and more. That's why we created Green Space Tech, and I thought I'd share an example of our Gen AI tool with you.

This navigator tool displays comprehensive information regarding technology readiness. Taking carbon capture as an example, you can observe a publicly disclosed investment of three billion dollars across 13 subcategories. Focusing specifically on carbon capture and storage, we note an early commercial phase with approximately a billion dollars in investment, along with significant tax incentives being applied in the US. When comparing the twenty-three identified companies, we also observe challenges related to geolocations, as they are in the early stages.

It's a very complex environment, especially when we're talking about a physical problem with physical technology being part of the solution. And if we look at green hydrogen, the secondary component that's very critical to decarbonizing steel, Deloitte estimates that hydrogen would make up about 16% of South Korea's Energy Mix by 2050, compared with the current 2% at 2030.

And Green hydrogen has the potential to become this clean enabler, as 130 companies, representing 88% of global emissions, around the world are publishing national hydrogen strategies. Korea has also set government targets for hydrogen, aiming to cover 30% of cities and towns by 2040, and is expecting an 82% demand, leading Korean companies to invest in the UAE, Australia, and other regions.

But if we take a closer look at the global dynamic view of the green hydrogen market over the past five years, on the far left, you can see that in the last five years alone, there have been over 75,000 patents created for hydrogen. If we specifically focus on green hydrogen, over 80% of those patents have been filed in China. Additionally, we observe significant growth in the startup sector, and while we believe it's likely underreported, it's growing significantly. This is happening alongside venture capital investment, which has surged from one billion to 17 billion dollars within just 12 months. It's important to note that this doesn't include the inflation reduction activity in the Euro Green Deal.

We will witness a bold increase in all these developments. On the far right-hand side of the screen, you'll notice that despite all this activity, we still won't meet the capacity needed by 2050. However, in a net-zero world by 2030, green hydrogen accounts for two-thirds of the market. It's an incredibly challenging environment that requires an entire ecosystem, not just of activity and risk aversion, but also of financing. Climate tech, in particular, has experienced rapid growth. In the last 10 years alone, there has been a 3800 percent increase in investment.

This growth has been driven by a confluence of factors, including consumer and corporate demand, a surge in the number of founders entering the space, escalating investment levels, declining infrastructure prices, reductions in technology costs, and a more robust policy environment with carbon pricing. These factors not only pose questions about who will finance these opportunities but also about who will capitalize on them.

And just to highlight a few points, you've already discussed various financing vehicles today. VC investment, for instance, has surged 22 times since 2010. Financing through banks, particularly with sustainability-linked loans, is gaining momentum, offering tailored solutions for private companies. Policy incentives, including the IRA, the Euro Green Deal, and other structures, have now reached 1.34 trillion since 2020.

Public-private partnerships are showcasing unique collaborations between private and public services to deliver infrastructure and environmental services. Of course, green bonds are providing fixed-income security to finance these projects. If I could leave you with four key points, as an innovation lead, I'll remain an eternal optimist, believing that this can be achieved. Climate technology is not a luxury; it's a necessity.

This isn't something that we might need to consider; it is the critical enabler for the future of a net-zero transition. It is the underpinning component. Currently, the IAA is reporting that we have a commendable global net-zero goal, but 35% of the emissions require technology that is still in the prototype stage. Additionally, about 60% of that technology is available for deployment.

We also know that about $9 trillion a year will be spent just until 2030 alone to meet the decarbonization goals. While the initial cost may cause financial discomfort, the impact of global demand, policy changes, regulations, and standards should not be dismissed. These factors will drive fundamental change and innovation, albeit perhaps slower than we actually need. With the reported economic benefit of over $43 trillion to be realized if the net-zero goals are achieved, I believe there is an incredible path to be forged, and one that I would love for all of us to get very excited about. Thank you.

Lim Dae-Woong

Thank you very much. The facts you explained in your presentation were quite surprising. Greentech is readily available, and in terms of investment and economic sense, it is actually quite feasible—a leverageable opportunity at the moment.

At times like this, leadership to actually utilize this becomes even more important. We heard from three speakers on the topic of coping with climate change and the biodiversity crisis, TCFD, TNFD-related financial information disclosure, and the role of financial regulators. We also just discussed and listened to the presentation on the technical aspects, the linkage between taxonomy and technical aspects, and all the diverse solutions that we could think about under these contexts.

From now on, we will proceed to the panel discussion with four panelists. Firstly, we have Mr. Kim Byung Chil, the Deputy Governor of Strategic Supervision for the Financial Supervisory Service (FSS). Additionally, we have Mr. Kim Jong-kap from Hanyang University, Mr. Jung Tae-yong from the Graduate School of International Studies at Yonsei University, and Ms. Jung Hee-soo, Executive Director of the Hana Institute of Finance.

In today's final session, we will delve into the role of finance, and I am eager to gain deeper insights from our esteemed panelists. We will explore the intersection of climate change, biodiversity, financial statements, and their broader impact on the economy. Examining their implications becomes especially relevant in understanding the economic aspects of these issues. We will explore how to address these issues and discuss potential solutions. Lastly, we will consider how financial institutions can effectively deal with these types of challenges.

To kick things off, let me introduce Mr. Kim Byung Chil from FSS. Recently Governor Lee Bok-hyun of FSS conveyed that climate change disclosures might be perceived as a burden by corporations. However, businesses welcomed his message. If you examine what he's actually saying, it's not about postponing ESG responsibilities to a later time period. It's about enhancing the quality of ESG-related disclosures. This point should be emphasized and remembered by Korean companies. I don't recall ever seeing a government in Korea so proactive on ESG and climate change. The TSFD was established to develop guidelines for companies, urging them to enhance climate resilience. Additionally, a K-Taxonomy Support Center was set up. ESG bond guidelines were issued, including disclosure requirements and recommendations for ESG funds by FSS. Numerous policies are actively being introduced in this area, and I hope you can elaborate on these policies and discuss the impact the government expects from them.

Kim Byung Chil

Thank you. I am Kim Byung Chil, Deputy Director in charge of strategic supervision at the Financial Supervisory Service. Earlier, the moderator mentioned that our mandatory ESG disclosure would start from 2026, deviating from the initial plan to mandate it for large listed companies from 2025. Since our announcement, many companies have voluntarily disclosed ESG information through sustainability reports. Currently, about 180 listed companies are publishing ESG reports. Upon reviewing the recently announced ESG disclosure standards by the International Sustainability Standards Board (ISSB), we found that they go beyond what we initially envisioned in terms of scope and content. The standards demand a much broader range of disclosures than we had originally planned.

Large companies with the capacity to disclose ESG information and those that have already prepared for it seem to be managing well under the policy direction we set. However, ISSB's international disclosure standards extend even to Scope 3 emissions, requiring disclosure of carbon emissions, reduction plans, and related information for not only large companies but also their small and medium-sized subcontractors. Recognizing that many small and medium-sized enterprises (SMEs) may not be adequately prepared for such comprehensive requirements, we decided to adjust the commencement of mandatory ESG disclosure to 2026.

While some may view this adjustment as a step back in terms of ESG disclosure, we believe it is necessary. The ISSB standards go beyond what we initially aimed for, and the adjustment allows us to align with the higher standards set by ISSB. It's essential to understand that our goal is not to retreat but to ensure that our disclosure standards meet the rigorous requirements of ISSB. Looking at the global context, European countries have not shifted their timeline for ESG disclosure standards, starting from 2025. However, other countries like the UK, Singapore, Japan, are still in the process of preparing for these standards, and they have also indicated a delay in implementation. Therefore, adjusting the timeline to start mandatory disclosure from 2026 aligns with the global trend, ensuring that Korean companies are well-prepared to meet the standards set by ISSB.

Now, moving on to the second point, the moderator briefly mentioned the efforts of the Financial Supervisory Service in addressing ESG-related risks. I would like to provide more details on these initiatives. Since 2015, when I attended an international conference on climate risks in Paris, we have made significant progress in addressing ESG issues.

One major milestone is the establishment of the ESG Financial Research Team within the Financial Supervisory Service in 2021. This dedicated team, composed of experts, allows for a systematic and comprehensive response to ESG issues. The team's first achievement is the Climate Risk Management Guidelines. Released at the end of 2021, these guidelines serve as a framework for financial institutions to integrate climate risk management into their operations. While not mandatory, we have urged banks and other financial institutions to consider and implement these guidelines.

Additionally, we have introduced the K-taxonomy, developed in collaboration with the Korea Environment Corporation, as a foundational framework for addressing climate risks. Recognizing that a lack of understanding about environmental technologies poses a challenge, we have developed a support system for the K-taxonomy, providing detailed explanations, classification criteria, and verification documents to facilitate its application within the financial sector. Currently, nine banks are participating in a pilot project to integrate the K-taxonomy support system into their internal networks. We anticipate extending this system to insurance companies in the coming year, enabling easier identification of enterprises aligned with climate risks for insurers and planners.

Another noteworthy achievement is the recent climate stress testing conducted on ten financial institutions, including four banks and three life insurance companies. While detailed results are not yet publicly available, preliminary findings suggest that strategic and systematic preparation for achieving net-zero emissions by 2050 can significantly reduce costs compared to a delayed approach. The testing also emphasized the potential financial burden posed by climate risks, highlighting the need for strategic policy planning to minimize adverse effects on the financial sector. In conclusion, addressing climate risks and transitioning to green finance may seem aspirational, but it comes with significant costs and challenges.

Currently, international financial institutions continue to support fossil fuel development, and Korea, with a high reliance on such energy sources, faces considerable financial implications. Although the financial sector has not yet witnessed a drastic policy shift in response to climate risks, recent initiatives by institutions like Deutsche Bank, which requires companies to submit greenhouse gas emission data and plans to qualify for loans starting from 2026, indicate a growing trend towards stricter standards.

Therefore, it is crucial for Korean financial institutions to stay informed about global trends and prepare for potential shifts in policies. Clear communication with companies about the burdens they may face and collaborative efforts to establish formal standards and financial responses are essential. We will continue to strive for a comprehensive and effective framework that aligns with international standards and supports the transition to a carbon-neutral economy.

Lim Dae-Woong

Thank you. When we talk about climate change and biodiversity, it might be expected that someone from the Ministry of Environment would be speaking first. However, as I listened to the panel presentations, I understand why the Financial Supervisory Service is taking the lead. Clearly, issues related to financial stability and economic concerns are intertwined with environmental challenges.

Now, I would like to introduce our next speaker, Professor Jung Tae-yong from Yonsei University. He is also actively involved in financial regulatory authorities. I'm curious to hear your thoughts on the significance of the climate change and biodiversity crisis for our society, industry, and financial systems. Do you believe this crisis is a real threat to our lives, and is there financial significance for national industries? Additionally, regarding international initiatives like TCFD and TNFD mentioned earlier, I'm interested in hearing your thoughts on the solutions and strategies to address and resolve these issues.

Jung Tae-yong

Yes, thank you. I'm Jung Tae-yong from Yonsei University. Before answering the question, I'd like to mention that I've been working on climate change-related issues for about 30 years. Perhaps due to the IPCC report last year, there seemed to be a significant increase in coverage of climate change in the Korean media. The discussions around the 6th IPCC report and the implications of the 1.5-degree target, adopted this year by the IPCC, received more attention in the Korean media than any climate-related discussions in the past 30 years.

But in reality, among the various parts of the report, today's discussion is focused on the policy, technology, and finance working group, where the chairperson is also from Korea. However, out of about 300 scholars worldwide who participated in Working Group 3, they worked tirelessly for about 5 years, with almost sleepless nights to produce the report. However, only two Koreans were involved in this effort, which is the reality. Out of 300, only two Koreans were part of it. There are various reasons for this, but I took charge of overseeing the finance chapter. About 30 scholars worked for 5 years to compile the report. Some of the important messages from the report have been widely covered in the media, but I think this is the reality in Korea. I believe that when the results are announced with only two out of 300 participating, there will be a lot of criticism, and this is the reality in Korea.

Firstly, the content of the report is as follows: Achieving 1.5 degrees is too difficult. Looking at what we have done so far, it seems challenging. It doesn't mean it's impossible, but to achieve 1.5 degrees, we need to reduce what we have been doing by 43% by 2030. Korea aims to achieve a 40% reduction by 2030, and we think it's very difficult. However, on a global average, it's not even considered average in the international community. While we find it extremely challenging, globally, it's considered below average.

The second aspect is, how much money would it take to achieve these reductions? In 2019 and 2020, more than $630 billion were used globally for climate finance, including the mentioned green bonds. How much do you think Korea contributed? As I mentioned earlier, out of 300 people, only two were Koreans. Probably, the amount Korea spent on green initiatives in 2019 and 2020 would be less than 1%. This is the situation in Korea. However, to achieve a 43% reduction, how much more money is needed compared to now?

We need about six times more money each year. In other words, we need over 500 trillion won annually for 1.5 degrees.

But the more crucial message is that we perceive this as expensive. However, about half of the 43% reduction we need, according to the IPCC, can be achieved with technological options costing less than $20 per ton. It is much cheaper than we think. So why is it not working? In Korea, based on my observations over the past 30 years, whenever there is an external or internal shock, Korea's way of responding is highly reactive. There is not much preparation and proactive response beforehand. So, if a climate change event like a flood occurs, last year's heavy rain in Gangnam caused losses of over 800 billion won due to damaged cars. We calculate the losses after the fact—'Oh, it's 800 billion won, and two lives were lost.' We respond after the damage has occurred.

Korean society, often reacting post hoc, tends to prioritize minimizing damages. Since minimizing damages incurs societal costs, we tend to think about minimizing costs and respond accordingly, missing opportunities consistently. The three keynote speakers earlier emphasized that this is an opportunity and it should not be missed. However, the prevailing practice in Korea is not recognizing opportunities. Why is that? Because we always react post hoc, our perspective is on minimizing damages. I consider this perspective crucial because proactively responding, not just minimizing damages, is taking preventive action. Taking preventive action means addressing future uncertainties, and responding to future uncertainties is where the role of finance comes into play. Finance, whether adapting to changes, taking out insurance, or requiring guarantees for certain industries, is all about dealing with things we are uncertain about or do not fully understand. It's about addressing the costs that arise from uncertainties proactively. Therefore, if we don't change our mindset, the climate change issue in Korean society will always be approached as a cost, not an opportunity.

In the second context, considering Korea's trade structure, we are predominantly a nation engaged in extensive exports and imports. However, the mindset and practices are distinctly Korean and not very global. Especially in the financial industry, I don't perceive it to be globally oriented. Over time, due to the government's substantial support, there seems to be a tendency to excel domestically rather than venturing into the global arena and taking risks, whether in finance or dealing with currency fluctuations. In my opinion, it is crucial for us to change this perspective for progress.

I don't think I am in a position to propose a solution. I am someone who conducts research related to this at school. I believe that Korea often misses opportunities because it is not mainstream. Discussions on climate change are still happening among people like us, and it seems that those who make social decisions do not take this issue seriously or provide direction through decision-making. Despite my 30 years of engagement with the issue of climate change, it remains a league of its own in Korean society—a discussion among ourselves. The lack of mainstream adoption is why disclosure is crucial. Whether Korea takes the lead or lags behind is not important. I fully agree with what was mentioned earlier by the Financial Supervisory Service. There is no need for us to lead in rules. What is more important than rules is the practice and actual implementation. Without taking the lead in these aspects, we will miss opportunities.

I still don't think it's too late. Compared to the $6 trillion annually that I mentioned, the money spent on fossil fuels is several times greater. So, not only in Korea but globally, the financial sector is still dominated by fossil fuel-based finance. Why is that? It's because more profit can be gained from there.

Therefore, even if the regulations change in a different direction, the financial industry tends to follow and become followers. Earlier, when you mentioned Deutsche Bank, you were talking about taking the lead, right? Starting from 2026, if they don't provide information on carbon, they won't submit their reports. Deutsche Bank can take such bold decisions to lead. However, can Korean commercial banks, including our central bank and public banks, make such bold decisions? I am a bit skeptical because it is not familiar to us. We are accustomed to being followers, not to making pioneering decisions.

Lastly, out of the mentioned $6.3 trillion, only about half comes from public financial institutions. In reality, the other half involves activities in the private sector. While this money is used by banks and relevant companies to make profits, Korea is not doing much in this regard. What I truly believe Korea is not doing is individuals, businesses, and households engaging in climate finance. Many people think it's not their problem; it's something that fossil fuels, power companies, industries, and the government should take care of. However, globally, as of three years ago, if you asked how much money individuals and households engaged in climate finance were making, it was over $50 billion annually. So, in many aspects, why is Korea lagging behind, whether it's individuals, businesses, the government, or financial institutions? We need to reconsider our practices. The question is whether we will create opportunities and become leaders in this field or continue being followers because it's what we're used to. I'm not sure if this answers your question, but I've shared various thoughts on the topic. Thank you.

Lim Dae-woong

Thank you very much. I think it was a good reminder that we are presented with an opportunity.

The next panelist is Mr. Jong-kap Kim, who is currently a professor at Hanyang University but also the former President of KEPCO and the Vice Minister of Trade Industry and Energy. He is also the President of Siemens. As you all know, Korea is an export-oriented country, and in that respect, we need to also consider climate change and biodiversity.

From the perspective of businesses and industries, I would like to know what your thoughts are regarding the KEPCO issues. KEPCO is suffering a huge deficit, and so, how can we structurally change KEPCO, given the recent environment? How does that impact the climate change and biodiversity office? The US has introduced the IRA, and they are promoting renewable energy. So they provide a 30% tax credit for investments in renewable energy that will lower the price of renewable energy. And they provide this type of subsidy even to individual households. Around $500 to $1,000 reduction will be felt in terms of energy costs by individual households. And so, against this backdrop, what are your thoughts on climate change and biodiversity?

Kim Jong-kap

Yes, I appreciate the invitation from the former chairman. In a nutshell, it's bleak. Our industrial structure is energy-intensive and coupled with an export-oriented industry. In the EU, for example, the carbon border adjustment mechanism has already been implemented from October 1st, and it will be fully operational by 2026. When that happens, will it be possible to export to countries other than the EU? Due to the greenhouse effect, the United States and other countries are also imposing similar regulations. Therefore, market diversification alone cannot solve the problem. The number of regulated items will only increase, and our industry is currently unprepared for this impending situation. As Professor Kim pointed out, individual companies are not adequately prepared, making it a very worrisome situation.

Professor, you mentioned issues related to certain practices. However, there is one aspect that everyone knows but may not be able to address in a market-oriented way. For instance, when a tofu seller buys soybeans for 80 won, incurs a cost of 20 won to make tofu, and is then asked to pay 6.5 billion won for making a single batch of tofu. Of course, the cost of raw soybeans is not even close to 80 won, and the value created by the tofu seller, contributing to 20% of the added value in the process, is not reflected at all. So, what is the result? Consumers are expected to be happy paying only 65% of the regular price because the debt is so high—over 200 trillion won, causing each citizen to bear a debt of 4 million won. Each person is burdened with interest of 82,000 won, including infants, just for this year. However, instead of reducing the principal and interest, the debt keeps accumulating, increasing the burden on citizens.

Therefore, as we discuss ESG from a corporate governance perspective today, I believe that the most important aspect starts with abandoning the politicization of utility fees at the national governance level. The issue will not be resolved until we reflect the actual costs. As you may know, even the IPCC probably shares a similar perspective. To achieve net-zero by 2050, a 40% reduction in energy efficiency is required, and today's discussion has mainly focused on the supply side, but it's not about supply; it's about demand management and increasing efficiency. Currently, South Korea consumes 3.5 times more electricity to generate the same GDP as the UK and 2.8 times more than Germany. Addressing these issues requires a market-oriented fee system that accurately reflects costs, not just for KEPCO but across the board.

There is a law regarding general price management, and the government occasionally discusses the prices of items like ramen. However, when the government intervenes due to supply shortages, it often results in reduced content and poorer quality, ultimately leading to similar burdens for consumers. Reflecting the actual costs in energy fees is essential, but the challenge lies in conveying that eventually, every citizen will end up paying for these high costs, even in the form of expensive interest. It's crucial to quickly move away from governance that merely puts on a show, and I believe achieving this in a market-oriented way might be challenging. In fact, over the past two years, the UK increased electricity prices by 170%, and Italy raised them by 700%.

However, those countries provide financial support rather than reducing fees for energy-vulnerable populations. Lowering fees for vulnerable groups might lead to wasteful consumption. Traditionally, in our country, we have been selling energy to vulnerable farmers below cost, and other citizens have been burdened with the additional cost. Everyone understands this. However, last year, only 26% of the cost was supplied for agricultural use. Perhaps you are not aware, but banana factories powered by electricity have emerged nationwide. These are initiatives by entrepreneurs. Continuously supplying energy to agriculture at 26%, as we have done, will lead to waste. It poses a significant challenge in achieving the IPCC's 40% energy efficiency target, which is a crucial task for medium and large companies. It seems impossible to achieve this with the current approach.

Therefore, in many other countries, the financial sector is heavily involved in energy efficiency. This is because reflecting appropriate electricity fees allows for a quick return on investment, such as within five years for building retrofit projects. In our country, it takes about 12 years for such returns. As a result, in Seoul, 70% of carbon emissions come from buildings. Implementing market mechanisms, such as retrofitting buildings to reduce both energy consumption and CO_2 emissions, is hindered by the fact that these mechanisms do not operate effectively here. It is crucial for all citizens to understand this major issue.

For households with a family of four, the current interest burden is 320k won, and this interest burden will continue to accumulate. If the citizens, who are aware of this, were given the proper burden of paying for their homes, wouldn't they willingly say, "I will bear the cost properly, so please provide us with the proper fees"? It is essential for us to understand this, and I hope that the government's policies will shift towards a more market-oriented direction. Although it may not happen overnight, presenting a roadmap in that direction would be appreciated. Thank you.

Lim Dae-woong

Thank you very much for the comments. National governance, the price of tofu – I think there were a lot of realistic examples that we could relate to.

Lastly, we will hear from Mr. Jung Hee-soo, the executive director of Hana Institute of Finance. As we heard, the ESG disclosure-related mechanism seems to be taking a pause at the moment in Korea. Many financial institutions that are competing on a global stage are responding quite effectively through TCFD and also TNFD.

It seems still quite new, but financial institutions are very active in trying to embrace it. The Hana Financial Group has been taking a leadership role in the Asia-Pacific region and is pursuing many activities in climate biodiversity. They also introduced a system to link the K-taxonomy to loan and lending. So, until 2030, I think I heard that the target is currently about 60 trillion Korean won. I would like to get your thoughts on why Hana Financial Group is so active in trying to embrace such changes.

Jung Hee-soo

As introduced, I am Jung Hee-soo from Hana Institute of Finance. I think I have two kinds of things to be thankful for. I'm the last panelist to be able to give remarks today, so that's quite an honor, and I am also very honored to be able to speak today as a panelist among such distinguished panelists of academia and business circles. The Hana Financial Group, in relation to carbon emissions, is trying to accommodate the government policy very actively. ESG management has been a trend for quite some time, but companies still consider it to be quite difficult. Especially for SMEs trying to survive amid the competition, survival is more important. So they are not able to think about ESG. Of course, it's good to progress quickly, but we also need to give ample time for the company to adapt and provide the necessary policy support from the government's perspective. However, from the financial regulator's standpoint, they need to monitor ESG management and activities. So, I think there are a lot of preemptive measures that are taking place.

Our group is pursuing many ESG-related initiatives. In order to have systematic management, we have implemented a system to link K-taxonomy and our loan portfolio. We are analyzing the carbon emissions of the portfolio and incorporating that into Corporate Credit Assessments. And we are also trying to implement a preemptive approach. We are looking at carbon emissions according to TCFD, and seven categories are being identified. In 2022, our listed stocks, corporate bonds, and project financing were the areas we focused on for adoption. We are planning to extend this approach to commercial real estate and treasury bonds as well. By adopting this approach, we were able to account for about half of the carbon emissions in our financial portfolio. To cope with ESG-related initiatives, which can be challenging for SMEs, we have been providing consulting support, and six companies have been identified to receive such assistance. So, I discussed the financing aspect of the role of Finance, and I would also like to address climate biodiversity hotspots. May

22nd was World Biodiversity Day, and in 2012, legislation on the protection of biodiversity was passed. I've noticed that discussions on this topic have been gaining traction.

Our group is actively engaged in these discussions. Going beyond climate change and environmental protection, climate biodiversity is also an issue that we should pay a lot of attention to as we look into the future. If we consider the importance of biodiversity and the protection of species for future generations, we must understand the significance of safeguarding endangered species and preserving their habitats. Our group is adopting TNFD and related international standards to explore how we could provide support and offer solutions in the area of climate biodiversity.

Hana Financial Group, when considering how to support, is not only looking at how to simply finance the needs but is also exploring ways to improve communities by creating jobs and promoting further community development. For instance, by collaborating with companies that employ disabled individuals, we have established honey farms. Also, we are implementing family farms during the weekend. Honey bees are crucial players in the environment and are becoming endangered. This small project is an initiative to protect them and raise awareness about the importance of the ecosystem. Even if these efforts are small, they could lead to significant social benefits. So, we are also making a lot of investments in environmental restoration, and we have about 20 funds. We don't have an accurate measurement of the profitability of such funds at the moment because it's only been available for a short period. I think it's because we're in the early stages.

So, despite such situations, I think financial companies are monitoring the risk of loss coming from climate biodiversity, and I believe these efforts should continue. Regarding issues related to biodiversity, Hana Financial Group is taking a very active stance. Risk factors need to be assessed preemptively, and a risk management system needs to be established in accordance with global regulations. And climate biodiversity-related measures and products need to be provided. Personal efforts, of course, are quite important, as mentioned. So personal products that individuals can access, if the bank provides such products, I think that would also be quite beneficial.

If diverse financial products are made available in the market, engaging the public more, then the level of interest and awareness could go up as well. So, the public still thinks that it's something the government should do, and it's not up to my personal responsibility. However, I believe that more promotion and an increase in awareness should be undertaken to engage the public as well. The government and financial institutions should play a leading role in marketing this. And we need to address the social issues that intersect with the lives of the people and our financial institutions. If we focus solely on support from financial institutions, I believe what we need more for a change in mindset is promotion, and financial institutions should be much more active in this regard.

Lim Dae-woong

Thank you. I've heard various discussions from our panelists. We talked about the importance of policies, especially in relation to financial supervision. There were discussions about recognizing opportunities and awareness, as well as discussions on national governance, particularly regarding energy prices. Leadership at the financial institution level was also discussed, along with technology. We covered diverse topics. Now It is about to conclude and before we why don't we summarize the core solutions to this session topic in one sentence? The title of this session is 'Before It's Too Late: Coping with the Climate Biodiversity Crisis and the Role of Finance.' To wrap up, I would like to ask Director Jung to start and go one by one to provide a brief summary.

Jung Hee-soo

As I mentioned earlier, I believe it is desirable for not just one economic entity but for individuals, businesses, financial institutions, and the government to come together and combine their efforts to move in one direction.

Jung Tae-yong

The climate issue is an opportunity. We need to seize this opportunity quickly.

Kim Jong-kap

I believe the solution lies in a market-oriented approach.

Kim Byung Chil

I also see this as an opportunity. Especially now, as a country aspiring to be a financial hub, while we may not become the conventional financial center, why not dream of being a hub for green finance? It's something worth considering.

Andrea Culligan

I appreciate all the previous comments and echo everything they've said. I think thinking about decarbonization as a system is critically important and removing aversion to innovation and taking advantage of the financial opportunity that's in front of us.

Lim Dae-Woong

I, too, as the moderator, have prepared a few words. As I mentioned today, the

Earth is now boiling beyond just global warming. It reminds me of the story of a frog in a boiling pot. The frog doesn't realize that the pot is boiling. Currently, we are experiencing not lukewarm but scalding water. So, we must quickly get out of the pot. As the panelists mentioned, now is our opportunity, and I believe it is possible to leap out of the pot. Thank you. Now, we'll conclude the session. Thank you.